MIYAMOTO MUSASHI

MIYAMOTO MUSASHI

Ein Leben unter Waffen

EINE BIOGRAFIE ÜBER JAPAN'S GRÖSSTEN SCHWERTMEISTER

WILLIAM DE LANGE

übersetzt von

Gregor Lechner

Fur mehr Information über William de Lange besuchen sie:
www.williamdelange.com

Übersetzung aus dem Englishen von Gregor Lechner
Titel der Englischen Originalausgabe:
Miyamoto Musashi: A Life in Arms

1. Auflage 2018

Herausgegeben von TOYO PRess
Besuchen sie uns. **www.toyopress.com**

ISBN 978-94-92722-126

INHALT

Eine Festung entwerfen 71; Ein großer Verlust 75;
Ein zweiter Sohn 77; In Übung bleiben 81; Musō Gennosuke 83

KAPITEL 5

Akashi hinter sich lassen 86; Nach Nagoya 90;
Nach Matsuyama 94; Das Leben in Kokura 96;
Eine persönliche Tragödie 98; Die Shimabara-Rebellion 102;
Zu Besuch in Kumamoto 107; Revanche 112

KAPITEL 6

Nach Kumamoto 114; Alltag in Kumamoto 118;
Musashi und seine Schüler 122; Ein Streich 128;
Erinnerungen 130; Eine spirituelle Freundschaft 132

KAPITEL 7

Arbeiten am Erbe 136; Die Reigan-Höhle 139; Die Enmei-Ryū 141;
Das *Buch der fünf Ringe* 145; Letzte Momente auf Erden 150;
Ioris Geistesfrieden 155; Im Angesicht des Todes 158

Ich gelangte zu der Erkenntnis, dass ich nicht durch meine
Fähigkeit in der Kunst der Strategie der Beste geworden war.

—— Miyamoto Musashi

VORWORT

Willem de Lange hat mit seiner Biografie über den japanischen Schwertkämpfer Miyamoto Musashi eine außerordentlich kenntnisreiche Arbeit vorgelegt. Welche Mühen er auf sich genommen hat, um bei seinen Reisen durch halb Japan lokale staatliche und private Archive zu sichten und historische Dokumente abzuschreiben und zu übersetzen, können wir nur erahnen.

Dankenswerterweise beschränkt sich Willem de Lange nicht darauf, das gesammelte Material nur bibliografisch zu erwähnen, sondern stellt uns diese Quellen in ausführlichen Zitaten und Zusammenfassungen zur Verfügung. Dahinter steht das Bemühen, seine Thesen wo möglich durch unterschiedliche Überlieferungen zu untermauern. Sein Ziel ist das mythenbehaftete Leben des großen Schwertmeisters historisch einzuordnen und so nah an der Wirklichkeit zu beschreiben, wie wir es heute noch vermögen. Wer das Vorwort aufmerksam und gründlich liest, wird erkennen, dass er es hier mit einem akribischen und gewissenhaften Autor zu tun hat, der die bestehenden Mythen kritisch hinterfragt und keine neuen Legenden ins Leben rufen möchte.

Die historischen Quellen bieten zahlreiche aufschlussreiche Anekdoten und landläufig kaum bekannte Gegebenheiten aus

Musashis Leben und Zeit. Insofern lade ich unbedingt zum Genießen ein und zu einer Zeitreise in ein Land mit einer reichen Kultur.

Die Kehrseite dieses Informationsreichtums möchte ich aber auch nicht verschweigen: Es gibt Absätze, deren Faktendichte von dem Leser ein hohes Maß an Konzentration erfordern. Hier habe ich einen im Deutschen üblicheren, besser verständlichen knappen Stil gewählt, Sätze aufgeteilt und auf die Wiederholung von bereits bekannten Angaben verzichtet.

Als Übersetzer wollte ich den deutschsprachigen Lesern einen, trotz aller Fakten, flüssig lesbaren Text bieten, der durch Lebendigkeit und Facettenreichtum überzeugt. Auch wenn ich den Text übersetzt habe, so möchte ich meiner Schüler und Freunden Janina Bachteler, Dirk Hoppensack und Björn Schöpe meinen ganz besonderen Dank aussprechen. Ihr Kommentare, Anmerkungen und Korrekturen haben dem Text seine endgültige Fassung verliehen. Dabei kam uns besonders zugute, dass Janina deutsche Sprach- und Literaturwissenschaften studiert und als Lektorin arbeiten möchte. Hier hat sie mindestens ihr Gesellenstück vorgelegt. Allen dreien gebührt mein aufrichtiger Dank.

Gregor Lechner
Freiburg im Breisgau, September 2018

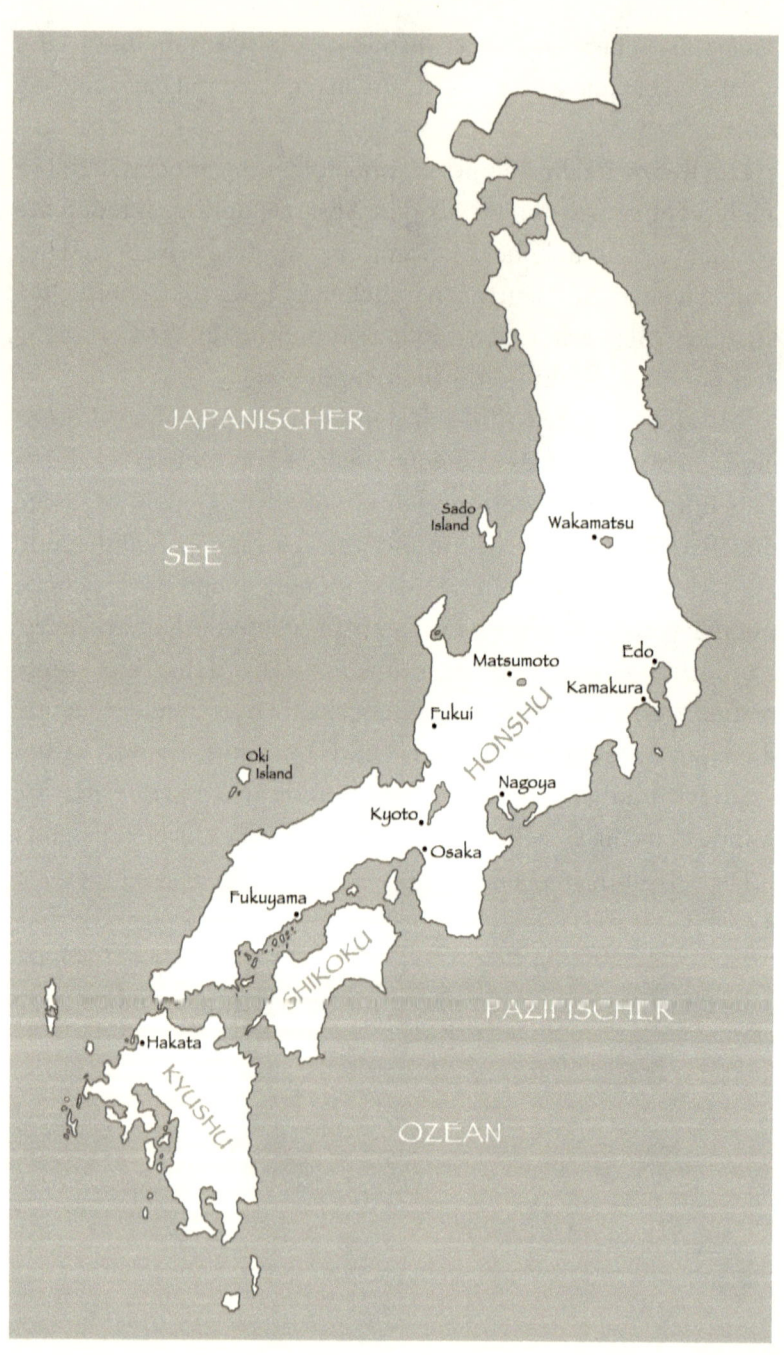

JAPANISCHER

SEE

Sado
Island
Wakamatsu

Edo
Matsumoto
Kamakura
Fukui

HONSHU

Oki
Island

Nagoya

Kyoto
Osaka

Fukuyama

SHIKOKU

PAZIFISCHER

Hakata

KYUSHU

OZEAN

EINLEITUNG

Dieses Buch ist eine Suche nach dem wahren Miyamoto Musashi (1584–1645).

Als ich ungefähr vor einem Jahrzehnt damit begann, mich in Musashis Leben zu vertiefen, war es für mich selbstverständlich, als erstes nach Originalschriften über Japans größten Schwertmeister zu suchen. Da ist zunächst natürlich Musashis eigenes Werk. Bedauerlicherweise hatte er selbst wenig Interesse daran, seine persönlichen Erfahrungen für die Nachwelt zu erhalten. Stattdessen konzentrierte er sich wohlweislich darauf niederzuschreiben, was er Zeit seines Lebens gelernt hatte. Damit ist das *Gorin no Sho* (*Das Buch der fünf Ringe*) das einzige Buch aus seiner eigenen Feder, welches anhand einiger wichtiger Beispiele ein wenig Licht auf sein Leben wirft. Der Rest beschäftigt sich ausschließlich mit den Ausführungen über seine Kampfkunst bzw. *Heihō*.[1]

Deshalb musste ich bei Musashis Zeitgenossen und seinen engeren Nachkommen suchen, also bei jenen, die Musashi noch zu Lebzeiten kannten und was diese schriftlich festgehalten hatten. Ich fand schnell heraus, dass es einen großen Reichtum an unterschiedlichen Quellen gibt, manche mehr und manche weniger verlässlich. Sowohl japanische als auch westliche Autoren, die sich mit Musashis Leben auseinandergesetzt haben, berufen sich auf diese klassischen Texte und zitieren sie teilweise auch. Aber nur sehr wenige japanische Autoren waren mutig genug, diese Texte in modernes Japanisch zu übertragen, während sich westliche Autoren nur darauf konzentriert haben, jene wenigen Stellen zu nutzen, die von des Meisters Hand selbst sind.

Daraufhin habe ich mich entschieden, alle erhaltenen Aufzeichnungen sorgfältig zu übersetzen, bevor ich mich daran wagte seine Biographie zu schreiben. Ich wollte mit jeder Notiz antiker Aufzeichnung, die über ihn berichtete, völlig vertraut sein. Über die Jahre hinweg habe ich eine Sammlung von Texten zusammengetragen, die um die 150.000 Worte umfasst. Das meiste davon wurde in der Feudalzeit Japans geschrieben; von Originalberichten über Duelle, Kämpfe, Belagerungen und Lokalgeschichten, bis hin zu persönlicher Korrespondenz, Familienaufzeichnungen, Stammbäumen und Anwesenheitsappellen. Diese Werke sind in der Zwischenzeit vollständig übersetzt und in drei Bänden unter den übergeordneten titel *The Real Musashi* (*Der wahre Musashi*) veröffentlicht.

Im Laufe dieser faszinierenden Untersuchung wurde mir klar, dass noch bevor Musashi seinen letzten Atemzug tat, dieser eigentümliche Schwertmeister sich ein Gefolge geschaffen hatte, das seinem Vermächtnis und seiner Lebensgeschichte ein Weiterleben sicherte. Bereits einige Jahrzehnte nach seinem Tod wurde Musashi in den ersten Aufzeichnungen und Chroniken erwähnt. Auch wenn diese Musashi nur am Rande erwähnen, so hinterließ der Schwertmeister unweigerlich einen tiefen Eindruck: ein Mann, der bekannt war, Ansehen genoss und für seine Kompetenzen verehrt wurde. Über seine Taten und Erlebnisse, für die er schon zu Lebzeiten berühmt wurde, erschienen schon bald immer mehr Erzählungen. Und es

brauchte nur noch einige weitere Jahrzehnte, bis die erste Biographie noch innerhalb seines eigenen Jahrhunderts erschien.

Leider wurden mit dem Ende der Feudalzeit in Japan und
dessen schneller Verwestlichung viele dieser klassischen, und
zeitweise nicht zugänglichen Werke vernachlässigt und gerieten
im Wandel der Zeit in Vergessenheit. Das ist ein tragischer
Verlust, da ihre Autoren sich große Mühe gegeben hatten, ihr
Wissen für die Nachwelt nach bestem Wissen und Gewissen zu
erhalten. In dem vorliegenden Buch möchte ich zu diesen frühen
Arbeiten zurückfinden, um ein Bild von Musashi zu zeichnen,
das ihm so nahe wie möglich kommt.

Eine der ältesten Aufzeichnungen über Musashi ist das *Kokura
Hibun*, eine lange Grabinschrift, die sein Leben, seine
Heldentaten und seinen Charakter zelebriert. Es ist auf einem
15 Fuß hohen Grabstein, der an einen Obelisken erinnert, eingraviert. Das Monument wurde im Jahre 1654, also neun Jahre
nach seinem Tod auf Initiative seines Adoptivsohnes Iori
errichtet. Es steht auf der Spitze des Temukeyama, einem ca.
200 Fuß hohen Berg an den Ausläufern von Akazaka, dem nördlichen Bezirk des Hafens von Kokura. Zur Zeit der Errichtung
lag das Monument in Ioris Lehnsgut, dem Bezirk Kikunokōri,
in der Provinz von Buzen.[2]

Man nimmt an, dass das *Kokura Hibun* von Akiyama Gentei
Wanao (1618–1673) auf Bitten von Iori geschrieben wurde,
der sich (laut dem *Bukōden*) mit Musashi in seinen späten Jahren
in Kumamoto angefreundet hatte. Auch wenn der Verfasser des
Kokura Hibun ein Bekannter Musashis und deshalb mit den wichtigsten Ereignissen von dessen Leben vertraut war, kann eine
gemeißelte Inschrift nur grobe Umrisse wiedergeben. Nur gelegentlich beschreibt sie auch Details, wie im Fall der Duelle mit
den Mitgliedern des Yoshioka Clans.

Sehr bald erschien der Schwertmeister auch in anderen schriftlichen Aufzeichnungen. Eine dieser Aufzeichnungen ist das *Kaijō Monogatari*. Es wurde von einem gewissen Echū (1628– 1703) geschrieben und 1666 vollendet. Echū, heute nicht mehr bekannt, war ein Mönch der Sōtō Sekte, und begann sein monastisches Leben in Kumamotos Ryūchō-Kloster. In seinem späteren Leben zog er nach Edo (Tokio), wo er Aufwärter des weit bekannten Suzuki Shōzan (1579–1655) wurde, welcher der Autor des *Inga Monogatari* und des *Nenbutsu Sōshi* ist, beides Werke in der *Kanazōshi* Tradition. [3]

Da Echū ursprünglich aus Kumamoto kam, dem Ort, an dem Musashi den späteren Teil seines Lebens verbrachte, ist es überraschend, dass er sich nicht über Musashis frühen und mittleren Lebensabschnitt auslässt, wo er sein Werk doch schon zwei Jahrzehnte nach Musashis Tod publizierte. Stattdessen behandelt das *Kaijō Monogatari* hauptsächlich Musashis Leben in der Akashi-Burg, insbesondere die Begegnung mit dem rivalisierenden Jō-Meister Musō Gonnosuke Katsuyori. Dieses Duell wird dort sehr lebhaft geschildert und ist das einzige Werk in dem diese Begebenheit vorkommt.

Dass Musashi bereits in einem so frühen Werk auftaucht, beweist den Ruhm, welchen er schon innerhalb eines Jahrzehnts nach seinem Tod zugesprochen bekam. Auch Musashis Kunst hinterließ tiefe Spuren, denn ein beachtlicher Teil des *Kaijō Monogatari* beschäftigt sich mit seinem künstlerischen Erbe. Es weist zudem darauf hin, dass er während seiner Tätigkeit als militärischer Ratgeber für den Verwaltungsbeamten im Bauwesen, Ogasawara Tadazane, bemerkenswert viel Zeit für Kalligraphie, Sumi-e und Tuschemalerei erübrigte.

Eine andere Quelle, die Licht auf Musashis Leben in Akashi wirft, ist das *Seiryūwa*. Die privaten Aufzeichnungen des Ogasawara-Clans berichten davon, wie Musashi von Tadazane gebeten wurde, die Gärten des Burggeländes zu gestalten. Während diese Aufzeichnungen einen interessanten Einblick in sein Leben und seine Aktivitäten während seines Aufenthaltes in Akashi geben, erwähnt nur das *Kaijō Monogatari* Musashis Familienverhältnisse, aber weit weniger detailliert, als das *Kokura Hibun*.[4]

Als nächstes taucht Musashi kurz im *Numata Kaki* auf, einem Nachfahren Numata Nobumotos zusammengestellten Familien-aufzeichnung (*Kaki*) aus dem Jahre 1672. Nobumoto war der Herr der Moji-Burg, die ungefähr zehn Meilen nordwestlich von Kokura liegt, wo sich Musashi damals, wegen der Nähe zur Insel Funashima, für das Duell mit Sasaki Kojirō aufhielt. Auch wenn das *Numata Kaki* sich nicht groß mit den Ereignissen auf der Insel beschäftigt, gibt es faszinierende Einsichten in den Konflikt, der aus den rivalisierenden Schülergruppen entflammte. Dem *Numata Kaki* zufolge nahmen die Beleidigungen solch schlimme Ausmaße an, dass Nobumotos Herr, Hosokawa Tadatoshi, Musashi mit einer bewaffneten Eskorte ausstattete, als dieser in die Provinz Bungo aufbrach, um seinen alternden Vater zu besuchen.[5]

Das *Yoshioka-den* oder auch *Yoshioka-kaden* ist eine der wenigen Aufzeichnungen, die uns einen Blick auf Musashis Gegner gewährt: die berühmten Yoshioka Brüder, Seijūrō und Denshichirō. Es wurde 1684 von Fukuzumi Dōyū zusammen-gestellt. Dōyū wurde 1625 in der Provinz Aya geboren und stu-dierte unter Kinoshita Kyōrin Medizin. In seinen frühen Zwanzigern begann er in Osaka zu praktizieren. Er muss ein sehr kompetenter Arzt gewesen sein, denn es kamen viele, um unter ihm zu lernen, doch sein wahres Interesse galt der Geschichte. Er begann schon früh damit alte Aufzeichnungen und Ahnentafeln sowie Kriegsberichte zu sammeln. Als er sein fünfzigstes Lebensjahr erreicht hatte, war er ein bekannter Ahnenforscher und Biograph.

Weitaus mehr durch seine Leidenschaft getrieben als durch sein ärztliches Können, trat Dōyū seinen Dienst für Matsudaira Yoritsune im Jahre 1684 an. Er wurde gebeten, die gewaltigen Archive des Takamatsu-Lehens zu leiten. Dōyū war es nicht vergönnt, diese Aufgabe für den *Daimyō* länger als 5 Jahre zu erfüllen. Er starb im Jahre 1689. In diesen fünf Jahren jedoch muss er in den Besitz der Familienaufzeichnungen des berühmten Yoshioka-Clans gekommen sein.[6]

Es brauchte weitere vier Jahrzehnte bis längere und detailliertere Aufzeichnungen über Musashis Leben erschienen. Und fortan mussten sich die Autoren auf das verlassen, was mindestens schon eine Generation lang überliefert worden war.

Zwei Jahre später vollendet und im Jahre 1714 veröffentlicht, war das *Honchō Bugei Shōden* das erste Werk, welches Licht auf das Duell auf der Funashima-Insel warf. Das ist nicht überraschend, weil der Autor Hinatsu Shigetaka (1660–1731) ein renommierter Kämpfer der Takeda-Ryū war, einer Reiterschule, die eng mit dem Ogasawara-Clan verbunden war. Trotzdem sieht es so aus, als hätte Shigetaka nur sehr wenige Informationen zu seiner Verfügung gehabt, weil sein Bericht über das Duell leider sehr kurz ist. Um sein begrenztes Wissen über die tatsächlichen Geschehnisse auf der Insel zu verschleiern, beschreibt der Autor langatmig die Melancholie und den unheilvollen Dialog zwischen Kojiro und dem demütigen Bootsmann, der ihn zu der Insel ruderte, wo sich sein Schicksal erfüllen sollte.[7]

Es musste noch ein weiteres Jahrzehnt vergehen, um mehr über dieses zentrale Duell und andere Ereignisse aus Musashis Leben zu erfahren, bis die erste von vier vollständigen Biographien, oder *Denki*, über den Schwertmeister erschien. Diese sind das *Bushū Denraiki*, das *Heihō Senshi Denki*, das *Bukōden* und das *Nitenki*. Alle wurden im 18. Jahrhundert von renommierten Schwertmeistern aus Musashis Niten-Ichi-Ryū geschrieben. Während sich alle vier Werke mit dem Leben und den Unternehmungen Musashis befassen, unterscheiden sie sich doch durch zwei unterschiedliche Erzählweisen. Um das zu verstehen, sollten wir uns die einzelnen Arbeiten und ihre Autoren näher anschauen.[8]

Das früheste, und aus diesem Grund auch das verlässlichste Werk, ist das *Bushū Denraiki*. Es wurde 1727 von Tachibana Minehara, alias Tanji Hōkin, geschrieben, der ein Einwohner der Provinz Chikuzen war und ein ehemaliger Gefolgsmann des Hauses Kuroda. Dieser Clan stand eng mit Musashis früher Militärkarriere in Verbindung. Das *Heihō Senshi Denki* wurde ein halbes Jahrhundert später im Jahre 1782 geschrieben. Sein Autor war Niwa Nobuhide, der seine eigene Kopie von Hōkins Abschrift verloren hatte, aber für die Nachwelt festhalten wollte, woran er sich noch erinnern konnte. Das *Bukōden* wurde 1755 von Toyoda Masanaga geschrieben. Er kam aus der Provinz von Higo und war ein Senior-Gefolgsmann des Hauses Nagaoka, der Vasallen des Hosokawa-Clans, welcher eng mit dem späteren Leben von Musashi in Verbindung stand.

Die letzte der vier Biografien ist das *Nitenki*, welches 1776 von Masanagas Sohn Kagehide geschrieben wurde. Dieser erbte die Schriften seines Vaters, als er die Nachfolge der Nagaoka antrat, sodass für ihn eigentlich kein Grund bestand diese neu zu verfassen. Leider musste er feststellen, dass sein Vater einen schwerfälligen Schreibstil hatte, welcher immer wieder Anlass zu Missverständnissen gab. Im Hinblick darauf, die Arbeit seines Vaters für die nachfolgenden Generationen zugänglich zu machen, hat er das *Bukōden* neu geschrieben und ihm den Titel *Nitenki* gegeben. Es ist ein Zeichen seines Erfolges, dass Kagehides *Nitenki* das am weitesten verbreitete aller *Denki* über Musashi wurde.

Daraus wird klar, dass das *Bushū Denraiki* und sein Ableger, das *Heihō Senshi Denki*, nur einen Strang der Überlieferung repräsentieren. Sie geben die Ereignisse von Musashis Leben so wieder, wie sie von den Gefolgsleuten des Kuroda-Clans überliefert wurden. Im Gegensatz dazu geben das *Bukōden* und sein Ableger, das *Nitenki*, die Ereignisse aus Musashis Leben so wieder, wie sie von den Nachfolgern der Nagaoka und des Hosokawa-Clans überliefert wurden.

Weit davon entfernt sich gegenseitig zu widersprechen und dadurch ihren Wert zu mindern, tendieren alle vier Werke dazu, sich auf zwei wichtige Weisen zu ergänzen. Einerseits hat jedes seine eigene Neigung, ein und dasselbe Ereignis aus einer anderen Perspektive zu betrachten. Andererseits ist noch wichtiger, dass alle Werke ihre eigenen Anekdoten mitein- bringen. Zum Beispiel taucht Musashis Gefecht mit dem Take- nouchi-Ryū Schüler Takagi Umanosuke Shigesada im *Bokūden* nicht auf, während der Kampf mit dem Yagyū-Shinkage-Ryū Schüler Ujii Yashirō im *Bushū Denraiki* nicht auftaucht. Andererseits ist das *Nitenki* die einzige Aufzeichnung, dass die freundschaftliche Kampfrunde mit Okuzōin im Hōzō Kloster erwähnt, während das *Heihō Senshi Denki* das einzige Dokument ist, welches eine prägnante Szene an Musashis Sterbebett erzählt. Auf diese Weise komplettieren die vier Werke gegenseitig ihre Lücken und stellen so die vielfältigen Szenen aus Musashis Leben als faszinierendes Mosaik dar.

Andere Episoden aus Musashis Leben werden durch weitere Arbeiten erhellt. Eine davon ist das *Gekken Sōdan*. 1790 geschrieben, ist es eine lose Sammlung von Anekdoten und Beschreibungen unterschiedlicher Schwertschulen und deren Historie samt ihren Gründervätern, einschließlich Musashis und Sasaki Kojirōs. Davon abgesehen, dass das *Gekken Sōdan* eine eigene Darstellung der Ereignisse auf der Insel Funashima beschreibt, hat es ebenfalls eine eigene Version davon, wie sich Musashi darum bemühte, sich von der Kampfkunst seines Vaters zu lösen, um seinen eigenen Stil der Schwertkunst zu verwirklichen.

Der Autor des *Gekken Sōdan*, Mikami Genryū, wurde in der benachbarten Provinz von Bizen, in einer Familie von Finanz-beamten des Ikeda-Clans, Herrscher über das Okayama-Lehen, hineingeboren. Im Vorwort beschreibt Genryū, wie er in über zwei Jahrzehnten mühsamer Arbeit sein Material sorgfältig zusammengetragen hat:

> Während dieser Zeit erstellte und sammelte ich hunderte Dokumente und Feldnotizen, die beschreiben, wie die unterschiedlichsten Kampf-schulen in wichtigen Duellen ihre Stile ausübten. Außerdem waren da auch jene Fachkollegen, die ein gewisses Ansehen genossen und die Geheimnisse ihrer Schulen untereinander ausplaud-erten, während ich zuhörte. Ich gab den Launen solcher Personen nach und überließ es ihnen, sich zu erinnern und zu bewerten, was ich für die Nach-welt aufzeichnen sollte.[9]

In besonderem Licht erscheint Musashis Adoptivsohn Iori im *Harima Kagami*. Größtenteils im Jahre 1762 fertiggestellt, ist diese Arbeit eine zuverlässige Sammlung über Bräuche, Orte und Menschen, die mit der Provinz Harima (heute Präfektur Hyōgo) in Beziehung standen. Es wurde von Hirano Yōsai, einem Arzt aus dem Dorfe Hirazu (heute ein Teil der Stadt Kako-gawa) zusammengestellt und aufgeschrieben. Es erscheint nur logisch, dass Yōsai so viel über Iori wusste, weil Hirazu nur ein paar Meilen von Ioris Geburtsort Yoneda entfernt liegt. Iori verbrachte seine Kindheit in Yoneda, wo er irgendwann, während der zweiten Dekade des 17. Jahrhunderts, beim Angeln von Schmerlen in den Reisfeldern auf Musashi traf.[10]

Musashis Kampfhandlungen bei der Osaka-Offensive und seine Rückkehr nach Harima werden vom *Bisan Hōkan* kommentiert.

Ein gewisser Kosuge Ren stellte es zusammen, beschrieb jedoch sonderbarerweise nicht die Topografie von Harima, sondern von Owari. Es erscheint sonderbar, dass unser Wissen über Musashis Leben in Harima in Owari zu finden sein soll. Ein Grund dafür mag darin liegen, dass viele von Musashis Schülern aus Nagoya bereits in Himeji und Akashi unter ihm gelernt hatten. Nagoya war trotz allem der Geburtsort seiner Enmei-Ryū, denn die Niten-Ichi-Ryū entwickelte er erst nach seinem Umzug nach Kyushu.[11]

Die einzige Quelle, die Licht auf Musashis Zeit in Nagoya und die Ausbreitung der Enmei-Ryū wirft, ist das *Mukashibanashi*. Es ist eine Sammlung von Anekdoten, die in dreizehn Schriftrollen von Chikamatsu Shigenori (1697–1778) aufgezeichnet wurden. Shigenori war ein Gefolgsmann des Owari-Clans. Sein Vater diente, während ihres Aufenthaltes in Edo, unter Owari Tokugawa. (Bedingt durch das Sankin-Kōtai-System, mussten die *Daimyōs* und deren Familien einmal pro Jahr zwischen einem Pflichtaufenthalt in der Hauptstadt und ihrer Provinz pendeln.) In jungen Jahren trat Shigenori in den Dienst von Tokugawa Tsugutomo (1692–1731), Herr über das Owari-Lehnsgut. Shigenori diente die meiste Zeit seines Lebens in der *Umamawarigumi*, des *Daimyōs* Elite-Garde. Während einer zweijährigen Stelle dort konnte Shigenori diverse Anekdoten über Musashi sammeln.[12]

Eines der späteren Werke über ihn ist das *Tōsakushi*. 1851 veröffentlicht, war der erste Entwurf bereits 1815 durch einen Mann namens Masaki Teruo vervollständigt. Er diente Matsudaira

Yasuchika (1751–1792), *Daimyō* desTsuyama-Lehnsgutes, in der benachbarten Provinz von Mimasaka (heute Osaka-Präfektur). Dort war er Lehrer in der Kōshū-Ryū Gungaku, einer Militärschule, die mit dem Hause von Takeda Shingen in Verbindung stand. Wie das *Harima Kagami* und das *Bisan Hōkan* ist das *Tōsakushi* in der Essenz eine Ortsbeschreibung; in diesem Falle von Mimasaka. Vor diesem Hintergrund verwundert es nicht, dass der Autor zu dem Ergebnis kommt, dass Musashi aus Mimasaka kam und nicht, wie der Schwertmeister selber sagt, aus Harima. Daraus ergibt sich, dass das *Tōsakushi* der Mimasaka-Tradition zuzuordnen ist.[13]

Ein anderes Werk aus der Mimasaka-Tradition ist das *Mimasaka Ryakushi*. 1881 veröffentlicht, ist es eine historische Aufzeichnung über die alte Provinz Mimasaka, angefangen von den alten Zeiten bis hin zum Tokugawa-*Bakufu*, dem Shōgunat. Es wurde durch Yabuki Masanori (1833–1906) aufgezeichnet, einen Gefolgsmann von Matsudaira Naritami (1814–1891), und damaligen Lehnsherrn über dasTsuyama-Lehngut und Herr über dieTsuyama-Burg. Als Einheimischer von Mimasaka wurde Masanori in Geschichte sowie an denWaffen ausgebildet. Masanori verbrachte viel Freizeit mit dem Schreiben und dem Editieren der Geschichte seines Clans. Und dadurch erfahren wir, wie Musashis Vater, Shinmen Munetsura, früher Herr von Miyamoto, aus Kyushu kam, um in den Dienst der Kuroda einzutreten.[14]

Eine jener Aufzeichnungen, die Musashis Rolle in der Unterdrückung der Shimabara Rebellion beleuchtet, ist das *Sokyū-sama o-Degatari*. Es wurde von Oba Heizaemon Toshiyuki geschrieben, einem engen Gefolgsmann von Mizuno Katsunari (1564–1651). Auch wenn die Aufzeichnungen nicht mit Daten versehen wurden, so schrieb er sein Werk irgendwann während der Mitte des 17. Jahrhunderts. Sōkyū-*sama*, oder Meister Sōkyū, war der buddhistische Name von Katsunari, der kurz nach der Rebellion die Regierung der Ländereien seinem Sohn übergab und das Mönchsgewand nahm.[15]

Die Verschwiegenheit all dieser Werke über Musashis Rolle während der Sommer- und Winterbelagerung der Osaka-Burg gibt dem *Kōkō Zatsuroku* seinen historischen Wert. Sein Autor ist Matsudaira Kunzan (1697–1783), ein konfuzianischer Gelehrten-Krieger, der in Nagoya geboren wurde. Im Alter von zwanzig Jahren (so alt war auch der Autor des *Mukashibanashi*), trat Kunzan in den Dienst von Tokugawa Tsugutomo, dem Herrn des Owari Lehnsgutes. 1743 wurde Kunzan zum *Kakimono Bugyō*, also zum Verwaltungsbeamten des immens großen Archivs ernannt, welches um die 3700 Schriften beinhaltete. Dieses Amt bekleidete er für die nächsten achtunddreißig Jahre. Zu jenem Zeitpunkt als Kunzan dies aufschrieb, lag die Osaka-Kampagne bereits mehr als hundert Jahre zurück. Doch das umfassende Wissen, das er sich im Laufe seiner Karriere in den Owari-Archiven angeeignet hatte, legt die Vermutung nahe, dass Musashi in der Sommerbelagerung unter den Truppen von Mizuno Katsunari kämpfte. Kunzans Feststellung wird durch andere Aufzeichnungen, die während des zwanzigsten Jahrhunderts gesichert wurden, bestätigt. Am wichtigsten unter diesen sind die Aufzeichnungen aus dem Mizuno-Lehnsgut von Fukuyama, in welchem ein gewisser Miyamoto Musashi unter den Truppen gelistet ist, der in der entscheidenden Phase unter Katsunari kämpfte.[16]

Einige Quellen geben uns sogar einen flüchtigen Blick auf Musashis Liebesleben. Das *Bushū Denraiki* erwähnt die Geburt eines Mädchens, sicherlich das Resultat einer illegitimen Affäre, die er während seinen frühen Fünfziger hatte. Er lebte in einem Zeitalter in dem viele Krieger ihre Zerstreuung in den Vergnügungsvierteln japanischer Städte suchten. So schien auch Musashi Edos *Ageyas*, die luxuriösen *Geisha* Restaurants, aufgesucht zu haben. Nur so viel kann man aus dem *Dōbō Goen* erfahren, welches folgende Geschichte über einen Aufenthalt in Edo zu berichten weiß:

> Unter den Frauen von Kawai Kenzaemon in Shin-machi gab es eine zweitklassige *Geisha*, die mit unserem Adepten der Schwertkunst, Miyamoto Musashi, eine Affäre hatte und die Ursache für seine regelmäßigen Besuche im *Ageya* von Jinzaburō war.

Das *Dōbō Goen* wurde 1720 von einem gewissen Shoji Kasutomi geschrieben, einem Ahnen in sechster Generation von Shoji Jineimon, dem Gründer des Yoshiwara Vergnügungsviertels von Edo. Katsutomis Beitrag ist wertvoll, weil er uns eine faszinierende Einsicht in das vornehme, fast zärtliche Verhalten des sonst so harten Schwertmeisters, im Umgang mit Frauen gibt.

Mit solchen Informationen ausgestattet, ist es eine Herausforderung für die Historiker, diese Werke miteinander zu vergleichen und zu kontrastieren, sie beide gegeneinander vor dem größeren Hintergrund der Geschichte abzuwägen, um daraus die höchstmögliche Annäherung an die Wahrheit abzuleiten. Auf diese Weise setzen wir die verstreuten Puzzlesteine von Musashis faszinierendem Leben zusammen, aber keineswegs vollständig. Diese Arbeit behauptet nicht ein Lehrwerk zu sein. Aber, wenn man alle ausführlichen Untersuchungen japanischer Historiker heranzieht, wird es möglich, einige Hauptmissverständnisse richtigzustellen, die sich über die Jahrhunderte hinweg angestaut und behauptet haben.

Eine dieser widerspenstigen und irrtümlichen Ansichten ist, dass Musashi im Jahre 1600 im großen Kampf um die Einheit von Japan bei Sekigahara auf Seiten der westlichen Kräfte gekämpft habe. Das ist umso unverständlicher, da nicht eine der vielen Quellen diese Behauptung stützt. (Musashi war zu diesem Zeitpunkt erst 16 Jahre alt.) Tatsächlich lässt sich das *Bushū Denraiki* ausgedehnt über Musashis Aufenthalte zu dieser Zeit aus. Unmissverständlich stellt es fest, dass Musashi und sein Vater zusammen mit Herrn Kuroda Yoshitaka an der Belagerung der Tomiku-Burg teilnahm, während jener alles entscheidende Kampf weit weg in der Ebene von Sekigahara auf der Hauptinsel Honshū tobte.[17]

Nicht alle Unklarheiten um Musashis Leben können aufgrund von ausführlichen Aufzeichnungen ausgeräumt werden. Es besteht zum Beispiel immer noch viel Unklarheit über die Identität jenes Schwertmeisters, mit dem sich Musashi auf der Insel Funashima duellierte. Das *Kokura Hibun*, die lange Grabinschrift in der Nähe von Kokura, erwähnt nur, dass der Mann Ganryū hieß. Das *Numata Kaki* im Gegensatz dazu erwähnt nur „der Mann mit Namen Kojirō benutzte die Gan-Ryō Methode des Kampfes". Das *Bukōden* geht einen Schritt weiter und identifiziert den Mann als Ganryū Kojirō.[18]

Sein Abkömmling, das *Nitenki*, benutzt überraschenderweise den Namen Sasaki Kojirō. Der Familienname Sasaki erscheint auch in einer gewissen Anzahl anderer Arbeiten aus dem 18. Jahrhundert, was andere Biografen zu der Annahme verleitete, dass sein wahrer Name wirklich Sasaki Kojirō sein müsse. Das gibt uns trotzdem noch keine absolute Gewissheit. Das *Bushū Denraiki* und das *Heihō Senshi Denhi* zum Beispiel erwähnen den Familiennamen Tsuda. Es gibt tatsächlich einige japanische Gelehrte, die davon ausgehen, dass der Name Sasaki Kojirō die Erfindung eines im frühen 18. Jahrhundert lebenden *Kabuki* Dramatikers ist, der seinen Bösewichten verschiedene Namen wie Sasaki Ganryū, Ganryū Kojirō oder Sasaki Kojirō gab.

Letztlich ist es nicht so wichtig, mit welchem Namen dieser Mann durch das Leben ging, denn er kann das durchaus auch unter verschiedenen Pseudonymen getan haben. Wichtig ist, dass Musashi während der Keichō-Ära auf der Insel Funashima in einem Duell mit jenem Mann stand, der ein Praktizierender der Gan-Schwertkunst-Schule war, und wahrscheinlich den Namen Kojirō trug und vielleicht ein Mitglied der Sasaki Sippe war. Aus diesem Grund habe auch ich mich entschieden, den berühmtesten Gegner von Musashi mit seinem bekanntesten Namen, Sasaki Kojirō, zu benennen. Auf Grund der Faktenlage, sieht es gleichzeitig so aus, als seien diese frühen Angaben von hoher Glaubwürdigkeit. Das sage ich nicht, weil es die einzigen frühen Aufzeichnungen sind, die wir haben, sondern um die großen Anstrengungen der frühen Historiker zu würdigen. Die meisten von ihnen opferten den besten Teil ihres Lebens der langen und gewissenhaften Nachforschung, um die Umstände über den Mann, den sie so bewunderten, zu entschleiern.[19]

Was dieses Buch letztendlich versucht, ist nicht die kontrovers diskutierten Ansichten über Miyamoto Musashi zu beweisen oder zu widerlegen, sondern den Spuren der frühen Suchenden zu folgen und den Lebenslauf dieses einzigartigen Schwert-meisters zu skizzieren. Wenn es auf diese Weise dem Leser ein authentisches und vollständiges Porträt des Mannes Musashi gibt, hat es seinen Zweck erfüllt, auch wenn bei einer genauen Überprüfung das gesamte Bild durch historische Beweismittel nicht ausgefüllt werden kann.

Eine Bemerkung zu Datum und Namen

Die Autoren der alten *Denki*, die in diesem Buch zitiert werden, benutzten den japanischen Mondkalender. Sie hatten ihn von den Chinesen adaptiert. Mit 29,5 Tagen pro Monat basiert er auf dem Zyklus des Mondes, der entweder 29 oder 30 Tage lang ist. Das verursacht eine Diskrepanz zwischen dem Mondkalender und den Jahreszeiten, so dass alle paar Jahre ein zusätzlicher Monat (*Uruzuki*) eingefügt wurde und ein Jahr mit 13 Monaten entstand. Der Tod eines Regenten ist in Japan eine ähnlich große Katastrophe, wie ein Erdbeben oder ein Tsunami. Mit einem neuen Regenten beginnt eine neu Ära (*Nengō*) und der Kalender beginnt wieder mit dem Jahre Null.

Diese Methode der Zeitrechnung führt, insbesondere bei den westlichen Lesern, immer wieder zu Verwirrung, da weder Jahre noch Monate oder Tage mit dem gregorianischen Kalender korrespondieren. Nach dem Mondkalender ist der zwölfte Tag des fünften Monats im zweiten Jahr des Shōhō im *Bukōden* der Tag, wo Musashi seinem Schüler Terao Magonojō Nobumasa das *Gorin no Sho* übergab, wäre aber dem gregorianischen Kalender entsprechend der 6. Juni 1645. Noch wichtiger ist der 19. Tag im fünften Monat des zweiten Jahres Shōhō, an dem Musashi laut dem *Bushū Denraiki* starb. Nach dem gregorianischen Kalender starb er am 13. Juni 1645. Aus historischem Interesse gebe ich immer das japanische Datum an und setze das westliche Datum in Klammern dahinter.

Die japanische Zeitrechnung unterscheidet sich auch in der Stundenzählung. Zu Musashis Zeiten wurde in sogenannten Zeitstunden (*Jūnijishin*) unterschieden: sechs Tagesstunden und sechs Nachtstunden, jeweils von Sonnenaufgang bis Sonnenuntergang. Jede Stunde war den japanischen Tierkreiszeichen zugeordnet: Hase ab 6:00 Uhr, Drache ab 8 Uhr, Schlange ab 10:00 Uhr, Pferd ab 12:00 Uhr, Ziege ab 14:00 Uhr, Affe ab 16:00 Uhr, Hahn ab 18:00 Uhr, Hund ab 20:00 Uhr, Schwein ab 22:00 Uhr, Ratte ab 24:00 Uhr, Ochse ab 2:00 Uhr und Tiger ab 4:00 Uhr. Natürlich waren Stunden im Sommer länger und im Winter kürzer, aber im Großen und Ganzen entsprechen sie der westlichen Stundenzählung. Unter dem

Einfluss der westlichen Annäherung wurden die Stunden geteilt und angepasst. Wenn also das *Bukōden* behauptet, dass das Duell zwischen Musashi und Sasaki Kojirō im ersten Drittel der Stunde des Drachen stattfinden sollte, so errechnet sich eine Zeitspanne zwischen 7:00–7:40 Uhr. Darüber hinaus wird nur bei wichtigen Ereignissen die Stunde mit angegeben.

Eine weitere Eigenheit der östlichen Zeitzählung ist das Alter. Das *Kazoedoshi* in Japan zählt das Neugeborene mit dem Alter eins. Außerdem entsteht durch den Mondkalender immer wieder Mal ein weiteres Jahr, welches dem menschlichen Leben noch ein Jahr mehr hinzufügt. Dadurch sind Menschen nach der japanischen Zählung gegenüber der westlichen Zählung immer älter. Wenn also das *Kokura Hibun* sagt, dass Musashi dreizehn Jahre alt war, als er sein erstes Duell kämpfte, war er keinesfalls älter als zwölf. Und ebenso war er erst acht Jahre alt, als er seinen Vater verließ, um seine Stiefmutter in Hirafuku aufzusuchen.

Namen sind einer der unbeständigsten Faktoren in mittelalterlichen japanischen Texten. Geburt, Jugend, Aufstieg, Berufung, Beförderung, Rente und Tod finden alle ihren Ausdruck im Namen einer Person. Und es sind nur wenige bedeutende Persönlichkeiten, wenn überhaupt, die im mittelalterlichen Japan unter nur einem einzigen Namen durch das Leben gingen. Musashi selbst ist so eine Ausnahme. Er wurde als Bennosuke geboren, doch zu der Zeit, als er seine ersten Duelle mit den Mitgliedern des Yoshioka-Clans kämpfte, war er in den Chroniken generell schon unter seinem Namen Musashi bekannt bzw. als Bushū, der traditionellen Benennungspraxis mit Herkunftsbezug. Sowohl das *Bukōden* als auch das *Bushū Denraiki* bezeichnen ihn als Shinmen Musashi no Kami Genshin. Im Vorwort zu seinem *Gorin no Sho* bezeichnet er sich selbst als Shinmen Musashi no Kami Fujiwara Harunobu und dieser

Vorgabe folgen beide Biografien. Harunobu ist eine andere Sprechweise für dieselben Schriftzeichen von Genshin.

Wenn wir seine Herkunft betrachten, wird klar, warum Musashi so handelte. Shinmen ist der Clan, in den sein Vater eingeheiratet hatte. Eine alte Kriegersippe, die bei dem fehlgeschlagenen Versuch involviert war, den Kaiser Godaigo (1288–1339) wieder zu inthronisieren. Das führte die Sippe seinerzeit ins Exil, aus welchem die Nachfahren später wieder freigesprochen wurden und zu ihren ursprünglichen Orten unter dem neuen Namen Shinmen zurückkehrten.

Weniger plausibel ist sein Anspruch, ein Sprössling des Fujiwara-Clans zu sein. Der Fujiwara-Clan hat das Reich in der Heian-Periode mit Stellvertretervollmacht regiert. In diesem Auftrag haben sie die beiden Machtblöcke der Taira und Minamoto im Gleichgewicht gehalten und so die verweichlichte, aber kulturreiche Gesellschaft des Hofes ermöglicht. Diese Welt wurde kurze Zeit später durch die Taira, die aus der Provinz von Ise kamen, hinweggefegt. Diese wiederum verloren später gegen die Minamoto, die aus der östlichen Gebiet von Kantō stammten, wie es in dem historischen Epos des Genpei Krieges (1180–85) dokumentiert ist. Damit endete die höfische Regierungsphase. Von nun an begann die Zeit der Kriege, welche sich über mehr als sechs Jahrhunderte hinzog.

Weil der Einfluss der Fujiwara am Hofe ungeheuer groß war, ist es nur allzu wahrscheinlich, dass einige Clans für sich in Anspruch nahmen ihre Nachfahren zu sein. Der Schlüssel des strategischen Erfolges der Fujiwara war, dass sie in die kaiserliche Familie und andere einflussreiche Clans eingeheiratet hatten. Das führte zumindest dazu, dass wirklich einige Clans rechtmäßig den Anspruch erheben konnten von den Fujiwara abzustammen, einschließlich der Honda aus Mikawa, der Ito aus Hyūga, der Arima aus Hizen und der Ikoma aus Owari.

Sogar der große Tokugawa Ieyasu, der von den Seiwa-Minamoto abstammte, hielt es für angebracht einen weiteren Familienzweig mit Fujiwara-Wurzeln zu zeugen.

Im Angesicht des herannahenden Todes stellte sich Musashi einem anderen wichtigen Aspekt seines Kriegerlebens: Wie bewerte ich meine eigenen Lebensleistungen und finde Frieden mit meiner Sterblichkeit? Sowohl das *Bushū Denraiki*, als auch das *Bukōden*, erwähnen, dass er kurz vor seinem Tod den buddhistischen Namen Niten Dōraku erhielt, was frei übersetzt der „Zwei-Himmel-Dilettant" heißt. Musashi will uns damit wahrscheinlich sagen, dass er, obwohl er die Niten-Ichi-Ryū ins Leben gerufen hat, sein eigenes Können mit einer gewissen Bescheidenheit einschätzte.

Betonen möchte ich hier noch, dass Musashi bis zu seinem Erwachsenwerden immer als Bennosuke bezeichnet wurde. Seine weitere Lebenszeit hindurch wird er dann als Miyamoto Musashi bezeichnet.

Anders als im alten Japan, wo fast alle Personen mit ihren langen Titeln, Berufungen oder gar mit posthum verliehenen Namen angesprochen wurden, werden um der Deutlichkeit Willen alle Personen in diesem Buch bei ihren gewöhnlichen Namen genannt. Deshalb ist Musashis Dharma-Name Niten Dōraku in dieser Abhandlung nur einmal erwähnt. Diese Dharma-Namen sollen die Verstorbenen davon abhalten, sollten wir ihre weltlichen Namen in Gesprächen erwähnen, zurückzukommen. In unserem Falle jedoch würden wir die Wiederkehr unseres Helden auf das herzlichste willkommen heißen, wenn auch nur im Geiste.

KAPITEL 1

Der Anfang

Die Hügel um die Weiler von Miyamoto erstrecken sich über große Weiten. Wie Wellen ziehen sie sich über die gesamte Fläche der Insel Honshū, von Kap Kyōka bis zum Hafen von Akashi entlang der so genannten Inlandsee. In dieser Idylle konnte man sich vor den schrecklichen Ereignissen der Welt sicher fühlen. Nur eine gelegentlich durchziehende Armee auf dem Weg zu einem Kampfgebiet oder einer Belagerung störte diese Stille und erinnerte die Bauern und hart arbeitende Bevölkerung daran, dass sich dieses Land immer im Krieg befand. Diese Armeen waren sehr diszipliniert. Auch wenn sie häufig für Nahrung und Übernachtung blieben, so hielten sie sich doch strikt von Vergewaltigung und Plünderung zurück. Die Folgen dieser schrecklichen Kriege waren schon schlimm genug, denn sie hielten dieses Land bereits seit Generationen in Atem. Die Menschen der Weiler Miyamoto genossen das Privileg, dass nichts ihr Leben stören konnte, solange ihr neuer Herr, Toyotomi Hideyoshi, es nicht zuließ, denn er war der seinerzeit mächtigste Kriegsherr des Reiches. In diesem friedvollen Stück Land erwachte das Dorf Miyamoto im Frühling 1584 durch die Schreie eines männlichen Babys.[1]

Der Junge war von vergleichsweise edler Geburt, weil seine Mutter, Omasa, die Tochter von Shinmen Munesada, einem örtlichen Fürsten, war. Er herrschte über die Takayama-Burg, welche auf einer steilen Bergflanke stand, von wo aus sie das Dorf Miyamoto überblickte und die östliche Grenze der Mimasaka Provinz sicherte.

Der Vater des Jungen, Muni, war von Geburtsrecht her ein Krieger. Er hatte Omasa während den Sechziger Jahren geheiratet, als er in den Dienst ihres Bruders Munetsura eintrat. Munetsura arbeitete hart daran das Erbe seines Vaters wiederherzustellen. Nur ein Jahrzehnt zuvor, 1554, war das Land seines Vaters durch die Armeen von Amago Haruhisa verwüstet worden, der über nicht weniger als acht westliche Provinzen der Insel Honshū regierte. Um seine Position zu sichern, wurde Munetsura ein Anhänger des örtlichen Kriegsherrn Ukita Naoie. Das war eine gewagte Entscheidung, denn als Naoie während den frühen Achtziger Jahren starb, folgte ihm sein noch erfolgreicherer Sohn Hideie. Munetsura hatte bald darauf den Großteil des Landes seines Vaters wieder unter seine Kontrolle gebracht, die Takayama-Burg übernommen und konnte wieder ungefähr 200 Männer mit einem Bataillon von ca. 60 *Samurai* befehligen.[2]

Als einer von Munetsuras eng vertrauten Gefolgsmännern stieg Muni in den Rang eines *Taishō* (Oberbefehlshabers) auf und hatte damit ungefähr fünfzig *Teppō Ashigaru* (Fußsoldaten mit Gewehren) unter seinem Kommando. Solche Beförderungen bargen immer ein großes persönliches Risiko. Im Frühling 1578, als Munetsuras Gegner die Takayama-Burg attackierten, war Muni wie gewöhnlich in den vordersten

Reihen, um sein Leben für den Sieg zu riskieren. Das *Shinmen Kaki* beschreibt den Wendepunkt so:

> Als Muni mit seiner Lanze vorwärts stieb, versuchten sieben seiner Gegner ihn niederzukämpfen. Er aber nahm sie geschickt auf und stürmte mit der Kraft von drei Männern vorwärts, schnitt ihnen die Köpfe ab, und schlug die anderen in die Flucht. Bei der Verfolgung wurden die Kämpfer der Kusakari vollständig vernichtet.

Während der vielen Jahre in Munetsuras Dienst wuchs Muni zu einem großen Krieger heran. Er war ein vollendeter Kämpfer in *Jūjutsu*. Aber auch am Schwert zeigte er eine große Begabung und praktizierte einen, von seinen Ahnen überlieferten, Stil der Tōri-Ryū. Tatsächlich aber lag sein wahres Talent im Umgang mit der *Jitte*, einem Eisenstab mit einer Gabel an der Spitze, mit dem man Angriffe von Schwert und Lanze parieren konnte.[3]

In seinen Dreißigern, auf der Höhe seiner Kräfte, wurde er von keinem Geringeren als von Shōgun Ashikaga Yoshiaki in die Hauptstadt eingeladen. In dessen Gegenwart duellierte er sich mit Yoshioka Matasaburō Naokata, einem berühmten Kämpfer der Yoshioka-Ryū. Es war ein Duell mit knappem Ausgang in dem Muni nur mit zwei Siegen in drei Runden vom Platz ging. Und obwohl er keinen klaren Sieg gegen Naokata erringen konnte, reichte es dazu aus, dass ihm der Shōgun persönlich den Titel *Heihōsha* „ohne Gleichen", verlieh.

In Munis Welt war die Geburt eines Jungen ein besonderes Ereignis. Denn ein Clan bestand nur aus Gefolgsmännern und in einer feudalen Gesellschaft konnte nur ein Junge den Vater beerben, in der Hoffnung, weiterhin dessen Pflichten dem Herrn gegenüber zu erfüllen. Munis Clan konnte außerdem eine über Generationen zurückreichende Schwertschule ihr eigen nennen. All das hoffte er seinem Sohn, den er Bennosuke genannt hatte, zu vererben. Tragischerweise endete das junge Familienglück durch den Tod der Mutter während der Entbindung. Und das Schicksal hielt noch mehr Rückschläge für Muni bereit, wovon ihn keines härter traf, als der Tod eines Schülers durch seine eigene Hand.

Grausame Streitigkeiten

Als Hauptgefolgsmann war Muni auch damit betraut, die delikateren Angelegenheiten seines Herrn zu organisieren. An einem wunderschönen Frühlingstag im Jahre 1586, als die Kirschbäume in Blüte standen, waren einige Kurtisanen aus Kyotos Edelbordellen für Munetsura engagiert. Nach einem Tag unter den Kirschblüten folgte die Nacht mit weiteren Vergnügungen. Am darauf folgenden Morgen wurden die Damen in einem Zug von Sänften, verborgen vor den Augen der Öffentlichkeit, zurück in die Stadt eskortiert. Das *Shinmen Kaki* beschreibt diese Szene:

> Honiden Gekinosuke, der den Edōji Sanzuke besucht hatte, war auf seinem Rückweg, als er in diese Prozession hineinlief, welche gerade das Haupttor passierte. Und er war so überrascht, dass er mit sperrangelweit offenem Mund stehen blieb. Eine der Frauen sah ihn und fragte den Torwächter Kameemon, wer der große Kerl sei, der da so dämlich glotze. Kameemon antwortete: „Das ist niemand anderes, als unser *Samurai* Honiden Gekinosuke."

4

Muni, der den ganzen Besuch arrangiert hatte, grinste am Anfang bloß wegen der Unbeholfenheit seines Schülers in solchen Angelegenheiten. Gekinosuke war sein Seniorschüler, der alle um einen Kopf überragte. Aber Muni wusste, dass in diesem eindrucksvollen Körper ein sanfter, bisweilen einfacher Geist wohnte. Natürlich hätte Gekinosuke zurücktreten und diskret zur Seite schauen müssen, aber Muni wusste, dass sein Schüler in unschuldiger Überraschung befangen war. Trotzdem beschlich ihn ein ungutes Gefühl. Es scheint wohl immer so zu sein, dass, wenn Frauen des Vergnügens involviert sind, der Ärger nicht fern ist. Und so war es unumgänglich, dass nicht lange nach diesem Vorfall Muni zu seinem Herrn gerufen wurde. Munetsura war durch das Verhalten von Gekinosuke bloßgestellt worden. Sein Ruf war beschädigt worden und er befürchtete nun, in der Hauptstadt als Herr einer primitiven und unkultivierten Provinz gebrandmarkt zu werden. Es gab nur einen Weg, Munetsuras Ehre zu retten, und das bedeutete, dass Gekinosuke sterben musste. Und da er einer von Munis Männern war, fiel es auf Muni, diese grausame Pflicht zu erfüllen. Das *Tōsakushi* beschreibt, wie Muni sich zwischen der Treue zu seinem Herrn einerseits und dem Wissen um Geki- nosukes Unschuld anderseits zerrissen fühlte:

Gekinosuke war keines Verbrechens schuldig und Muni weigerte sich standhaft, so etwas zu veranlassen. Munetsura jedoch bestand darauf, diese Angelegenheit umgehend zu erledigen, sodass Muni widerstrebend zustimmen musste. Er sandte einen Botschafter zu Gekinosuke mit der Nachricht: „Ich werde dich auf die inneren Geheimnisse meiner Schule vorbereiten. Ich werde alt, so komme bitte ohne einen weiteren Tag zu verlieren."

Geschmeichelt durch die Ehre, die ihm sein alternder Lehrer zuteilwerden lassen wollte, kam Gekinosuke noch am selben Tag zu Munis Haus, wo die Vorbereitungen für das Ritual der Ahnenzeremonie schon im Gange war. Das *Tōsakushi* fährt fort:

> Nakatsukasa, ein Mönch vom Ryūdō Tempel, war ebenfalls schon da, um den Ritus zu überwachen. Muni nahm ihn zur Seite und erklärte ihm das Problem: „Ich bin ein alter Mann. Gekinosuke ist ein junger Mann in der Blüte seines Lebens, der unerschrocken ist und große körperliche Kraft besitzt. Falls ich versage, hilf mir bitte."

Während die beiden noch miteinander sprachen, kam Gekinosuke herein. Muni bot seinem ahnungslosen Gast Tee und Sake an. Und während sie redeten, fragte Gekinosuke nach seiner Initiation. Muni führte ihn in einen anderen Raum, nahm ihn fest bei der Hand und sagte:

> „Dies ist der Griff, wie man laut meiner Schule die Hand eines Gegners ergreift." Munis Griff war so stark, dass Gekinosuke aufschrie. Als er aber erfuhr, dass er durch Munetsuras Befehl sterben sollte, entwickelte er jene Kraft, für die er berühmt war. Das darauffolgende Handgemenge gab Nakatsukasa die Möglichkeit seine Lanze wiederholt in Gekinosukes Brust zu stoßen. Durch den Blutverlust verlor Gekinosuke schnell an Lebenskraft. Dann schnitt Muni ihm den Kopf ab.

Ironischerweise war der 31. Mai der Todestag von Munis Vater Buni, der sich genau zu diesem Ereignis zum sechsten

Mal jährte. Den restlichen Tag verbrachte Muni in quälender Trauer um seinen Vater und einen *Samurai* von tiefer Aufrichtigkeit und fehlerfreiem Verhalten.[4]

Dieses Ereignis veränderte Munis Leben. Die Zukunft, die einst so vielversprechend begonnen hatte, schien in Schimpf und Schande zu enden. Von allen verachtet, die in Munetsuras Dienst standen, wurde Muni immer schweigsamer und scheute immer mehr die Gesellschaft seiner Mitmenschen, bis er das Haus gar nicht mehr verließ.

Zurückgewiesen

Muni war schon in seinen Fünfzigern als er ein zweites Mal heiratete, um seinem Sohn ein Zuhause zu bieten. Yoshiko war die Tochter des abgesetzten Lehnsherrn Bessho Shigeharu. Demütig nahm sie den Namen der Tasumi an, und dadurch senkte sich der Stand ihres Clans zu dem der Bauern. Yoshiko war eine freundliche und fürsorgliche Frau und so war es nicht überraschend, dass Bennosuke seine Stiefmutter zu lieben und ehren begann.[5]

Ganz anders verhielt es sich zwischen Vater und Sohn. Bennosuke lernte schnell und war außergewöhnlich eigensinnig. Von frühester Kindheit an war sein Verhältnis zum Vater sehr schwierig. Von tiefer Reue geplagt, weil er seinen Seniorschüler hinterrücks ermordet hatte, wurde Muni ein zunehmend mürrischer, alter Mann, der seine Frau unaufhörlich herumkommandierte und seinen Sohn für den kleinsten Fehler schalt. Nur einige Jahre nach ihrer Heirat konnte Yoshiko die unglückliche Ehe nicht länger ertragen und bat Muni um die Scheidung. Er wies Yoshiko zurück, weil er wusste, dass er die Aussteuer in vollem Umfang an ihren Clan hätte erstatten müssen.[6]

Ohne rechtliche Entschädigung reiste Yoshiko in ihr Heimatdorf Hirafuku zurück, wo sie Zuflucht bei ihrem älteren Bruder fand, einem buddhistischen Mönch. Kurze Zeit später heiratete Muni wieder. Zu seinem Glück fand er eine Frau, deren Mitgift groß genug war, um Yoshikos Aussteuer abzuzahlen. Seine neue Frau war hart und barsch. Sie kam mit Bennosuke überhaupt nicht zurecht.

Die Situation wurde noch komplizierter, weil Bennosuke unter einem Hautekzem litt, was in einer abergläubischen Gesellschaft wie der japanischen Muni dazu veranlasste zu glauben, dass er bestraft würde. Das führte dazu, dass Bennosuke sich noch stärker zurückgewiesen fühlte und sich von seinem Vater immer weiter distanzierte. Wenn sie sich trafen, für gewöhnlich um die Tōri-Ryū-Techniken zu üben, widersprach der Junge und kritisierte seinen Vater, anstatt ihm den gebührenden Respekt entgegenzubringen. Bennosuke war zu dieser Zeit erst acht Jahre alt. Das *Bushū Denraiki* beschreibt die Spannung zwischen den beiden so:

> Eines Tages schnitzte Muni gerade einen Zahnstocher, und Bennosuke saß seinem Vater etwa ein bis zwei Meter gegenüber. Unerwartet nahm Muni das Messer und warf es nach seinem Sohn. Bennosuke wich mit dem Kopf zur Seite aus und das Messer blieb in der Holzsäule, an die er eben noch gelehnt hatte, stecken.[7]

Sichtlich verärgert, sagte sein Vater: „Du hast bisher meine Kunst des Schwertes gelernt und ich wollte dir das Ende des rechten Ohres abschneiden, um dich immer daran zu erinnern. Aber du bist der Gefahr ausgewichen. Du bist eine wahrhaftige Schande!" Daraufhin verwies er seinen Sohn des Hauses.

Munis Zurückweisung, und wie sie zustande kam, war ein massiver Schlag für den jungen Bennosuke. Sie pflanzte einen unablässig nagenden Selbstzweifel in den Jungen, gepaart mit einem unersättlichen Geltungsdrang. Sie entzündeten eine stille Wut, die für den Rest seines Lebens weiterbrannte und gegen jede Form der Autorität rebellierte. Anstatt seinen Vater um Vergebung zu bitten, nahm er seine Sachen und machte sich auf den Weg zur japanischen Inland-See. Sein Weg führte ihn über die Inaba-Kaidō, die alte Inlandstraße, die die Himeji-Burg mit der Tottori-Burg verband.

Der junge Bennosuke ging südwärts über den Kamasake-Pass, in die Provinz Harima ins Dorf Hirafuku, wo seine geliebte Stiefmutter lebte, die er seit dem Tag ihrer Trennung nicht mehr gesehen hatte (ca. 40 km). Er musste feststellen, dass sie wieder geheiratet hatte. Munis erneute Heirat hatte auch ihr die Freiheit geschenkt wieder eine Ehe einzugehen. Sie lebte nun mit Tasumi Masahisa aus ihrem eigenen Clan zusammen. Tasumi bedauerte das Leben als Bauer und sehnte sich nach den Tagen zurück, als sein Clan die Menschen hatte herumkommandieren können und Respekt erwiesen bekommen hatte. Er konnte sich mit Bennosuke nicht anfreunden, weil er den Verrat, den Muni an seinem Seniorschüler begangen hatte, nicht guthieß. Mit dem Sohn eines solchen Mannes wollte er nichts zu tun haben.

Da Yoshiko nicht wusste wohin mit dem jungen Bennosuke, gab sie ihn in die Obhut ihres Bruders. Er war einst ein Krieger gewesen und hatte sich mittlerweile den Studien und der Meditation gewidmet. Er nannte sich jetzt Dōrin und leitete den örtlichen buddhistischen Tempel Shōren-an. In diesem kleinen Tempel am Rande des Dorfes, verborgen in einem Bambushain, verbrachte Bennosuke den Rest seiner Kindheit und Jugend. Dieser Einfluss war wegweisend für sein späteres Leben, als Schwertmeister, Künstler und Kalligraph.

Erstes Duell

Dōrin, der dritte Sohn von Bessho Shigeharu, hatte nicht die Verpflichtungen des Erstgeborenen, war dem Lernen zugetan und hatte einen rasiermesserscharfen Verstand. Durch den Hintergrund seiner Familiengeschichte war er in Strategie, *Heihō*, und Burgenarchitektur gut ausgebildet. Der Mönch war Bennosuke emotional eine wichtige Stütze und hatte die Gabe Sachverhalte gut erklären zu können. Außerdem war er ein ausgezeichneter Maler in Tuschemalerei, *Sumi-e*.

Dem Mönch wurde sehr bald klar, dass Bennosuke eine Gabe hatte Dinge schnell und präzise zu erfassen. Rasch hatte er sich das Gelernte angeeignet. Ein Talent, das nur noch durch seine Neugier und offensichtlich unerschöpfliche Energie übertroffen wurde.

Vor allem anderen war Bennosuke von der Leidenschaft für die Kampfkunst besessen. Um die Wut über seinen Vater loszuwerden, streifte er stundenlang durch die Wälder und schlug wie besessen mit Stöcken auf große, alte Baumstämme ein oder rannte durch das Unterholz, als wäre der wütende Vater leibhaftig hinter ihm her. Zu manchen Zeiten sah es so aus, als suchte und flüchtete er zugleich vor dem gehassten Vater. Was auch immer er für eine Waffe in die Hände bekam, er übte unerbittlich jede Möglichkeit und Technik, die er von seinem Vater erlernt hatte.

Darüber hinaus gab es etwas, was dem werdenden Krieger Kopfzerbrechen bereitete. Er imitierte die großen Schwertmeister, indem er zwei weiße *Bokutō*-Holzschwerter im Gürtel trug. Aber, wie bei seinem Vater, lag der Schwerpunkt seiner bisherigen Kampftechniken auf der *Jitte*. Wie sehr er darum bemüht war sich von den Fesseln seines Vaters zu befreien, die ihn an dessen Kampfkunst banden, fängt das *Gekken Sōdan* die ausschlaggebenden Gedanken des jungen Kriegers Bennosuke folgendermaßen ein:

> Auch wenn er diese Form des Kampfes mit der *Jitte* übte, wurde ihm klar, dass sie nicht die ideale Waffe war. Er erkannte die Wichtigkeit einer neuen Technik, um den Feind zu besiegen. Dafür wollte er beide Schwerter, die ein *Samurai* stets bei sich trug, benutzen. Und so entwickelte er eine neue Form der Kampfkunst, einen neuen Stil, in dem der Kämpfer beide Schwerter einsetzen sollte.

Bennosuke hatte ja schon damit experimentiert. Für ihn fühlte es sich nur natürlich an beide Hände zu benutzen. Letztendlich vertrauen viele alte Schwerttraditionen auf die feine Abstimmung zwischen beiden Händen. Das *Tōsakushi* beschreibt hier eine Szene, als Musashi noch bei seinem Vater lebte:

> Er beobachtete die Priester am Aramaki-Schrein, als diese auf die großen *Taikō*-Trommeln schlugen. Er hörte, wie ihr Ton mit beiden Stöcken in perfekter Einheit klang. Von da an übte er kaum mehr mit der *Jitte*, sondern mit zwei Schwertern. Dafür hatte er in einem leeren Raum einen Holz-Dummy aufgestellt, auf den er pausenlos einschlug.

Bennosukes Talent für das Schwert wurde von Dōrins jüngerem Bruder Chōkurō, der immer noch Krieger war, entdeckt. Er half dem Jungen mit seiner Wut zurecht zukommen und unterrichtete ihn in den Grundlagen der Schwertschule seines Clans.

Für die nächsten vier Jahre lebte Bennosuke im Shōren-an und lernte von seinen beiden Stiefonkeln. Eines Tages, nach einer Stunde Schreibunterricht, ging er seine Stiefmutter besuchen. Auf dem Weg dorthin kam er auf ein offenes Gelände im Keil zwischen der Inaba-Kaidō und dem Sayō-Fluss. Er war schon öfters dort entlang gegangen, aber an diesem Tag war etwas anders. Dort war ein Gebiet ungefähr von der Größe eines *Sumō*-Rings mit einem groben Bambuszaun umstellt.

Bennosuke wusste sofort, um was es sich handelte: Es war die Absperrung auf der ein *Shiai*, ein Duell, stattfinden sollte. Sein Vater hatte ihm oft davon erzählt, dass zwei Schwertkämpfer, die sich duellieren wollen, das Gebiet vorher mit einem Zaun zu markieren hatten. Zusätzlich wurde die Gegebenheit durch ein Holzschild angezeigt. Um es zu lesen, trat er näher. Ein gewisser Arima Kihei, der die Inaba-Kaidō entlang gekommen war, hatte das Schild aufgestellt. Bennosuke schlussfolgerte, dass Kihei sich auf *Musha Shugyō* befand, ein alter Brauch, der aus der Zeit der rätselhaften *Yamabushi* (Bergkriegermönche) hervorgegangen war. Sie lebten in den unwirtlichen japanischen Bergen ein karges, entbehrungsreiches und zölibatäres Leben. Darin ähnelten sie sehr seinem Stiefonkel. Denn auch Dōrin lebte sein Leben in *Shugyō*, um seine Selbsterkenntnis zu vertiefen und weltliche Schwächen zu überwinden.[8]

Während das wahre Ziel des *Musha Shugyō* darin besteht, den inneren Feind zu besiegen, benutzten die „Krieger der Straße" diese Möglichkeit sich mit Kämpfern anderer Schulen zu messen. Und so war es auch mit Arima Kihei. Auf dem Anschlag stand sein Name mit Graduierung und er bot jedem die Gelegenheit sich mit ihm zu duellieren.[9]

Ohne zu zögern holte Bennosuke Tinte und Pinsel heraus, schrieb seinen Namen mit Herkunft und den morgigen Tag als Termin dazu. Damit kehrte er nach Hause zurück und bereitete sich auf das Duell vor. Als bereits schon am Abend ein Bote mit der Nachricht von Kihei kam, dass er das Duell annehmen würde, war Dōrin über Bennosukes leichtsinnigen Entschluss einen geübten Schwertkämpfer herauszufordern völlig sprachlos.

Tief bestürzt entschuldigte sich der Mönch bei dem Kurier mit der Erklärung, dass Bennosuke viel zu jung für ein Duell sei und dass das Geschriebene reine Angeberei gewesen sei. Als der Kurier Bennosuke sah, verstand er Dōrins Einwände, war aber nicht in der Lage irgendwelche Zusicherungen zu geben. Er sei aber sicher, dass, wenn Dōrin ihn zu seinem Herrn begleiten würde, man die Sache beilegen könne. Dōrin begleitete den Botschafter zu Arima Kiheis Herberge und bat Kihei das Duell abzulehnen. Das *Bushū Denraiki* erzählt, dass der Schwertmeister Verständnis zeigte, aber Folgendes einforderte:

> Wenn das wirklich nur Angeberei war, soll es gut sein. Aber wenn sich durch andere umherziehende Krieger herumspricht, dass mein Anschlag in Harima von Kindern mit Tinte beschmiert wurde, so ist das zu meinem Nachteil. Bitte begleite den Jungen morgen zum Duellplatz. Ich werde dort hergerichtet auf euch warten. Wenn du die Bitte vor der versammelten Menge wiederholst, und es schnell klar wird, dass es der Streich eines Kindes war, verzichte ich auf das Duell, auch wenn es zunächts schlecht auf mich abfärbt. Sonst findet es statt.

Am nächsten Morgen wachte Dōrin noch früher auf als sonst. Er war mit den Nerven am Ende, als er Bennosuke aufweckte und sagte:

> „Wegen dir bin ich in diesen Schlamassel hineingeraten. Nun folge mir in gebührendem Abstand.”

13

Bennosuke besaß nur ein kurzes Wakizashi und suchte sich zusätzlich unter der Veranda zwischen dem Brennholz noch einen ca. fünf Fuß [~1,5m] langen, stabilen Stock, den er als Wanderstab benutzte, und folgte seinem Onkel in angemessener Distanz.

Als sie ankamen, war der Platz mit Schaulustigen bevölkert. Kihei hatte dem Duell angemessene Kleidung angelegt und saß auf einem Klapphocker.[10]

Das *Bushū Denraiki* fährt mit der Erzählung fort, wie der demütige Mönch seine Hände auf den Bambuszaun legte und dazu sprach: „Meister Kihei, ich wiederhole die Worte, die ich zu dir schon gestern Abend gesagt habe, bitte vergebt diesem Angeber." Aber während Dōrin noch sprach, drückte Bennosuke den Zaun nieder und rief: „Bist du Kihei?" und schubste ihn mit dem Stock. Und dieser Stoß zeigte den gewünschten Effekt:

Kihei sprang auf, zog sein Schwert und schlug nach dem Jungen. Da Bennosuke direkt auf ihn zu gerannt war, und Kihei gleich sein Schwert gehoben hatte, standen sie zu eng, um dem jeweils anderen wirklich Schaden zufügen zu können. Sie standen sich gegenüber, mit den Waffen in den Händen über die Schultern gehoben. Unerwartet ließ Bennosuke seinen Stock fallen, duckte sich, brachte seine Schulter unter die des Gegners und warf ihn, mit dem Kopf voran, zu Boden. Dann griff er sich den Stab und tötete Kihei mit einer Folge von 14 oder 15 Schlägen.

Die Zuschauer starrten, wie vom Donner gerührt auf die Szene. Das Undenkbare war passiert. Ein Junge von gerade mal zwölf Jahren hatte den großen und erfahrenen Schwertmeister Arima Kihei getötet. Nicht die Tatsache an sich hatte die Zuschauer abgestoßen, sondern die gnadenlose Gewalt, mit der der Junge auf den Schädel des Schwertmeisters eingeschlagen hatte. Nur Dōrin verstand, dass sich hier und in diesem Moment die unbeschreibliche Wut des Jungen, die er seinem Vater gegenüber hegte, entladen hatte.

Kihei war ein berühmter Kämpfer der Shintō-Schule und es brauchte nicht lange, bis sich die spektakuläre Nachricht von der Niederlage durch einen Zwölfjährigen bis in den letzten Winkel der Provinz Harima ausgebreitet hatte. Bennosuke selbst dachte nur noch wenig an die ganze Sache. Später, als er auf diese Episode seiner Jugend zurückblickte, kam er zu nur einer Schlussfolgerung: „Solange ich reingehe und zuschlage, bereit mein Leben zu geben, brauche ich keine Vorbereitung, um jemanden zu besiegen."

Für sein eigenes *Musha Shugyō* ging der Junge im Laufe der folgenden vier Jahre immer wieder auf Wanderschaft. Er reiste durch den gesamten Westen der Insel Honshū und forderte jeden heraus, der seine Fähigkeiten testen wollte. Im Laufe dieser Reisen duellierte sich Bennosuke mit einigen Gegnern, einschließlich eines Meisters mit dem Namen Akiyama, der aus der Nachbarprovinz Tajima angereist kam. Aber weder Akiyama noch andere waren in der Lage, den jungen Schwertkämpfer zu schlagen.

Wiedervereinigt

Jung und ungeschlagen reifte Bennosuke zum Erwachsenen heran und begriff, dass er noch viel zu lernen hatte. Jetzt noch fähig, andere durch bloße Kraft zu besiegen, würde er mit der Zeit schwächer werden und musste sich deshalb mehr und mehr auf seine Fähigkeiten verlassen können. Bei allen Fehlern, die Muni hatte, so war er doch fraglos ein Talent, das seine eigene Schule begründet hatte und damit seinen Lebensunterhalt verdiente. Bennosuke begriff in vielerlei Hinsicht, dass sein Vater die einzige Person war, die ihm helfen konnte, sein Ziel zu erreichen. Und so machte er sich wieder über die Inaba-Kaidō auf den Weg nach Himeji. Weiter ging es über die Sanyōdō, die alte Hochstraße, die die nördliche Küste der Inland-See säumte und in der wunderschönen Meeresenge bei Shimonoseki endete. Von dort nahm er ein Boot, das ihn zum Hafen von Kokura übersetzte, um weiter zu Fuß nach Nakatsu zu wandern, der Burgstadt, in der sein Vater nun lebte, nachdem er seinen Dienst bei Munetsura aufgegeben hatte.

Seitdem Muni gezwungen worden war, seinen Seniorschüler grausam zu ermorden, wurde er von Schuldgefühlen verfolgt. Vier traurige Jahre ertrug er die schlimmen Gewissensbisse und diente einem Herrn, den er nicht mehr respektieren konnte. Im jenem Jahr in dem Bennosuke ihn verließ, befahl Munetsura ihm, all seine Männer zu mobilisieren, weil ihr übergeordneter Herr, Ukita Hideie, bei der Invasion gegen Korea, die Toyotomi Hideyoshi anführte, mit ins Feld zog. Für dieses Vorhaben mussten alle Männer rekrutiert werden, die man bekommen konnte.[11]

Im Zuge dieser lang andauernden Offensive wurde Muni von den Leuten des Kuroda Toshitaka angesprochen. Wie die Ukita und andere große Clans hatten auch die Kuroda mit einer großen Flotte abgelegt. Um ihre militärischen Bedürfnisse zuhause und in Übersee zu stillen, hatten sie viele junge Männer in den Militärdienst eingestellt. Diese mussten aber erst noch trainiert werden, und sie waren viel zu wenig Ausbilder.

Muni kannte Toshitaka. Er und sein älterer Bruder Yoshitaka waren beide in Himeji geboren. Yoshitaka war erst einund-

zwanzig Jahre alt, als er im Jahre 1567 Burghalter wurde. Im
darauf folgenden Jahrzehnt startete Oda Nobunaga eine Groß-
offensive, um die Mōri (einen machtvollen Clan im westlichen
Teil von Honshū, mit Hauptquartier in der Takamatsu-Burg) zu
unterwerfen. Sie hatten hart unter dem Kommando von
Hideyoshi gekämpft, der zu jener Zeit Nobunagas Obergeneral
war. Mit der Ermordung von Nobunaga im Honnō-Tempel
durch den verräterischen Akechi Mitsuhide im Jahre 1582 und
dem daraus folgenden Machtzuwachs von Toyotomi Hideyoshi,
kletterte auch das Prestige der Kuroda in ungeahnte Höhen.
Ihre Reputation stieg noch weiter, als Yoshitaka bei den Frie-
densgesprächen mit den Mōri darauf bestand, die Himeji-Burg
auszuwählen, von wo aus Hideyoshi die immense Aufgabe von
Nobunaga fortführte, das Reich zu befrieden.

Während der folgenden Jahre nahmen die Kuroda immer
wieder an zahlreichen Kämpfen teil: Shizugatake (1583),
Komaki (1584) und Nagakute (1584).

Muni brauchte nicht lange, um das Angebot der Kuroda
anzunehmen. Es gab ihm die Möglichkeit sein Leben noch
einmal neu aufzubauen, seine Schande durch neue Siege rein-
zuwaschen. Er musste hart dafür kämpfen, besonders während
der ersten Zeit, um die südliche Insel Kyushu zu unterwerfen.
Aber seine Rechnung ging auf. Den Kuroda-Brüdern wurden
als Belohnung für ihre Dienste riesige Lehngüter in der Provinz
Buzen zugeteilt. Das größte Lehnsgut ging an Yoshitaka und
umfasste eine Größe von einhundertzwanzigtausend *Koku* (Mittelalterliche Maßeinheit, ungefähr 278 Liter. Das Maß wird
hier benutzt um die jährliche Einheit Reis von einem Stück
Land zu bemessen. Ein *Koku* ist ausreichend, eine Person für
ein Jahr am Leben zu erhalten). Er baute sich eine neue Burg
in der geschäftigen Hafenstadt Nakatsu an der Bucht von Suo.
Toshitaka übernahm die Takamori-Burg, unweit der Hafenstadt

Nakatsu. Da Muni sein Gefolgsmann geworden war, folgte er seinem Herrn, der ihm ein Lehen mit zweitausend *Koku* überließ.[12]

Als Toshitaka im Alter von zweiundvierzig Jahren starb, trat Muni in den Dienst von dessen Bruder und zog nach Nakatsu. Er wurde in den Dienst von Hayashi Tarōemon, einem Kommandanten für ein Fußsoldatenbataillon, gestellt.[13]

Muni stufte man natürlich nicht bei den Fußsoldaten ein. Er wurde zum Senior-Schwertlehrer ernannt, der auch als persönlicher Lehrer für Yoshitaka und seinen Sohn, Nagamasa, zu dienen hatte. Durch diese besondere Stellung des *Kumihoka*, stand er außerhalb der regulären Hierarchie der Krieger. [14]

Durch seine Angehörigen hatte Muni in der Zwischenzeit von den Taten seines Sohnes gehört. Und was er gehört hatte, beeindruckte ihn als Schwertmeister und erfüllte ihn mit Stolz als Vater. Sturer, alter Krieger der er war, zeigte er das seinem Sohn nicht, als dieser müde, hungrig und dreckig von den vielen Tagesreisen unerwartet auf der Schwelle seiner neuen Behausung in Nakatsu stand. So lebten sie eine Weile gemeinsam unter einem Dach und übten täglich ihre Schwerttechniken, in Vorbereitung auf all die Kämpfe, die noch kommen sollten. Denn beide wussten, dass in nicht allzu ferner Zukunft Bennosuke seine Standfestigkeit in Kämpfen unter Beweis stellen müsse.

Zuerst allerdings musste Bennosuke eine wichtige Zeremonie abhalten für die er bisher zu jung gewesen war. Diese traditionelle Zeremonie, *Genpuku*, ist ein unerlässliches Ritual in der japanischen Gesellschaft, ohne welches ein Mann nicht heiraten, nicht an religiösen Zeremonien teilnehmen und, was noch viel wichtiger war, keine Waffen in der Öffentlichkeit tragen durfte. In den alten Zeiten wurde von der Familie eine Person bestimmt, die dem jungen Mann, den *Eboshi*, einen schwarz lackierten Hut aufzusetzen hatte, wie er von den

Adligen am Hof getragen wurde. Zu Bennosukes Zeiten war
diese Tradition einem anderen Ritual gewichen. Sein vorderer
Kopf wurde rasiert und er erhielt seinen Erwachsenennamen.
Das war natürlich auch einer der Gründe, warum er seinen
Vater aufgesucht hatte. Denn er fühlte sich verpflichtet, mit
seinem Vater zum Familienschrein zu gehen, um dort zu den
Gottheiten seiner Familie zu beten.

Wie viele stolze Väter vor ihm, stattete Muni seinen Sohn
mit dem folgenden Erwachsenennamen aus: Shinmen Musashi
Harunobu. Der letzte Teil seines Namens war der formelle
Name, der nur von seinem Vater benutzt werden durfte oder
von jemanden, der in der sozialen Hierarchie Japans über ihn
stand. Es war ganz sicher ein Ausdruck von Munis eigenem
Ehrgeiz, seinem Sohn, den Namen Harunobu zu geben, weil es
eine klare Verbindung zu dem großen und unbezwingbaren
Krieger Takeda Shingen gab, dem ebenfalls der Name Harunobu
gegeben worden war.[15]

Es war aber die unendlich weite Ebene von Musashi, die Muni
auf seinen vielen Reisen nach Edo durchqueren musste, von der
er den Rufnamen seines Sohnes ableitete. Sie erstreckt sich von
Yotsuya bis an die Pazifikküste. Man brauchte mehrere Tage Fuß-
marsch die ganze Ebene zu durchqueren. Die wogenden Sumpf-
gräser waren so hoch, dass selbst ein Reiter darin verschwand.
Es war vielleicht die spirituelle Tiefe und Weite, die der alternde
Schwertmeister in seinem Sohn wahrnahm—und um die er ihn
beneidete—und ihn zu diesem Namen inspirierten.[16]

In den Kampf

Im fünften Jahr von Keichō (1600) lief die Vereinigung ganz
Japans ihrem zwangsläufigen Höhepunkt entgegen. Was durch

Oda Nobunaga in Bewegung gesetzt worden war, wurde durch Toyotomi Hideyoshi fortgesetzt. Als Toyotomi Hideyoshi, genannt die „Die große Trommel", 1598 starb, wurde dessen begonnene Arbeit durch seinen Gefolgsmann Tokugawa Ieyasu selbstverständlich weitergeführt. Der Kriegsherr aus Kantō hatte sich vorgenommen den Widerstand der westlichen Provinzen unter der ambitionierten Führung von Ishida Mitsunari zu brechen. Die Kuroda hatten wohlweislich die Seite von Ieyasu gewählt. Nagamasa, der seinen Vater in der Zwischenzeit beerbt hatte, versammelte seine Truppen bei der Stadt Akasaka, unweit der Ebene von Sekigahara, dem Tor, welches West- und Ost Japan miteinander verbindet. Riesige Armeen hatten sich auf beiden Seiten versammelt, allesamt wissend, dass hier Japans Schicksal entschieden werden würde.[17] Während Hayashi Tarōemon und seine Fußsoldaten zum Festland übersetzten, blieben Muni und sein Sohn, der gerade erst erwachsen geworden war, zurück. Sie hielten sich in voller Rüstung auf der Nakatsu-Burg zur Verteidigung bereit. Als schnelle Eingreiftruppe sollten sie verhindern, dass sich in der Zwischenzeit irgendwelche Kriegsherren oder deren Alliierte Teile des riesigen Kuroda-Lehnsgutes unter den Nagel reißen wollten.

Dieses Schicksal hatte nämlich Hosokawa Tadaoki ereilt. Im frühen Oktober dieses Jahres wurde seine Kitsuki-Burg durch eine Armee des Kriegsherrn Otomo Yoshimune aus Bungo belagert. Tadaoki hatte zu diesem Zeitpunkt sein Hauptquartier in der Miyazu-Burg, an der Nordküste der Hauptinsel Honshū, nur eine Tagesreise von Musashis Geburtsort entfernt. Die Kitsuki-Burg war die Belohnung dafür gewesen, dass er im Jahr zuvor die Seite von Mitsunari zu Ieyasu gewechselt hatte. Deshalb standen Tadaokis Truppen nun auf der Seite von Ieyasu bei Akasaka, während einer seiner treuesten Gefolgsmänner, Nagaoka Yasuyuki, die Kitsuki-Burg

und die anderen Besitztümer, sicherlich im Wert von sechzig-
tausend *Koku*, bewachte.

Die Hosokawa und Kuroda waren schon seit längerem
freundschaftlich verbunden. 1590 hatten sie die Odawara-Burg
gemeinsam belagert, als Hideyoshi schließlich den Widerstand
der mächtigen Hōjō brach. Zwei Jahre später, als Hideyoshi
den Feldzug gegen Korea begann, setzten sie zusammen zum
Kontinent über; die gemeinsamen Siege und Widrigkeiten
schweißten die beiden Kriegsherren von Kyushu noch enger
zusammen.

Am Abend seines Aufbruchs nach Akasaka traf sich Tadaoki
mit Yoshitaka, um über die Möglichkeit eines Angriffs zu
beraten. Tadaoki sagte Yoshitaka, dass Nagaoka Yasuyuki
angewiesen sei, die Burg unter allen Umständen zu halten und
wenn nötig seine Hilfe anzufordern. Nun war genau das eingetreten, und der Brief war kurz und knapp: Yasuyuki sei in
deutlicher Unterzahl und nicht in der Lage die Burg gegen die
Streitkräfte von Otomo längerfristig zu halten.

Als Yoshitaka den Brief gelesen hatte, warf er sich umgehend
in Rüstung und war gewillt, die Kitsuki-Burg unter allen
Umständen zu retten und Otomos Männer dahin zurückzu-
schicken, wo sie hergekommen waren: in die Bucht von Beppu.
Yoshitaka war für sein Unternehmen gerüstet. Fieberhaft
arbeitete er daran, Männer für Truppen aufzutreiben, fragte
alle befreundeten Clanführer bis nach Shikoku und stellte sogar
Bauern ein, die sich dafür entlohnen ließen. Er war so
erfolgreich, dass er in kürzester Zeit neuntausend Mann zusammengestellt hatte.

Muni und sein Sohn waren im Gefolge des Kuroda-Clans
aufgebrochen, und trafen am 19. Oktober 1600 in der Ebene
von Ishigaki, nur einige Meilen von der Beppu-Bucht entfernt,
auf die Truppen von Otomo. Der Tag endete in einem klaren

Sieg für die Kuroda. Otomo Yoshimune wurde gefangen genommen und nur deshalb nicht umgebracht, weil er sich vorher noch zum Mönch hatte ordinieren lassen. Von diesem Erfolg bekräftigt, initiierte Yoshitaka selbstständig einen Angriff auf die Provinz Bungo, um sie zu unterwerfen. Sie fingen mit den Burgen von Aki und Tomiku an und eroberten dann in schneller Folge Usuki, Saiki, Tsunomure, Hinokuma, Kawara-dake und Kokura.

Während vier dieser Belagerungen war Musashi in der Vorhut von Yoshitakas Männern und nahm enorme Risiken auf sich, um seine Tapferkeit zu beweisen. Das *Bushū Denraiki* beschreibt, wie Musashi schon 200 Meter vor der Vorhut die Burgrampe hinaufstürmte, als ihn ein *Yari* in der Hüfte traf. Es fährt fort:

Musashi wurde fuchsteufelswild und rief dem Soldaten zu: „Ihr trefft mich aus der Schießöffnung, ich werde euch zeigen, wie man mit sowas fertig wird!" Dann stützte er sein Bein gegen die Mauer und wartete. Und wie der Soldat das nächste Mal seine Lanze aus der Öffnung steckte, griff er die Lanze am Holz hinter der Klinge und zog mit ganzer Kraft. Der Soldat auf der anderen Seite zog natürlich dagegen. In jenem Moment brachte Musashi seinen Oberschenkel unter die Lanze, machte einen lauten Schrei, und brach die Lanze entzwei. Dann rief er: „Freunde, seht mal, ich habe die *Yari* zerbrochen!" nicht erwähnend, dass er verletzt wurde. Als er sah, wie zur Überraschung aller Blut den Lanzenschaft hinunterlief, nahm er etwas Pferdedung, drückte ihn sich ohne mit der Wimper zu zucken auf die Wunde, und warf sich erneut in den Tumult.

Als sie später ins Lager zurückkehrten, ging er auf einen Stock gestützt zu den Verwundeten und und plauderte mit ihnen bis spät in die Nacht hinein, ohne irgendwelche Anzeichen von Schmerz erkennen zu lassen. Die seltene Kombination aus furchtloser Tapferkeit und sanftem Mitgefühl machten Musashi bei seinen Kameraden schnell beliebt.

Am 21. Oktober 1600, drei Tage nachdem Yoshitaka gegen die Streitkräfte von Otomo in der Ebene von Ishigaki gewonnen hatte, besiegte Tokugawa Ieyasu die Truppen von Ishida Mitsunari. Und so wie Ieyasus Feldzug gegen Mitsunari ein Erfolg gegen die westliche Allianz war, so war es ebenfalls Yoshitakas Feldzug gegen Bungo. In weniger als einem Monat hatte Yoshitaka zwei Provinzen unter seine Kontrolle gebracht.

Es war die brillante Strategie seines Sohnes im Kampf von Sekigahara, welche den Kuroda das Lehen einbrachte, und mit dem sie während der gesamten Edo Periode (1603–1876) in Verbindung gebracht wurden. Es handelte sich um das Fukuoka-Lehnsgut in der benachbarten Provinz Chikuzen. Alle Lehen zusammengefasst ergaben eine Größe von fünfhundertzwanzigtausend *Koku* und damit war es das siebtgrößte im gesamten Reich. Das Hauptquartier des Kuroda-Clans war von nun an die imposante Fukuoka-Burg, die von 1601 bis 1607 errichtet wurde. Der mächtige Nagamasa war ab dieser Zeit der Herr der Burg.

Mit fortschreitendem Alter zog sich Muni aus dem aktiven Dienst zurück. Er legte das Gewand an (wurde Mönch) und bekam den spirituellen Namen Munisai. Noch ein weiteres Mal musste er umziehen, und zwar in die Kitsuki-Burg in der Provinz von Bungo, wo man ihm einen großen *Yashiki*, einen herrschaftlichen Wohnsitz, am Befestigungswall der Burgstadt, mit Blick über die Bucht von Morie, zuwies. Er wollte seine letzten Tage damit zubringen, seine Tōri-Ryū zu perfektionieren.

Dies tat er auf den ausdrücklichen Wunsch von Nagaoka Yasuyuki, dem Burgherrn von Kitsuki, der den alternden Schwertmeister während des Kampfes von Ishigaki kennengelernt hatte und Munis Kampfkunst sehr bewunderte. Munisai wurde zum Schwertlehrer des Nagaoka-Clans ernannt und unterrichtete natürlich auch dessen Sohn Okinaga. Okinaga entwickelte sich schnell und außergewöhnlich gut, sodass die beiden gebeten wurden Vorführungen bei anderen Führern der Kyushu-Lehen zu geben.[18]

Musashi war sich in der Zwischenzeit darüber klargeworden, was er mit seinem Leben anfangen wollte. Der militärische Feldzug hatte seinen Appetit nach mehr Kämpfen angeregt. Er wollte mehr. Er wollte seinem Vater und sich selbst noch mehr beweisen. Das Ziel seines Lebens war es ein Krieger zu werden, ein Schwertmeister, ein wahrer Meister seiner Kunst. Um das zu erreichen, musste er Zeichen setzen, zum Beispiel indem er andere große Schwertmeister besiegen, sich einen Ruf schaffen und seine eigene Schwertschule gründen würde.

KAPITEL 2

Der Yoshioka-Clan

Am Wendepunkt vom 16. zum 17. Jahrhundert gab es viele berühmte Schwertkämpfer, die alle ihre eigene Schule gegründet hatten.

- Da gab es den berühmten Ono Jirōeon Tadaaki alias Mikogami Tenzen, einen Krieger von der Halbinsel Bōsō, der seine Kunst unter dem legendären Itō Ittōsai Kagehisa, dem Gründer der Ittō-Schule, gelernt hatte. Tadaaki wurde *Shihan* und privater Schwertlehrer von Shōgun Tokugawa Ieyasu.
- Yagyū Tajima no Kami Munenori kam aus der Provinz Yamato, wo sein Vater, Muneyoshi, die Schwertkunst unter dem ebenso berühmten Kamiizumi Ise no Kami Nobutsuna, dem Gründer der Shinkage-Ryū, gelernt hatte, welche dann die offizielle Schwertschule der *Bakufu* (Militärregierung) der Tokugawa in Edo wurde.

Die *Bakufu* der Tokugawa war gerade erst eingeführt worden und die meisten Schwertschulen waren vergleichsweise jung.

Viele gründeten ihr Prestige auf die Zugehörigkeit zur *Bakufu*. Musashi hatte natürlich von den meisten gehört, aber für seinen Plan hatte er eine andere Schule ausgewählt. Keine Schule erschien ihm größer und besser geeignet, als die Yoshioka-Ryū, des berühmten gleichnamigen Clans.[1]

Vor der Einführung der Tokugawa-*Bakufu* regierte die Ashikaga-*Bakufu* im Land der Aufgehenden Sonne. Die Ashikaga-*Bakufu* reichte zurück bis 1336, als Ashikaga Takauji (1305–1358) das Hauptquartier in Kyotos Bezirk Muromachi errichtete, weshalb sie auch Muromachi-*Bakufu* genannt wurde. Die Yoshioka-Ryū war für fast ein ganzes Jahrhundert die offizielle Schule der Ashikaga-*Bakufu*. Sie wurde im frühen 16. Jahrhundert durch Yoshioka Naomoto gegründet, einem Senior-Gefolgsmann des Shōgun Ashikaga Yoshiharu.

Das *Yoshioka-den*, die Familienaufzeichnung des Clans, beschreibt ihre stolze Tradition folgendermaßen:

> Die Yoshioka-Schule stammte von Genbō Hideyuki, sowie von den alten Satō-, Suzuki- und Soga-Schwerttraditionen ab. Das Haus der Yoshioka war ein uralter, aufrichtiger und gesetzestreuer Clan mit einem ausgeprägten Sinn für Gerechtigkeit, weswegen das gewöhnliche Volk den Patriarchen auch als *Kenpō*, „Gerechter", bezeichnete.

Es war Naomotos Bruder, Naomitsu, der den Yoshioka-Clan auf die Karte Japans brachte, als er der persönliche Schwertlehrer von Ashikaga Yoshiteru (1536–1565) wurde, bekannt unter dem Namen: „Meister-Schwertlehrer des Shōgun". Naomitsu gründete das Heihō-Sho, ein riesiges *Dōjō*, das im Bezirk Imadegawa, unweit des Hauptquartiers der Ashikaga-*Bakufu* angesiedelt war. Doch auch als die Ashikaga-*Bakufu* schon lange gefallen war, gab es nicht einen Schwertkämpfer im Reich, der nicht über die Yoshioka-Brüder und ihre ruhmreiche Schwertschule Bescheid wusste. Das *Yoshioka-den* kann mit Fug und Recht behaupten, dass

> die Anzahl der Schwertkämpfer, die unter ihrer Anweisung lernte, so groß war, dass es unmöglich war, sie alle zu zählen. Unter den Schwertkämpfern aus dem Reich gab es nur vier oder fünf, die sie mit ihren Fähigkeiten hätten herausfordern können.

Viele Male wurde die Überlegenheit des Yoshioka-Clans herausgefordert, aber nie gebrochen. Es war gerade einmal ein gutes Jahrzehnt her, dass sich Musashis eigener Vater mit dem berühmten Yoshioka Matasaburō Naokata duelliert hatte. Und weil Muni nur zwei von drei Runden gewonnen hatte, verfehlte er den eindeutigen Sieg. Naokata, für seinen Teil, kam nie mit seiner Niederlage gegen Muni zurecht. Er wurde verbissen und aggressiv, brach mit jedem wegen der geringsten Kleinigkeit Streitigkeiten vom Zaun, einfach um seiner aufgestauten Wut freien Lauf zu lassen. Das *Bukōden* beschreibt, wie nicht lange nach dem Duell mit Muni

> Naokata während der Feierlichkeiten zur Fertigstellung der großen Buddha Statue, im Hōkō-Tempel in Kyoto, eine Auseinandersetzung hatte. In dem Kampf, der sich daraus entspann, fanden acht Menschen durch seine Klinge den Tod. Um den Konsequenzen zu entgehen, versuchte er über eine Mauer zu fliehen, als die *Hakama* an einem hervorstehenden Nagel hängenblieb. Durch den plötzlichen Ruck fiel er rückwärts herunter, direkt auf

die *Yari* der ihn verfolgenden Sicherheitsgarde. So verlor er sein Leben. Und deshalb ist es von diesem Tag an bis heute verboten bei kaiserlichen Anlässen oder bei vom Kaiser unterstützten Veranstaltungen Schwerter zu tragen.

Musashi wusste, dass nur eine absolute Niederlage eines Mitglieds des Yoshioka-Clans als ein erster Schritt zu wahrer Anerkennung führen würde. Wenn schon der Zweidrittel-Sieg seines Vaters zum Titel „*Heihōsha*-ohne-Gleichen" geführt hatte, was würde dann ein vollständiger Sieg für seine eigene Karriere bedeuten? Noch wichtiger: Würde es nicht auch bedeuten, dass er seinem Vater nicht nur ebenbürtig, sondern sogar überlegen war?

Nach Kyoto

Und so kam es, dass eines schönen Sommermorgens im Jahr 1604, noch bevor die Sonne über der Bucht von Morie aufstieg, Musashi leise aufstand, seine Siebensachen packte und sich auf den Weg zum Hafen machte. Er hatte sich im Vorhinein auf einem kleinen Handelsschiff eine Überfahrt besorgt und war nun auf dem Weg zum Hafen von Sakai, zum anderen Ende der „Inland-See". Von dort sollte ihn sein Weg über Osaka und Fushimi nach Kyoto führen. Nach einer Woche auf der Straße erreichte er schließlich Kyoto und kam in einer billigen und heruntergekommenen Herberge in Sagarimatsu unter. Die lange Reise auf dem Schiff hatte ihm gutgetan und dabei geholfen die Gedanken zu ordnen, wie er sein Ziel am besten erreichen könne. Am nächsten Morgen sandte er einen Botschafter zum Heihō-Sho, um Naokatas Sohn seine Botschaft zu überbringen.

Yoshioka Seijūrō Naotsuna wurde zu dieser Zeit als der beste Kämpfer in Kyoto betrachtet.[2]

Am selben Tag kam ein Botschafter mit der Antwort zurück. Gierig, Naokata zu rächen, hatten die Yoshioka die Herausforderung angenommen. Seijūrō würde Musashi im Rendai-Tempel, am nördlichen Außenbezirk Kyotos, erwarten. Musashi war unmissverständlich klar, dass der Ausgang entscheidend für seine Karriere war. Er hatte nur eine Chance, die er nicht verspielen durfte, und dafür wollte er auf eine List zurückgreifen, um seinen Gegner nicht töten zu müssen. Das *Bushū Denraiki* beschreibt, wie der Tag des Duells begann:

> Musashi ließ sich entschuldigen, weil er krank im Bett läge. Seijūrō sandte den Botschafter mehrere Male zurück mit der Aufforderung sich dem Duell zu stellen. Schließlich bestellte Musashi sich eine Sänfte, wickelte sich in einen Futon ein und ließ sich so am Duellplatz abstellen. Er stieg nicht aus. So passierte längere Zeit nichts. Endlich ging Seijūrō zur Sänfte, schob den Vorhang zurück und erkundigte sich nach seiner Krankheit. In dem Moment stieß Musashi die Tür der Sänfte heftig auf, sprang heraus und schlug Seijūrō mit einem *Makura Bokutō* mit einem Schlag zu Boden, sodass sein Gegner ohnmächtig wurde. Seine Schüler verluden ihn auf eine Bahre und trugen ihn heim.[3]

Diese gemeine Niederlage ihres Elite-Schwertmeisters durch einen Anfänger aus dem Süden, ging wie eine Schockwelle durch den Yoshioka-Clan. Am stärksten war der Bruder Seijūrōs, Denshichirō Naoshige aufgebracht, so dass er umgehend einen Botschafter zu Musashis Herberge schickte und ihn an demselben Ort zum Duell herausforderte, an dem sein Bruder geschlagen worden war. Als Naoshige dann am nächsten Tag mit seinem fünf Fuß langen *Bokutō* auf Musashi einschlug, „rang dieser es ihm ab und tötete ihn damit auf der Stelle". Dieses Mal hatte Musashi seinen Gegner nicht verschont, und die Schüler des Yoshioka-Clans waren von Bitterkeit erfüllt. Da sie ihn nicht mit technischen Fertigkeiten stellen konnten, beschlossen sie, ihn in einen Hinterhalt zu locken. Es wurde entschieden, dass Seijūrōs Sohn, Matashichirō, mit einer größeren Anzahl von Schülern nach Sagarimatsu gehen würde. Sie würden vorgeben zu üben und zuschlagen, sobald Musashi die Sicherheit der Herberge verließe. Das *Bukōden* beschreibt es wie folgt:

> Es waren einige hundert von ihnen, alle mit Stöcken, Pfeil und Bogen und Schwertern bewaffnet. Jeder wollte Musashi töten. Dessen war Musashi sich natürlich bewusst. Er ging hinaus, tötete Matashichirō und verscheuchte die übrigen Schüler. Und mit dieser Angelegenheit hatte er die Überlegenheit seiner Schwertkunst bewiesen. Dann ging er zurück nach Kyoto.[4]

Der Niedergang des Yoshioka-Clans, der mit dem Fall der Ashikaga *Bakufu* begonnen hatte, wurde durch die schimpfliche Niederlage des Yoshioka Naokata beschleunigt und durch Musashis überwältigenden Sieg besiegelt. Der junge Schwertkämpfer war losgezogen, um nur einen Mann zu besiegen, und brachte eine ganze Schule zu Fall, die zuvor für fast ein ganzes Jahrhundert alleine über Kyoto geherrscht hatte. Hiermit hatte er dann auch seinen Vater übertroffen. Musashi gewann drei Siege und tötete dabei zwei Gegner.

Hōzōin Kakuzenbō In'ei

Musashi war erst zwanzig, als er eigenhändig eine ganze Schule zu Fall brachte, und noch weit davon entfernt eine eigene Schule zu gründen, wie es sein Vater getan hatte. Sein Kampfstil stand eigentlich in der Tradition seines Vaters, der Tōri-Ryū, doch er wollte ein System mit zwei Schwertern entwickeln. Aber dafür brauchte er noch mehr Kampferfahrung, sowohl in der Schwertkunst, als auch in anderen Kampfkünsten. Nur dann, so dachte er, wenn man gegen ebenso tödliche Künste wie das Schwert antritt, würden sich die Stärken und Schwächen seines Systems zeigen, und nur so könnte er die verborgenen Geheimnisse der *Heihō* entdecken.

Eine bedeutende Kampfkunst, die ihm sofort in den Sinn kam, war die *Yari*. Auf dem Schlachtfeld vielleicht sogar noch gefährlicher als das Schwert und besonders unter den *Sōhei*, den Kriegermönchen, sehr geschätzt. Es waren die *Sōhei* von Ishiyama bei Osaka und auf dem Berg Hiei bei Kyoto die Oda Nobunaga die meisten Sorgen bei der Reichseinigung bereitet hatten. Sie hatten sich mit der unversöhnlichen Ikkō-Sekte und den noch übleren *Wakō* Piraten verbündet, die die Meere um Japan unsicher machten und jedem, der mutig genug war ein Boot zu besteigen, einen Schauer über den Rücken jagten. Durch die Ikkō an Land und die Piraten zu Wasser hatten sie ihre Klöster in uneinnehmbare Festungen verwandelt. Diese Festungen wurden durch große *Sōhei*-Garnisonen, die bis an die Zähne bewaffnet waren, einschließlich westlicher Musketen, verteidigt. Trotzdem blieb die *Yari* immer die Waffe ihrer Wahl, deren Handhabung sie zu einer eigenen Kunst entwickelt hatten.[5]

Der unangefochtene Meister dieser Kunst war Hōzōin Kakuzenbō In'ei. Er war direkter Nachfahre von Nakanomikado,

31

dessen Linie man auf die *Sōhei* von Naras Kōfuku-Tempel zurückführen konnte. In'ei führte diese Tradition fort, indem er seine eigene Schule gründete, die Hōzōin-Ryū. Er war außerdem für seine Meisterschaft in der Schwertkunst berühmt. Diese hatte er unter Toda Yosaemon erlernt, dessen Toda-Ryū auf Nenami Okuyama Jions Nen-Ryū zurückging. Von ihr wird behauptet, dass sie die älteste Ryū in ganz Japan war.

Es wurde gesagt, dass In'ei unter mehr als vierzig Lehrern die unterschiedlichsten Waffentechniken erlernt hatte, hauptsächlich jedoch *Yari*, *Naginata* und *Tachi*. In'ei war lange der Abt des Hōzō-Tempels von Nara und hatte sich nun zurückgezogen, um seine Künste zu perfektionieren.

Musashi wusste, dass In'ei *Taryū Shiai* organisierte. Das sind Wettkämpfe der unterschiedlichsten Disziplinen, in denen seine Kriegermönche gegen Kämpfer anderer Künste antraten. Vor der Unterdrückung der Kriegermönch-Klöster durch Oda Nobunaga waren dies riesige Veranstaltungen gewesen, zu denen Krieger aus ganz Japan zusammenkamen und über mehrere Tage zusammenlebten. Bei einer dieser Veranstaltungen brachte In'ei den großen Kamiizumi no Kami mit Yagyū Munenori zusammen. Ein Treffen, das die Yagyū-Shinkage-Ryū fundamental beeinflusst und verändert hatte. Und wenn diese Veranstaltungen mittlerweile auch etwas kleiner ausfielen, so war für Musashi damals klar, dass ihm ein paar Kampfe mit Hōzōin-Kämpfern sehr zum Vorteil gereichen würden.

Am Morgen nach dem Hinterhalt in Kyoto packte Musashi seine Sachen, zahlte die Herberge und machte sich über die Nara-Kaidō auf den Weg. Es war am späten Nachmittag, als Musashi an das Tor des Hōzō-Tempels klopfte und um ein Gespräch mit dem alten Abt bat. Zu seinem Glück war der alte Kriegermönch zuhause und willens ihn zu empfangen.

In'ei war mittlerweile ein alter Mann. Er war vierundachtzig

Jahre alt geworden und obwohl er keine Waffen mehr handhaben konnte, war sein Geist so scharf wie eine Lanze. Er war sehr verwundert über Musashis Idee beide Schwerter im Kampf zu benutzen. Von so einer Verwegenheit hatte er, trotz seines großen Erfahrungsreichtums, bisher noch nicht gehört. Er war zu alt, um mit Musashi einen Kampf auszufechten, freute sich jedoch ihm seinen Seniorschüler, den talentierten Okuzōin, als Partner stellen zu dürfen.

Das *Nitenki* beschreibt, wie er noch am selben Abend mit Okuzōin ein Freundschaftsduell austrug:

> Der Mönch war mit der *Yari* bewaffnet, wohingegen Musashi zwei kurze *Bokutō* wählte. Sie kämpften zwei Runden, in welcher der Mönch nicht in der Lage war die Oberhand zu gewinnen. Nach einer Weile verbeugte er sich und gab seiner tiefen Bewunderung für Musashis Weg, mit zwei Schwertern zu kämpfen, Ausdruck. Er bat ihn, im Tempel zu bleiben und übernahm persönlich die Fürsorge für Musashis Aufenthalt.

Nach Edo

Während der nächsten Jahre als *Musha Shugyōsha* hatte Musashi viele weitere solcher Begegnungen, aber nicht alle verliefen ebenso freundschaftlich, wie die mit Okuzōin. Das *Nitenki* beschreibt eine Episode in einer Herberge entlang der Tōkaidō auf dem Weg nach Edo:

> Musashi traf dort auf Oseto Hayato und Samanosuke Tsujikaze, zwei Kämpfer aus der Yagyū-Shinkage-

Ryū. Sie fragten, ob er sich mit ihnen duellieren wolle und Musashi stimmte ohne zu zögern zu. Hayato war zuerst an der Reihe und bevor er überhaupt zum Schlag ansetzen konnte, hatte Musashi schon zugeschlagen und ihn besiegt. Nun musste Tsujikaze gegen ihn antreten. Aber auch er wurde durch den Schlag von Musashi so stark niedergeschmettert, dass er mit dem Kopf gegen eine Steinschale fiel und ohnmächtig wurde. Als er später aufwachte und sich aufrichteten wollte, brach er sofort wieder zusammen und starb.

Das neue Machtzentrum Japans, Edo, war im frühen 17. Jahrhundert überlaufen von Schwertkämpfern. All diese Männer hatten sich in den letzten Jahrzehnten im Kampf bewiesen und einen Namen gemacht. Auf den Schlachtfeldern und in den Trainingshallen entwickelten sie auf Grundlage ihrer Vorfahren ihren eigenen Schwertstil und neue Varianten zu bestehenden Stilrichtungen. Hunderte dieser so genannten *Ryūha* wurden geschaffen, jede mit ihrem eigenen Stil und besonderem philosophischen Hintergrund.

Nach der Schlacht von Sekigahara wurde Japan nach sechs Jahrhunderten Krieg befriedet, aber die Krieger all dieser *Ryūha* hatten nichts von ihrem Eifer eingebüßt. Im Gegenteil, sie waren nun umso motivierter, die Technik ihrer speziellen Schule weiterzuentwickeln und zu perfektionieren, damit ihr Erbe für die Nachwelt erhalten bliebe. Und die Anzahl der *Dōjō*, die dieses Ziel verfolgten, schien unüberschaubar. Dadurch war Edo für den ambitionierten und jungen Musashi auf der Suche seinen Horizont zu erweitern der ideale Ort, um sich in möglichst vielen *Dōjō* mit den Meistern dieser neuen und individuellen Schulen zu messen.[6]

Eine neue Schule

Musashi lernte nicht nur, er unterrichtete auch. Allmählich begann er, seinen eigenen, besonderen Stil der Schwertkunst zu entwickeln; einen Stil, den er zaghaft die Enmei-Ryū nannte, die „Schule des Lichtkreises". Außerdem hatte er angefangen seine Ideen zu Papier zu bringen. Er nannte es *Heidō Kagami*, den „Spiegel der Kampfkunst". Sein erster Entwurf von der Enmei-Ryū enthielt eine Liste mit Regeln, auf denen sein Stil aufbaute. Auch wenn der *Heidō Kagami* in dieser Form nur ein grober Entwurf war, so enthielt er doch schon alle Prinzipien, die Musashi in seinem späteren Leben noch im Detail ausführen würde.[7]

Aus dem Duell mit den beiden Kämpfern der Yagyū-Shinkage-Ryū blieb für ihn am eindrücklichsten der Versuch zurück, geistige Macht auszuüben:

> Wenn man in ein Duell geht, ist es essentiell, dass man noch ruhiger wird als normal, sodass man in der Lage ist, den Geist des Gegners zu spüren. Wenn er unerwartet seine Stimme hebt, seine Augen weitet, rot im Gesicht, angespannt wirkt oder gewalttätig wird, ist er ein schlechter Schwert-kämpfer. Bei solchen Leuten muss man noch ruhiger werden. Und wenn man dann sieht, wie er sich löst, fast so weit, dass er sich entspannt, ziehe das Schwert und halte es in einem tiefen Winkel. Im Moment, wo er schneidet, gehe fast leichtfüßig zurück. Dann, an dem Punkt, wo er sich verwirrt über deine Absichten wundert, schlage zu.

Der *Heidō Kagami* konzentriert sich auf technische und auf

körperliche Aspekte wie Haltung, Blick und das Führen der Schwerter mit beiden Händen:

> Wenn man beide Schwerter hält, ist die Spitze des *Kodachi* [Kurzschwert] etwa zehn Zentimeter neben und zwölf Zentimeter vor dem Heft des *Tachi*. Man achte darauf, die Ellbogen nie zu beugen, auch wenn es natürlich dumm ist, sie durchzustrecken.

Es behandelt auch Aspekte des taoistischen Konzepts von Yin und Yang, und wie man den Geist des Anderen „liest". Auch wenn Musashi erst Anfang zwanzig war, so war er sicher nicht der Jüngste in der neuen Hauptstadt. Es war nur natürlich, dass er von anderen gelegentlich um Rat gefragt wurde, so auch von dem jungen Hatano Jirōsaemon, einen Schüler der Asayama-Ichiden-Ryū. Das *Nitenki* beschreibt, wie er sich abends, nach einem langen Trainingstag, in einem Ichiden-Ryū *Dōjō* ausruhte:

> Jirōsaemon bat Musashi mit ihm noch einmal die Prinzipien der Techniken durchzugehen. Musashi half ihm seinen Stil zu verbessern, und daraus entstand später die Itten-Ryū. Im Laufe seines Lebens wurde Hatano zum Mönch geweiht und erhielt den Namen Sōken. Es war ein einzigartiger Stil, der weit bekannt und von vielen ausgeübt wurde.

Eine besondere Freundschaft

Die Begegnung mit Mizuno Katsunari wiederum hatte einen nachhaltigen Einfluss auf Musashis Leben. Wie Musashi war auch Katsunari erst in seinen Zwanzigern, aber er war schon ein Krieger mit großem Ruf. Er wurde in der Kariya-Burg geboren, in der Provinz von Mikawa und war ein Cousin des berühmten Tokugawa Ieyasu. In seiner Karriere hatte er schon zahlreiche Kämpfe ausgetragen, darunter auch die berühmten Kämpfe von Komaki und Nagakute—natürlich in den Rängen der Tokugawa unter Ieyasu selbst. (Es waren die einzigen Kämpfe, in denen sich Ieyasu und Hideyoshi auf dem Feld direkt gegenüberstanden.)[8]

Musashi und Katsunari verstanden sich auf Anhieb. Auch Kasunari hatte einen rebellischen Zug. Während der Belagerung der Kanie-Burg brachte der ungestüme Krieger sich in Schwierigkeiten, weil er in einem Wutausbruch einen Gefolgsmann seines Vaters getötet hatte. Katsunaris Vater war außer sich vor Wut, enterbte ihn und verwies ihn der Provinz. Nur durch das Einschreiten seines Cousins konnte die Beziehung halbwegs wiederhergestellt werden.

Sie übten viel miteinander, sodass an einem außergewöhnlichen Tag des Jahres 1609 Musashi eine Kopie seines *Heidō Kagami* an Katsunari überreichte, die mit folgendem Nachwort endete:

Meister Mizuno Hyūga no Kami,

ich habe mit großer Sorgfalt die geheimen Techniken meiner Schwertschule im *Heidō Kagami* zusammengestellt, um die korrekte Überlieferung sicherzustellen. Mit diesem Dokument, das als Urkunde dient, garantiere ich meinem Schüler, dass ich ihn in alle Geheimnisse meiner Kunst persönlich eingeweiht habe. Ich habe die unvergleichlichen, noch nie dagewesenen Geheimnisse dieser Kunst des *Heihō*, unübertroffen in der Vergangenheit als auch in der Gegenwart, aufgeschrieben, sodass sie bis in die Ewigkeit erhalten und verfeinert werden mögen. Es soll keiner anderen Urkunde Glauben geschenkt werden, selbst wenn sie eine Unterschrift trägt, die von meiner Hand zu sein scheint, sofern sie nicht diese geheime Rolle enthält.

Miyamoto Musashi

Durch Katsunaris Verbindungen erreichte Musashis Schwertkunst die Burg von Edo. Das *Bushū Denraiki* beschreibt, wie innerhalb von Monaten nach seinem Eintreffen in Edo

das Haus des Shōguns Notiz von Musashis Kunst der *Heihō* genommen hatte. Im Stillen begann man darüber nachzudenken Musashi einzubestellen. Meister Yagyū Tajima no Kami Munenori diente aber der *Bakufu* und dem Shōgun bereits als *Shihan*. Musashi fröstelte bei dem Gedanken Yagyū unterstellt zu werden und lehnte höflich ab: „Seit meiner Jugend hatte ich kein Bestreben nach hohen Ämtern. Und mit meinen ungepflegten Haaren und Nägeln würde ich ein seltsames Bild abgeben, so bitte vergebt, wenn ich ablehne."[9]

Musashis Absage ging gerade so weit, um den wahren Grund seiner Ablehnung zu vertuschen. In Wahrheit bedauerte er sehr, dass sich die Yagyū- und Ittō-Schule als offizielle Shōgun-Schulen etabliert hatten, wo doch deren Gründer persönlich an weniger Kämpfen teilgenommen hatten als er selbst. Seine wahren Gefühle kamen bei einer zweiten Absage an das Shōgunat deutlicher zum Vorschein. Das *Bushū Denraiki* erzählt uns weiter, wie das Shōgunat versuchte Musashi ein zweites Mal einzube- stellen:

> Musashi wurde eingeladen, eine Vorführung seiner Kampfkunst zu geben, und noch einmal lehnte er ab mit der Begründung: „Es erscheint mir sinnlos eine Vorführung meiner Kunst zu geben, wenn jemand die Yagyū-Schule so hoch achtet."

Es überrascht nicht, dass keiner der *Shihan* zur Seite trat, um den jungen, exzentrischen Schwertkämpfer als Schwertlehrer für einen der Söhne des Shōguns zu empfehlen. Der Shōgun selbst schien nicht beleidigt zu sein, sondern wirkte in seiner Antwort eher versöhnlich. Das *Bushū Denraiki*:

> Der Shōgun hatte in der Zwischenzeit Malereien von Musashi zu Gesicht bekommen und beauftragte ihn nun einen Wandschirm zu dekorieren. Dieses Mal kam Musashi der Bitte unverzüglich nach und präsentierte einen aufgehenden Mond über der Ebene von Musashi.

Musashi blieb für weitere sieben Jahre in Edo und perfek- tionierte seine Kunst, um die zugrundeliegenden Prinzipien durch fleißiges Lernen zu vertiefen. Zwischendurch reiste er kreuz und quer durch das Land, auf der Suche nach weiteren Duellen, aber keiner konnte sich je gegen ihn durchsetzen.

Im Frühling 1612, im Alter von achtundzwanzig Jahren, spürte er, dass es Zeit sei nach Hause zurückzukehren. Er hatte seine eigene und außergewöhnliche Schwertschule gegründet. Der Anfänger von damals war zu einem reifen Schwertkämpfer herangewachsen, der es mit jedem Kämpfer aus jeder Schule aufnehmen konnte.

Seine Berühmtheit hatte ihm auch einen neuen Namen eingebracht. Sein Vater hatte ihm den gewöhnlichen Namen Musashi gegeben, und er wurde nur selten mit dem Clannamen seines Vaters Shinmen angeredet. Die meisten kannten ihn als Musashi aus Miyamoto. Und unter diesem Namen, Miyamoto Musashi, ging der junge und bisher ungeschlagene Schwertkämpfer nun durch das Reich. Als er sich seinen Weg durch die geschäftige Menge auf der massiven Nihonbashi-Brücke bahnte, um auf der Tōkaidō nach Hause zu wandern, konnte er nicht ahnen, dass sein Name einst in ganz Japan und darüber hinaus berühmt werden würde.

KAPITEL 3

Heimkehr

Im Frühsommer 1612 überquerte der achtundzwanzigjährige Miyamoto Musashi die Meeresenge von Shimonoseki in einem der vielen Boote, die die Reisenden und Güter über die turbulente und trügerische Strömung brachten. Die salzige Meeresluft erinnerte ihn an seine Kindheit in Nakatsu. Er stand nun in der Blüte seines Lebens und sein Vater war ein alter Mann geworden. Sein Ziel war das *Yashiki* seines Vaters in Kitsuki, aber in dieser Nacht zuvor wollte er noch Nagaoka Okinaga im Hafen von Kokura besuchen.

Okinaga war der Sohn von Nagaoka Yasuyuki, dem Burghalter der Kitsuki-Burg, der Musashis Vater vor zehn Jahren als privaten Schwertlehrer engagiert hatte. Okinaga war zu dieser Zeit erst achtzehn Jahre alt, aber als sein älterer Bruder in der zweiten Korea-Offensive starb, wurde Okinaga der offizielle Erbe. Nur ein Jahr später ging sein Vater mit einundsechzig Jahren in den Ruhestand. Wie erwartet übernahm Okinaga die Regierung der Provinz unter dem bisherigen Herrn Hosokawa

Tadaoki. Er besiegelte diesen Bund mit den Hosokawa durch die Heirat mit dessen Tochter, der schönen Koho.

Tadaoki hatte in der Zwischenzeit seinen Regierungssitz von Miyazu in die Kokura-Burg verlegt. Zur Belohnung für seine Unterstützung in der Schlacht von Sekigahara war ihm das Kokura-Lehen zugesprochen worden. Okinaga war zwar immer noch der Besitzer der Kitsuki-Burg, aber um seine Pflichten gegenüber seinem Herrn zu erfüllen, musste er ein imposantes *Yashiki* mit einer großen Anzahl von Bediensteten und Gefolgsmännern am Hafen von Kokura unterhalten.

In der Zwischenzeit hatten sich Okinaga und Musashi schon recht gut kennengelernt. Der Altersunterschied betrug nur zwei Jahre und sie kannten sich aus der Schlacht von Ishigaki. Als vorgesehener Erbe war Okinaga natürlich nicht in der Vorhut gewesen wie Musashi, aber er hatte sich trotzdem als fähiger Krieger mit großem strategischem Geschick bewiesen. Er teilte dieselbe Vorliebe für die Kampfkünste wie Musashi, und bevor dieser nach Kyoto ging, übten sie oft gemeinsam unter der Anleitung von Musashis Vater. Und solange Musashi noch da war, hatte Okinaga jede Gelegenheit ergriffen, um seine Fähigkeiten unter Musashi und dessen Vater zu verbessern. Es war deshalb zu Okinagas großer Freude, den reisemüden Schwertkämpfer willkommen zu heißen. Er teilte ihm mit, dass es seinem Vater gut ging, und bot ihm an, solange zu bleiben, wie es ihm beliebe.

Sasaki Kojirō

Während seines Aufenthaltes in Nagaokas *Yashiki* führten die Männer bei einigen Schalen *Sake* lange nächtliche Gespräche, in denen Okinaga Musashi von einem anderen großen Schwertmeister erzählte, der sich in dieser Region niedergelassen hatte.

Sein Name war Sasaki Kojirō und dieser kam aus der Provinz von Echizen. Er hatte eine Vorstellung seiner Gan-Schule in der Kokura-Burg vor Hosokawa Tadaoki gegeben. Jener war so beeindruckt, dass er ihn zu seinem persönlichen Schwertlehrer verpflichtete.[1]

Musashi hatte bereits von Kojirō gehört, da dieser Kyushu schon öfters besucht hatte. Ein Jahrzehnt vorher, damals war Kojirō in seinen frühen Vierzigern gewesen, hatte er Musashis Vater zu einem Duell herausgefordert. Muni hatte abgelehnt, nicht weil er sich fürchtete, sondern weil er davon ausging, dass sie mit ungleichen Voraussetzungen kämpfen würden. Die Gan-Ryū selbst war eine solide Schwertschule, die auf Techniken basierte, die man auch unter anderen guten Schulen fand. Obwohl Kojirō von vielen bewundert wurde, genoss er keinen guten Ruf. Der Grund für seinen Bekanntheitsgrad war das Mittel seiner Wahl: das berühmt-berüchtigte als Gehstock getarnte Schwert. Das *Shikomitsue*, wie es unter den japanischen Kriegern genannt wurde, war zweifellos die hinterhältigste Waffe im damaligen Waffenarsenal. Es sah aus, als wäre es bloß ein Stock. In Wahrheit aber war das *Shikomitsue* ein vollwertiges Schwert. Sein Griff und die Scheide waren aus demselben Hartholz gemacht, sodass es eingesteckt nicht von einem gewöhnlichen Gehstock zu unterscheiden war. Wenn man als Schwertkämpfer einmal mit dieser Waffe in Berührung gekommen war, so war man sich von da an nicht mehr sicher, ob jemand nur einen Stock bei sich führte oder ein *Shikomitsue*.

Musashi war sehr entschlossen in einem Duell auf Kojirō zu treffen. Er schien an dieser Idee geradewegs Gefallen zu finden. Vor ungefähr einem Jahrzehnt war er zu der einfachen Schluss-folgerung gelangt, dass er keine Vorbereitung brauche, egal wie fähig oder gerissen sein Gegner auch sein möge, solange er nur mutig genug in einen Waffengang ging mit der Bereitschaft sein

Leben zu riskieren. Ihm war klar, dass es bei diesem Kampf um alles oder nichts ging und er mit Kraft alleine nicht zu gewinnen war. Kojirō spielte in seiner eigenen Liga, und um gegen einen Elite-Schwertkämpfer zu gewinnen, würde Musashi alle körperlichen und geistigen Waffen, die zu seiner Verfügung standen, aufbringen müssen. Als Musashi in dieser Nacht seine letzte Schale Sake auf dem Lacktisch sanft absetzte, hatte er entschieden, wie er den Schwertmeister besiegen wollte. Das *Bukōden* beschreibt, wie Musashi Okinaga ansah und sagte:

> Ich habe gehört, dass Sasaki Kojirōs Schwertkunst außerordentlich selten ist, und ich würde ihn gerne in einem Duell herausfordern. Weil ich weiß, dass du schon so lange mit meinem Vater befreundet bist, bitte ich dich, alles dafür Notwendige in die Wege zu leiten.

Arrangement des Duells

Mit Freuden übernahm Okinaga die Aufgabe. Er hatte Musashi bei der Belagerung der Tomiku-Burg gesehen und war begierig darauf den Schwertmeister erneut in Aktion zu sehen. Gleich am nächsten Morgen übermittelte er Herrn Tadaokis Älteren die Bitte, sich während der nächsten zwei Tage darüber zu beratschlagen. Sein Herr war nicht gegen das Duell. Kojirō war sein persönlicher Schwertlehrer, und eben weil Tadaoki wusste, dass er zu den Besten in seiner Liga gehörte, war er guten Mutes. Einige Tage später gaben die Älteren Ort und Zeit des Duells bekannt.

Um größere Unruhen zu vermeiden, sollte das Duell auf einer Insel vor dem Hafen von Kokura abgehalten werden. Die Insel, wenig mehr als eine große Sandbank, wurde unterschiedlich als Funashima oder Mukōjima bezeichnet. Vom Hafen von Kokura waren es nur fünf Meilen mit dem Boot oder die halbe Strecke nach Shimonoseki.

Dennoch hatte Herr Tadaoki Bedenken, dass die Sache trotz des abgelegenen Orts aus dem Ruder laufen könnte. Wegen seines Bekanntheitsgrades hatte Kojirō ein großes Gefolge versammelt, und es war anzunehmen, dass viele das Ereignis bezeugen, wenn nicht sogar gerne daran teilnehmen wollten. Musashi tat sein Bestes, um böses Blut zu erzeugen, indem er höhnte, er würde ihren Meister „wie den Kopf eines Frosches zerschmettern". Nur der Himmel konnte wissen, was passieren würde, wenn Kojirō verlieren, geschweige denn getötet werden würde. Einen Tag vor dem Ereignis wurden Befehle erteilt alle Burgstraßen abzusperren, damit Kojirōs Schüler nicht auf die Insel kommen konnten. Außerdem wurden zusätzliche Wachposten eingesetzt, damit die Befehle durchgesetzt werden konnten.

An diesem Tag informierte Okinaga Musashi, dass er Kojirō am nächsten Morgen im ersten Drittel der Drachenstunde (7:00–7:40) auf der Insel treffen würde, wenn die Flut am höchsten stünde und wegen der starken Strömung der Schiffsverkehr zeitweise zum Erliegen käme. Kojirō wurde mit einem von Tadaokis Booten zur Insel gebracht, während Musashi mit einem von Okinagas Booten übergesetzt werden würde. Musashi war mit diesem Arrangement sehr zufrieden und bedankte sich bei Okinaga für die hervorragende Organisation.

Am Vorabend des Geschehens war Musashi wie vom Erdboden verschluckt. Er wurde in ganz Kokura gesucht, aber nicht gefunden. In den Tavernen von Kokura verbreitete sich das Gerücht, dass der junge Schwertmeister durch die unübertroffenen Fertigkeiten des unvergleichlichen Kojirōs eingeschüchtert und aus Furcht geflüchtet sei. Auch Okinaga, der Musashi gut kannte, war ratlos. Das *Bukōden* erzählt:

> Am Ende der Nacht versammelte er seine Männer und sagte: „Wenn ich die Dinge sorgsam betrachte und er sollte tatsächlich geflüchtet sein, warum sollte ich bis morgen warten? Er heckt sicher etwas aus. Er war doch schon einen Tag in Shimonoseki bevor er hierher kam, und vielleicht ist er dorthin gegangen, um von dort zur Insel zu gelangen."

Kaum dass er das überlegt hatte, schickte er einen Kundschafter über die Meerenge. Sehr bald fand der Kundschafter die Vermutung bestätigt, dass sich Musashi in Shimonoseki aufhielt. Er befand sich im Haus eines örtlichen Bootsausrüsters namens Kobayashi Tarōsaemon. Dort traf er auf einen sehr reumütigen Musashi. Das *Bukōden* fährt fort:

> Musashi sprach zum Botschafter: „Mir wurde zwar gesagt, dass ich in einem Boot von Herrn Okinaga übergesetzt werden würde, und ich bin für diese Freundlichkeit sehr dankbar. Aber Kojirō und ich sind nun Feinde, und es wäre nicht schicklich, wenn er in einem Boot von Tadaoki übersetzt und ich in einem Boot von Okinaga. Denn dieser ist immer noch seines Herren Gefolgsmann. Ich bin Meister Okinaga zutiefst dankbar, weil er meinen Wunsch erfüllt hat, aber mit solchen Nebensächlichkeiten braucht er sich nicht herumzuschlagen. Eigentlich hätte ich ihm das selber sagen sollen, aber ich wusste, dass er darauf bestanden hätte. Also habe ich mich entschieden hierher zu

kommen, ohne ihn darüber zu informieren. Morgen werde ich in einem der Boote von hier nach Mukōjima übersetzen und seine Herrschaft darf versichert sein, dass ich zur vereinbarten Stunde vor Ort sein werde."

Die Würfel sind gefallen

Gut vor sieben Uhr am Morgen des besagten Tages ging Sasaki Kojirō zum Hafen, wo in der kühlen Morgenluft dutzende kleiner Boote in der Dünung auf- und niederschaukelten. Trotz der frühen Stunde fuhren schon viele Boote hin und her, um die Strömung bestmöglich zu nutzen. Das *Honchō Bugei Shōden* beschreibt die Szene, wie Kojirō zu einem der Ruderer ging und ihn fragte:

> „Viele Boote kreuzen heute Morgen. Was ist denn da los?" Der Ruderer antwortete: „Weißt du denn das nicht? Der Schwertmeister Ganryū duelliert sich heute mit Miyamoto Musashi. Wir sind seit dem Morgengrauen hier, um zu bezeugen, dass sie übersetzen." Darauf sagte der Schwertmeister: „Ich bin der Ganryū von dem du sprichst." Da war der Ruderer so überrascht, dass er nach Atem ringend sprach: „Wenn du der Ganryū bist, wie du sagst, lass mich dich schnell zu einem anderen Ort rudern, weil du besser in eine andere Provinz flüchten solltest. Auch wenn deine Technik göttlich ist, da sind so viele von Musashis Freunden. Du wirst hier garantiert nicht lebend rauskommen."

Kojirō war sich seiner Sache jedoch sicher. Dieselbe Aufzeichnung fährt fort:

> „Ich wünsche nicht den heutigen Tag auf diese Weise zu beenden. Auch wenn ich sterben sollte, wie du sagst, habe ich dennoch einen feierlichen Eid geschworen. Und ich wäre kein mutiger Krieger, wenn ich mein Versprechen brechen würde. Wenn es meine Pflicht ist, auf Funashima zu sterben, erwarte ich, dass du Wasser für den Frieden meiner Seele auf mein Grab gießt. Denn auch wenn du nur ein gemeiner Ruderer bist, bin ich von deinem Mitgefühl gerührt."

Nachdem sich Kojirō mit seinem nahenden Schicksal ausgesöhnt hatte, stieg er in das kleine Boot und ließ sich mit einem Schüler zur Insel übersetzen.

Trotz Herrn Tadaokis äußerst sorgfältigen Vorsichtsmaßnahmen schlug sein Ziel fehl das Duell abzuschirmen. Auch wenn er Kojirōs Schüler davon abhalten konnte überzusetzen, so war es unmöglich Zivilisten, die ein Boot besaßen und von gegenüber der Meerenge kamen, davon abzuhalten. Offensichtlich war das der Grund, warum Musashi nach Shimonoseki übergesetzt war. So konnte er die Nachricht verbreiten, dass er sich mit dem großen Ganryū auf Funashima am nächsten Tag duellieren würde.

Auf seinem Weg nach Shimonoseki besuchte Musashi auch die Moji-Burg, welche an der Spitze von Kitakyūshū lag. Sie war die Festung von Tadaokis Sohn Hosokawa Tadatoshi. Der Burghalter, Numata Nobumoto, war mit den Nagaoka verwandt und ein langjähriger Freund von Musashis Vater. Auf Bitte Musashis und mit Tadaokis Zustimmung kam Nobumoto mit auf die Insel

Funashima, um das Ereignis zu bezeugen und zu garantieren, dass der Kampf mit Fairness ausgetragen werden würde.

Kojirōs Ankunft

Die Szene, die Kojirō auf der Insel erwartete, war ziemlich genau so, wie der Ruderer sie vorhergesagt hatte. Die Boote, die die Insel anliefen, hatten ihre Anker geworfen und lagen kreuz und quer, ohne Rücksicht auf die gesellschaftliche Stellung ihrer Besitzer. Numata Nobumoto war in der Zwischenzeit auch angekommen und brauchte schon Waffengewalt, nur um sich einen Weg zu bahnen. Er hatte einige Gefolgsmänner mitgebracht, die mit ihren Lanzen etwas Ordnung garantierten. Zufrieden setzte er sich auf einen Falthocker und beobachtete, wie sich die Dinge entwickeln würden. Das *Bushū Denraiki* fährt fort:

> Als die Insel von Funashima in Sicht kam, drehte sich Kojirō zu seinem Schüler um. Und während er noch zu ihm sprach, zog er seine versteckte Waffe, machte vier oder fünf Streiche durch die Luft und warf sie in die See.

Musashis Plan war aufgegangen. Als er die große Menge Schaulustiger und Nobumotos Speerträger sah, erkannte Kojirō, dass wenn er Musashi mit dem *Shikomitsue* besiegt haben würde, er selbst nicht ungestraft davonkommen könnte. Und um dem Vorwurf des Verrates zuvorzukommen oder der Verfolgung durch Nobumotos Männer zu entgehen, trennte er sich selber von dieser seiner meist vertrauten Waffe. Und er war gewiss mehr als unglücklich über diese Wendung der Ereignisse. Das *Bushū Denraiki* fährt fort:

Als das Boot beidrehte, trat Kojirō auf das Vorder-
deck und sprang auf den Strand. Aber er verlor sein
Gleichgewicht und fiel auf die Knie. Als die
wartende Menge dies sah, begann sie laut zu lachen.
Kojirō nahm sein Schwert auf, ging zu Nobumoto
und schalt ihn: „Was glaubst du, wer du bist? Und
wer gibt dir das Recht hier zu sein?" Nobumoto
antwortete ihm: „Ich bin ein enger Freund von
Musashi, und ich bin hierhergekommen, um mir
euer Duell anzusehen. Ich habe keinerlei Absicht
euch in die Quere zu kommen. Bist du eigentlich
von Sinnen, so mit mir zu reden?"

Durch den Verlust seiner meistvertrauten Waffe verärgert,
durch die Anwesenheit von Nobumotos Männern aufgebracht,
konnte der Schwertmeister nichts anderes tun, als auf die
Ankunft seines Gegners zu warten. Er fühlte sich seiner
tödlichsten Waffe beraubt und noch viel wichtiger, seiner
Haltung. Sein Ehrgefühl wurde immer weiter durch Musashis
Abwesenheit untergraben.

Verspätung als Taktik

Die Sonne stand schon hoch am Himmel, als Okinagas
Botschafter am Haus des Schiffshändlers ankam. Obwohl die
Nachricht höflich formuliert war, so war sie doch überdeutlich.
Musashi sei zu spät und solle sich beeilen. Musashi lag jedoch
noch im Bett und schien sich, sehr zur Verärgerung des Bot-
schafters, kein bisschen beeilen zu wollen. Der Botschafter kam
noch ein paar Mal vorbei, um Musashi zur Eile anzutreiben.
Schließlich und endlich musste Musashi wohl oder übel

aufstehen, nahm ein Frühstück mit Misosuppe und geröstetem Fisch zu sich und ließ sich von Muraya Kanpachirō, einem der Männer des Schiffshändlers, übersetzen.

Es war irgendwie schon atemraubend, wie unbefangen, fast schon unbekümmert und waghalsig Musashi an dieses große Duell heranging. Trotzdem legte er bei der Überfahrt in dem kleinen Boot, welches nun sehr gegen die starke Strömung anzukämpfen hatte, große Sorgfalt auf die Auswahl und Bearbeitung seiner Waffe, mit welcher er seinen Gegner auszuschalten gedachte.

In all seinen Duellen hatte er sich immer auf sein *Bokutō* verlassen, aber dieses Mal würde er mit etwas anderem kämpfen: Es war ebenfalls aus massivem Holz, jedoch länger und schwerer. Das *Bushū Denraiki* beschreibt es folgendermaßen:

> Er nahm ein Ruder von dem Boot und schnitt es auf eine Länge von vier Fuß [~120 Zentimeter] zurecht. Die Kante verstärkte er mit einigen Nägeln, die er im Boot fand und verbesserte den Griff, indem er ein paar Rillen hineinschnitzte. Als Kurzschwert hatte er sich einen handlichen Stock mitgebracht, welchen er jetzt nur am Griff entrindete.

Schließlich, so gegen zehn Uhr, also drei Stunden zu spät, erreichte er Funashima. Kanpachirō legte das Boot an der Westseite an, wo das Wasser auf einer längeren Strecke sehr seicht war. Das *Bukōden* beschreibt:

> Musashi hatte sich ins Boot gelegt und sich ein Tuch um den Kopf gebunden. Er trug einen gestreiften *Kimono*, den er an den Armen hochgeknüpft hatte und da drüber eine *Yukata* [Sommer-*Kimono*] mit Rechtecken.

Schockiert und außer sich vor Wut, von einem Emporkömmling, der gerade einmal halb so alt war, bloßgestellt worden zu sein, hatte Kojirō mittlerweile jegliche Haltung verloren. Das *Bukōden* fährt mit der Beschreibung fort, wie er augenblicklich auf Musashi losging, als er ihn in einiger Entfernung kommen sah:

> Kojirō ging bis zur Wasserkante und rief: „Warum bist du zu spät? Während ich schon da bin? Hast du die Nerven verloren?" Aber Musashi blieb still und tat so, als höre er ihn nicht. Stattdessen legte er sein Yukata ab, steckte das Messer in den Gürtel, nahm sein *Bokutō* und watete barfuß durch das flache Wasser und hielt sich die *Hakama* hoch, sodass man die Schienbeine sehen konnte.

Wie die meisten Schwertmeister seiner Zeit war Kojirō für ein Duell mit einer *Karusan Hakama* bekleidet. Er hatte die *Hakama* über einem strahlend roten, ärmellosen Haori gebunden und trug die obligatorischen Strohsandalen. Er stand kurz davor mit Musashi kurzen Prozess zu machen. In seinem Ärger machte er einige Bewegungen, die seine Anspannung verrieten, und die düstere Vorahnung vom frühen Morgen sowie das Gespräch mit dem Bootsmann schienen sich zu bewahrheiten. Das *Bukōden* fährt fort:

> Während Kojirō an der Wasserkante stand und beobachtete, wie Musashi durch das flache Wasser auf ihn zukam, zog er sein Langschwert und schmetterte die *Saya* [Scheide] einfach ins Wasser. Als Musashi das sah, blieb er stehen und rief: „Kojirō du hast verloren! Bist du nicht gekommen

um zu siegen? Warum um alles in der Welt wirfst
du die *Saya* weg?"

Das Duell

Unfähig einen letzten Rest an Selbstbeherrschung aufrecht zu
erhalten, preschte Kojirō voran und eröffnete den Kampf. Das
Bushū Denraiki beschreibt, wie er in der *Mizuguruma*[2] Wind-
mühlen-Technik nach Musashi schlug. Eine Erinnerung
durchfuhr Musashis Geist: Dies ist eine alte Technik, bei
welcher das Schwert, wie bei einer Wassermühle geschwungen
wurde; eine Technik, die von vielen mit dem Langschwert
geschätzt wurde. Ein Schwert konnte auch wie ein *Shuriken*
Wurfstern benutzt werden. Das aber war genau einer der
Gründe, warum Musashi sich das Ruder des Bootes zurecht-
geschnitzt hatte. Es war aus blauer Buche und daher leicht und
gut zu schwingen, aber trotzdem noch breit genug und so hart
wie Eisen. Das ideale Werkzeug also, um solch tödliche Wurf-
geschosse abzuwehren.

Musashi konnte Kojirōs hinterhältiges *Shikomitsue* nirgendwo
entdecken, dafür aber das berühmte Langschwert, das von den
Meisterschmieden aus Aoe aus dem allerbesten Stahl
geschmiedet worden war. Alles kam genau so, wie er es geplant
hatte. Er hatte auf den Effekt gesetzt, dass, wenn Numata Nobumoto anwesend wäre, Kojirō seine Lieblingswaffe aufgeben und
auf das Langschwert setzen würde. Das *Bushū Denraiki* fährt
fort:

Das Bootsruder schwenkend, parierte er die
Angriffe mit *Migiwaki no Kamae* und ging dann in
einen scharfen Gegenangriff über. Sie krachten

beide ineinander, als Musashi sein Ruder hob und zuschlug, und Kojirō gleichzeitig, die Richtung wechselnd, sein Schwert in einem Schrägschnitt hinunterführte. Aber Kojirō entglitt der Griff und die Klinge traf Musashi flach im Nacken.[3] Der Schlag durch Kojirōs Waffe verblüffte Musashi nur für einen Augenblick, und er stand noch immer aufrecht. Seine eigene Waffe traf jedoch ihr Ziel. Sie landete hart und kraftvoll auf dem Vorderkopf seines Rivalen, der ein paar Schritte zurücktaumelte, bevor er auf den Rücken fiel. Als Musashi für den zweiten Schlag vorwärts sprang, richtete Kojirō sich nur noch bis auf die Knie auf und schnitt waagerecht durch Musashis *Hakama*. Musashis nächster Schlag war verheerend. Er schlug zweimal mit aller Kraft auf die gleiche Stelle. Das robuste *Bokutō*, das er aus dem Ruder geschnitzt hatte, zerschlug den Schädel seines Gegners, der nur noch vornüber stürzte und ausgestreckt liegen blieb.

Nach einer kurzen Pause warf Musashi das Ruder weg, kniete sich neben Kojirō und prüfte, ob er noch atmete. Nach einer ganzen Weile stand er auf, entfaltete seine *Hakama*, nahm Kojirōs Langschwert und ging zu seinem Boot. Er sprang an Bord und bat den wartenden Kanpachirō ihn wieder zurückzubringen.

Als sie am Ufer ankamen, zeigte er der wartenden Menge den Schnitt in seiner *Hakama*. In der Heftigkeit des Gefechts hatte niemand mitbekommen, dass der vordere Teil von Kojirōs Klinge ihn im Nacken getroffen hatte. Auf Grund der Heftigkeit des Schlages lief aus dieser Wunde immer noch Blut. Musashi zog den Kragen seiner Unterwäsche hoch, damit es niemand sehen konnte. Das *Bushū Denraiki* fährt fort:

54

Als die Zuschauer heranströmten, um nach Kojirō
zu schauen, stellten sie fest, dass er noch atmete,
jedoch zunehmend schwächer wurde. Jemand sagte:
„Kojirō! Musashi geht. Hat das so sein sollen?"
Daraufhin riss er die Augen auf, bäumte sich noch
einmal auf und rief: „Ist er weg? Gib mir Wasser!"
Und dann fiel er mit einem dumpfen Schlag
vornüber.

Der große Sasaki Kojirō, genannt der Dämon der westlichen
Provinzen, war mit nicht mehr als einem einzigen Ruder
erschlagen worden.

Nachspiel

Es war nicht der Hafen von Kokura zu dem Musashi sich von
Muraya Kanpachirō übersetzen ließ. Kokura war mit Kojirōs
Schülern überlaufen. Als die wartenden Schüler auf dem
Festland von dem Tod ihres Meisters hörten, verbreiteten sie
die Nachricht in Windeseile. Musashi hatte nach wie vor die
Absicht seinen Vater in Bungo zu besuchen, aber jetzt über
Kokura nach Kitsuki zu reisen, hieße das Schicksal herauszu-
fordern. Er hatte schon im Vorfeld der Ereignisse mit Numata
Nobumoto über die Zeit nach dem Duell gesprochen und dieser
hatte seinerseits mit Herrn Tadatoshi erwogen, dass Musashi
auf dessen Burg in Moji Zuflucht erhielte, bis sich die Wogen
geglättet hätten.
Musashi blieb für einige Wochen in der Moji-Burg, um seinen
Nacken zu heilen und um zu warten bis der Sturm sich gelegt
hatte. Wie nicht anders zu erwarten, verloren die Schüler von
Kojirō die Beherrschung. Sobald sie von Kojirōs Tod gehört

hatten, setzten sie zur Insel über, um seinen Tod zu rächen. Natürlich kamen sie zu spät, und es blieb ihnen nichts anderes übrig, als den Leichnam ihres Lehrers dort zu begraben. Seitdem heißt die Insel Ganryū-Insel. Es vergingen viele Wochen, bis sich ihre Gemüter beruhigten und sie sich mit dem Tod ihres Lehrers abgefunden hatten.

Mit der Zeit waren auch Musashis Wunden geheilt, und er spürte, dass es Zeit wurde nach Hause zu gehen. Das *Numata Kaki*, die Familien-Chroniken des Numata-Clans, beschreiben den Sommer 1612:

> Musashi wurde in die Provinz von Bungo begleitet. Er erhielt eine Eskorte mit Ishii Mitsunojō zugeteilt, die den ganzen Weg mit Reitern und Musketen sicherten, damit er gesund in Bungo ankäme. Bei seiner Ankunft in Kitsuki wurde Musashi im Hause eines gewissen Herrn Munisai abgeliefert.

Für die nächsten drei Jahre blieb Musashi in Kitsuki, um sich um seinen alternden Vater zu kümmern und eine Vielzahl an Schülern zu unterrichten, die begierig danach waren seine außergewöhnliche Kampftechnik der Enmei-Ryū mit den zwei Schwertern zu erlernen. Auf der Höhe seiner Macht und weit über die Insel Kyushu bekannt, hatte er eine Position erreicht, in der er es sich leisten konnte Stipendien anzunehmen, um ein neues und größeres *Dōjō*, an der Stelle des alten *Dōjō* seines Vaters errichten zu lassen.

Doch größere, epochale Ereignisse, die der Schwertmeister nicht vorhersehen konnte, durchkreuzten seine Pläne.

KAPITEL 4

Willkommene Neuigkeiten

Im Herbst 1614 verbreitete sich im Hafen von Kitsuki die Nachricht, dass sich in der Nähe von Osaka große Truppenverbände zusammenzogen. Es kam zur zweiten großen Auseinandersetzung zwischen den westlichen und östlichen Kriegsherren seit der Schlacht von Sekigahara. Die östlichen Kräfte kämpften erneut für die Tokugawa und die westlichen Verbände hatten sich unter dem Sohn von Hideyoshi, Toyotomi Hideyori, zusammengefunden, der sich in der Osaka-Burg verschanzt hatte.[1]

Osaka war eine ausgezeichnete Wahl als Festung. Als nach langen und erbitterten Kämpfen keine der beiden Seiten irgendwelche Fortschritte erzielen konnten, kamen sie am 18. Januar 1615 zu der Übereinkunft, dass der äußere Burggraben aufgefüllt werden sollte. Als jedoch nach einigen Monaten des Wartens die Soldaten von Tokugawa Ieyasu dem Spuk ein Ende bereiten und auch den inneren Burggraben auffüllen wollten, war für die Toyotomi eine Grenze überschritten, und die Kriegshandlungen flammten erneut auf. Wie im Jahre 1600 musste Ieyasu all seine Verbündeten zusammenrufen, um mit den hartnäckigen Widersachern endgültig Schluss zu machen.

Musashi wusste, dass einer von Ieyasus stärksten Verbündeten Mizuno Katsunari war. Und so war er nicht überrascht, als im Frühling 1615 ein Botschafter mit einer Nachricht von Katsunari in der Kitsuki-Burg eintraf. Dieser teilte mit, dass Katsunari an der Belagerung teilnehmen würde. Dieses Mal würde er von seinem älteren Sohn, Katsuhige, begleitet. Der jüngere sei hingegen erst sechzehn Jahre alt und benötige eine Eskorte. Als früherer Schüler Musashis wusste Katsunari um dessen Fähigkeiten und bat ihn, Teil der Eskorte zum Schutz seines jüngsten Sohnes zu sein.[2]

Für Musashi waren das willkommene Neuigkeiten. Im Jahre 1613, ein Jahr nach dem Tod von Nagaoka Yasuyuki, starb sein Vater im Alter von fünfundachtzig Jahren. Für mehr als ein Jahrzehnt hatte Muni seine Tōri-Ryū in seinem überschaubaren *Dōjō* unterrichtet. Er hatte einige beachtliche Schüler vorzuweisen, wie zum Beispiel Tomooka Danjūrō, einen Gefolgsmann der Hosokawa. Dieser kam 1607 zu ihm und verfasste ein *Mokuroku* über die Lehrsätze und Techniken der Tōri-Ryū.[3]

Musashi war über den Tod seines Vaters nicht ganz unglücklich, es war eher eine Befreiung. Auch nach ihrer zweiten Wiedervereinigung blieb Muni voller Spott und Vorwürfe gegenüber seinem Sohn, besonders wenn es um seine Schwerttechniken ging. Ungern übernahm Musashi die Pflichten, die mit dem *Dōjō* seines Vaters verbunden waren, und die drei Jahre in Kitsuki hatten ihm klargemacht, dass es noch nicht an der Zeit war, sich niederzulassen. Glaubte er, sich noch weiter beweisen zu müssen? Zu viele Duelle waren noch nicht gekämpft, zu viele Fragen noch unbeantwortet.

Die Osaka-Offensive

Im frühen April, als die Zedern die Berge um die Morie-Bucht in blaugrüne Farbe tauchten, segelte der jetzt dreißigjährige Schwertmeister, wie schon ein Jahrzehnt zuvor, von Kitsuki nach Sakai. Nur war es dieses Mal rein persönlich motiviert. Seine Mission war eine komplett andere: den jungen und zweifelsfrei impulsiven Sohn des eng vertrauten Gefolgsmanns Ieyasus erfolgreich durch einen Kampf zu bringen. Es war eine unglaublich große Verantwortung. Würde er dabei scheitern, könnte seine komplette Karriere unwiderruflich beendet sein.

Katsunari, Kommandant über fast viertausend Mann, hatte den Auftrag diese in Richtung Osaka zu führen. Musashi befand sich unter den ersten Truppen, um das Lager aufzuschlagen, als sie am 1. Juni zur Stunde des Affen (vier Uhr Nachmittag) in Kokubu ankamen. Das Lager befand sich in der Nähe von Weilern, die sich am südlichen Ufer des Yamato-Flusses entlangzogen. Sie markierten einen schmalen Pass zwischen dem Fluss und dem Komatsu-Berg. Direkt hinter dem Berg floss der Yamato-Fluss mit dem Ishi-Fluß zusammen. Im Morgengrauen erreichten drei weitere Kontingente das Lager und ließen die Zahl der Soldaten auf über zwanzigtausend ansteigen.

Umgehend berief Katsunari mit den anderen Kommandanten den Kriegsrat ein, um den Angriff zu koordinieren. Katsunaris Kräfte standen zehn Meilen vor Osaka, und einige vertraten die Ansicht, auf dem Komatsu-Berg Position zu beziehen, um vom Gegner nicht überrascht zu werden. Höhergelegenes Gelände zu besetzen könne den Gegner daran hindern den Ishi-Fluß zu überqueren. Katsunari war jedoch strikt dagegen. Der Komatsu-Berg sei nicht hoch genug, und es sei zu schwierig den Gegner von dort zu vernichten. Man solle eher warten, bis der Gegner den Fluss überquert und den Komatsu-Berg bestiegen habe. Dann könne man ihn durch den Pass am Fluss mit einer Zangenbewegung von beiden Seiten auf dem Komatsu-Berg angreifen.

Sie lagen mit der Annahme eines bevorstehenden Angriffs insgesamt richtig. Nur einige Meilen flussabwärts, beim Dorf Dōmyōji, hatte sich eine entsprechend große Anzahl an Gegnern unter dem Kommando von Gotō Mototsugu versammelt. Sein Plan bestand darin Katsunaris Kräfte zu überraschen, bevor diese den Pass in der kommenden Nacht überschreiten würden. Nachdem Mototsugus Soldaten gegen Mitternacht ihre Zelte im dichten Nebel abgebrochen hatten, erreichten diese einige Stunden später das gegenüberliegende Ufer des Ishi-Flusses, nur um festzustellen, dass Mototsugus Verbündete im Nebel den Weg nicht gefunden hatten. Währenddessen hatten Mototsugus Kundschafter ihm bestätigt, dass Katsunaris Truppen ihr Lager in Kokubu aufgeschlagen hatten. Da Mototsugu seine aktive Rolle nicht verlieren wollte, ließ er umgehend seine dreitausend Mann den Fluss überqueren, um das Lager auf dem Berg aufzuschlagen.

Katsunaris Kundschafter hatten im Gegenzug ebenfalls die gegnerischen Bewegungen verfolgt. Zu jener Stunde, als Mototsugus Männer die Westflanke des Hügels bestiegen, erklommen Katsunaris Krieger die östliche Flanke und drängten Mototsugus Leute auf den flachen Gipfel des Hügels zurück. Die Sonne war inzwischen aufgegangen, und der Kampf war heftig entbrannt, als Mototsugu einen beherzten Gegenangriff wagte. Zahlenmäßig deutlich unterlegen konnte er seine Position dennoch gut halten, in der beständigen Hoffnung, dass seine Alliierten ihm rechtzeitig zu Hilfe kommen würden. Aber sie kamen zu spät. Mototsugu wurde um zehn Uhr (zur Stunde der Schlange) durch eine Gewehrkugel getroffen und beging daraufhin rituellen Selbstmord. Ohne Führung liefen seine Truppen verstreut dem Ishi-Fluß entgegen.

Zu diesem Zeitpunkt hatten Katsunaris Truppen den Komatsu-Berg durch den Pass am Fluss umrundet, und führten jetzt, wie am Tag zuvor besprochen, in absoluter Perfektion die Zangenbewegung aus. Das *Mizuno Katsunari Oboegaki*, das persönliche Tagebuch des Generals, beschreibt in aller Ausführlichkeit, wie seine Männer die Feinde durch den sich lichtenden Morgennebel verfolgten:

> Beide Seiten des Weges waren wegen der Reisfelder von tiefem Matsch gesäumt und nur eine steinerne Brücke führte darüber hinweg. Ich war der erste auf dieser Brücke, gefolgt von Nakayama Kageyu, meinem Sohn Katsuhige und Murase Saba. Wir trieben die Männer von Honda Sakyō über die Brücke zurück, und als diese in die Reisfelder flüchteten, stiegen wir von den Pferden ab und verfolgten sie mit unseren Lanzen bis nach Fujidera zurück.[4]

Da Musashi für den persönlichen Schutz von Katsunaris Sohn verantwortlich war, gehörte er zu den ersten Truppen, die über die Brücke nachrückten. Das *Kōkō Zatsuroku* beschreibt weiter:

> Musashi trug eine riesige Flagge, auf der stand: „Die Männer aus dem Reich der Shakya [Clan-Name des Buddha] kannten und praktizierten das Gesetz des Buddha. Wir kennen und praktizieren das Gesetz der Strategie."

Es fährt fort zu beschreiben, wie er selbst im stärksten Kampfgefecht auf seine verlässlichste Waffe vertraute:

> Da stand Musashi auf der Brücke und schwang sein übergroßes *Bokutō*. Er wurde durch die Zurufe seiner Leute angefeuert und die Gegner sprangen nur so zu beiden Seiten von der Brücke hinunter.

Am nächsten Tag, Mittwoch den 3. Juni, gingen die Kämpfe um Osaka ununterbrochen und gnadenlos weiter. Um die Initiative nicht aus der Hand zu geben, versuchten die Truppen der westlichen Allianz Ieyasus Truppen südlich der Osaka-Burg, zu Füßen des alten Tennōji Tempels, anzugreifen. Die Frontalattacke von Sanada Yukimura wurde in harter und kompromissloser Weise durchgeführt, während die hintere Flanke durch den unbezwingbaren Akashi Takenori gesichert wurde. Für längere Zeit bewegten sich die Dinge weder vor noch zurück. Aber am Nachmittag, etwa um drei Uhr, nach massiven Verlusten auf beiden Seiten, konnten Ieyasus Kräfte den Ausfall der Besatzer in die Burg zurückdrängen. Unter den Truppen der Angreifer entstand schon fast ein Gedränge die Mauern der sträflich ungeschützten Burg emporzuklettern. Musashi, der immer noch ein Teil von Katsuhiges Eskorte war, gehörte zu den ersten die das Sakura-Mon (Kirschblütentor), das Südtor der Burg, betraten. Gemeinsam mit Katsuhige und dessen Vater errichteten sie ihr Banner auf dem imposanten Tor.

Es war Katsunaris strahlendes Beispiel, das sie so weit gebracht hatte. Den ganzen Angriff hindurch war er stets unter der Vorhut gewesen. Immer wenn seine Männer nachließen, feuerte er sie wieder an. Als zwischendurch Ieyasus zwanzigjähriger Enkel, Matsudaira Tadanao, durch einen Angriff auf die hintere Flanke von Takenoris Truppen aus der Fassung gebracht wurde, brach er aus der Formation aus und suchte Schutz bei Katsunaris Soldaten. Katsunari schalt ihn für seine Feigheit und griff seine *Yari*, um dem Angriff entgegenzutreten. Das gelang ihm nur unter großem persönlichem Risiko; an einem Punkt stand er vier Gegnern gleichzeitig gegenüber. Am Ende des Tages hielt Matsudaira die Köpfe von zwei Männern in der Hand, während Musashi und seine Leute siebenund-neunzig genommen hatten.[5]

In dieser Nacht ging der Burgfried des Schlosses in Flammen auf. Hideyori zog sich bis in den nördlichsten Turm zurück, und am frühen Morgen gab er sich geschlagen und beging rituellen Selbstmord. Die Winter- und Sommer-Offensiven bei Osaka setzten der westlichen Allianz im Widerstreit gegen die Tokugawa *Bakufu* ein endgültiges und unwiederbringliches Ende. Von diesem Tage an regierte die Tokugawa *Bakufu* unan-gefochten für zweihundertfünfzig Jahre.

Musashi hatte hart gekämpft und blieb doch unversehrt und unverletzt. Wichtiger noch, ebenso Katsunaris Sohn. Die Bela-gerung der Osaka-Burg war das größte Kriegsereignis, an dem Musashi je teilgenommen hatte. Tausende von Männern verloren in dieser Schlacht ihr Leben. Ihre zerfetzten und leblosen Körper lagen verstreut auf den blutdurchtränkten Böden und waren hüfthoch in den Burggräben gestapelt. Ein Großteil war jünger als Musashi, aber es waren auch viele ältere Krieger mit weit mehr Kampferfahrung darunter.

Die bitteren Worte seines Vaters hatten sich ihm tief eingeprägt. Worte, wie ein Stachel des Zweifels, die er später folgendermaßen zusammengefasst hatte:

> Nun habe ich das Alter von dreißig Jahren erreicht
> und denke über meinen Lebensweg und meine
> Errungenschaften nach und muss erkennen, dass

es nicht die Besonderheit meiner *Heihō* Kampfkunst ist, die mich hat gewinnen lassen.

War es der Gleichmut, mit dem ich meinen Weg verfolgte oder vielleicht mein Schicksal, das mir die Gunst des Himmels gewährte? Oder lag es bloß an der Unzulänglichkeit der gegnerischen Schulen?

Das waren die brennenden Fragen, die Musashi über die nächsten zwei Jahrzehnte beschäftigen sollten. Sie trieben ihn permanent dazu an, ein immer tieferes Verständnis über die schwer zu fassenden Gesetze der Schwertkunst zu erlangen und die Enmei-Ryū dahingehend weiter zu perfektionieren. Er würde seine Erleuchtung in der Kampfkunst finden.

Sesshaft werden

Einer der älteren Krieger unter Katsunaris Männern, der sein Leben verloren hatte, hieß Nakagawa Shimanosuke. Musashi sah ihn fallen, als sie das Südtor stürmten. Er kam aus der Provinz Ise, wo er der Herr der Nakagawabara-Burg war. Seine drei Söhne hatten ihn begleitet, wovon die beiden älteren bereits bei der Belagerung von Osaka teilgenommen hatten. Sie waren damals zwar schon alt genug, um mitzukämpfen, aber der Jüngste, der elfjährige Mikinosuke, brauchte noch einen Wächter.

Auch wenn Musashi schon dreißig Jahre alt war, so hatte er doch nie geheiratet. Auf der Suche, seine Kunst zu perfektionieren, war sein Leben viel zu unbeständig, um sich niederzulassen und eine Familie zu gründen. Jetzt war er jedoch so weit, zu überlegen, wie er etwas mehr Stabilität in sein Wanderleben bringen könnte. Es entsprach nicht seiner Persönlichkeit irgendjemand zu dienen und schon gar nicht für den Rest seines Lebens. Doch nun war es für ihn an der Zeit etwas mehr Beständigkeit in sein Leben und seine Kunst zu bringen. In einer feudalen Welt konnte nur ein entsprechender Feudalherr ihm eine solche Grundlage ermöglichen.

Heirat war die eine Möglichkeit, durch die ein Krieger eine solche Position erlangen konnte. So war sein Vater, Muni, in den Stand eines Senior-Gefolgsmann gekommen und hatte den Namen Shinmen erhalten. Auch wenn sich solche und ähnliche Gedanken in Musashis Kopf abspielten, so war ihm doch klar, dass seine Unstetigkeit, die sehr begrenzten Mittel und sein armseliges Aussehen ihn nicht gerade zu einer guten Partie für die anspruchsvolle Tochter eines Feudalherrn machten.

Es gab aber auch noch einen anderen Weg, um die Gunst eines Feudalherren zu erlangen: Er würde seinen Adoptivsohn in den Dienst eines Herrn stellen. In einem Zeitalter, in dem die Männer zu Tausenden starben, gab es immer Bedarf an fähigen jungen Männern. Nakagawa Shimanosuke hatte seinen Jüngsten ins Feldlager gebracht, damit er bei den täglichen Arbeiten, wie Essen kochen, Waffen putzen und Wunden versorgen half. Und von allem, was Musashi bisher von dem Jungen gesehen hatte, machte er seine Sache wirklich ausgezeichnet.

Nicht nur diese berechnenden Motive zogen den Schwertmeister zu dem Jungen hin. Über die letzten Wochen hatte Musashi eine väterliche Zuneigung zu dem Jungen entwickelt. Auch wenn der Junge eine tapfere Miene machte, so war er doch eindeutig verstört und erschüttert vom Tod seines Vaters. Es erinnerte Musashi an den eigenen Verlust seines Vaters vor langer Zeit, als er acht Jahre alt war. Letzten Endes waren es eher Musashis väterliche Instinkte, als selbstsüchtige Motive, aus denen heraus er den Jungen unter seine Fürsorge nahm.

Im Juni 1615 packte Musashi seine Habseligkeiten und ging mit seinem neu gefundenen Sohn, Mikinosuke, über die

Sanyōdō in die Burgstadt Himeji. Musashis Vater war mittlerweile gestorben, und so fühlte er sich frei, dorthin zu gehen, wo es ihm beliebte. Und so lenkte er seine Schritte an diesem schönen, warmen Junitag weiter in Richtung seiner Heimatprovinz, Harima, wo seine Stiefmutter lebte.

Sie lebte immer noch in dem Dorf Hirafuku, aber mittlerweile war sie allein. Und so blieb er zwei Jahre bei seiner alternden Stiefmutter und bot dem jungen Mikinosuke eine Kindheit, in der er die Schrecken des Krieges und den Verlust seines Vaters verarbeiten konnte. Jeden Tag verbrachten sie gemeinsam mehrere Stunden mit dem Training, mittels welchem er den Jungen in den Fertigkeiten und Besonderheiten der Kampfkünste ausbildete, so wie er selbst es als Junge erfahren hatte.

Erst jetzt, da er seinen Adoptivsohn aufzog, begann Musashi zu realisieren, inwiefern die Erschütterungen seiner eigenen Jugend auch ein indirekter Segen gewesen waren. Es war wahr, dass sein Vater ihm fundierte Grundlagen in den Kampfkünsten vermittelt hatte, aber erst durch seinen Stiefonkel Chōkurō, während seiner Lebensphase im Shōren-an, wurden sie perfektioniert. Und es war die weitreichende Ausbildung unter dem gebildeten Dōrin, die ihn jetzt dazu befähigte, diese Tugenden des *Bun* und *Bu* an Mikinosuke weiterzugeben, nämlich die literarischen Künste als auch die technischen Fähigkeiten der Kampfkünste. Denn all dies zeichnete einen guten Gefolgsmann aus.

Auch wenn er nicht der Klügste war, Mikinosuke war dennoch fleißig, willig zu lernen und setzte das Gelernte schnell in die Tat um. Für seine Umgebung immer wachsam, war er ehrgeizig und perfekt geeignet einem Herrn zu dienen. Unterdessen machte Musashi sich Gedanken, in wessen Dienste Mikinosuke mit seinen Fähigkeiten am besten passen würde, um sein Potential vollständig verwirklichen zu können.

Miyake Gundayū

Ungewöhnliche Neuigkeiten erreichten das Dorf Hirafuku im August des Jahres 1617. Ikeda Mitsumasa, der gegenwärtige Herrscher der Himeji-Burg, zog in ein neues Domizil. Er war erst sieben Jahre alt, als sein Vater im Jahr zuvor gestorben war, und trotz der besten Bemühungen des Führungsstabes, war er doch einfach zu jung, um ein Lehen dieser Größe verwalten zu können. Deshalb beschloss die Tokugawa *Bakufu*, ihn in das kleinere Lehen an der Nordküste von Honshū, nach Tottori zurückzustufen und das bisherige Lehen zu teilen, nämlich in Himeji und Akashi. Der neue Herr von Himeji sollte Honda Tadamasa werden, und er war es auch, bei dem Musashi eine Zukunft für seinen Adoptivsohn sah.

Bei dem Sturm auf die Osaka-Burg hatte Tadamasa die zweite östliche Truppenphalanx angeführt, welche die offene Rückseite der Truppen von Mizuno Katsunari gedeckt hatte. Tadamasa hatte natürlich von den Possen Musashis auf der Brücke von Dōmyōji gehört, doch als er mit eigenen Augen gesehen hatte, wie jener das Sakura-Mon stürmte, war er von dessen Mut noch beeindruckter, soweit dies überhaupt noch zu steigern war. Er hatte Musashi seinen Sohn vorgestellt, den neunzehnjährigen Tadatoki, der auch an der Belagerung teilgenommen hatte. Musashi gab eine kurze Vorführung seiner Fähigkeiten, und daraufhin übten sie gemeinsam im Feldlager die Kunst mit zwei Schwertern zu kämpfen. Später, nach dem Fall der Burg, hatte Tadamasa Musashi auf seine Burg nach Kuwana, in der Bucht von Ise, eingeladen. Er wollte, dass auch seine Gefolgsmänner bei ihm die Kunst der zwei Schwerter erlernen. Mit dem Jungen in seinem Gefolge erschien es Musashi seinerzeit besser, nach Hirafuku zu gehen, wo seine Stiefmutter dem Kind ein warmes Zuhause bieten konnte. Jetzt, als Tadamasa nach Himeji umzog, schien Musashi der Moment gekommen, ihn an seine Einladung zu erinnern und zu schauen, was dieser für seinen Adoptivsohn tun könnte.

Zu Musashis Freude erinnerte sich Tadamasa nicht nur an ihr Zusammentreffen vor zwei Jahren in Osaka, sondern zeigte auch ein ehrliches Interesse daran Mikinosukes Not zu lindern. Tadamasa hatte den Vater des Jungen sehr gut gekannt, da dessen Nakagawabara-Burg nur einige Meilen südwärts der Küste entfernt, von seinem eigenen ehemaligen Hauptquartier in Kuwana, lag. Er war durch den Tod des Anführers der Nakagawa schwer getroffen, da dieser nicht nur ein guter Nachbar, sondern auch ein standhafter Verbündeter gewesen war. Bei seiner Rückkehr nach Kuwana half er dem ältesten Sohn Shimanosuke, sich als neuer Burgherr einzurichten. Dass Musashi dessen dritten Sohn adoptiert hatte, vertiefte nur den Respekt für den Schwertmeister. Und nach einigen Konsultationen mit dem Ältestenrat war schnell entschieden, dass Mikinosuke als Page für Tadamasas ältesten Sohn, Tadatoki, gut geeignet sei.

Nicht alle in Himeji waren so gastfreundlich wie Tadamasa. Insbesondere einige seiner Senior-Gefolgsmänner waren sehr unglücklich über Musashis Anwesenheit. Sie waren außer sich über diese unverschämte Unverfrorenheit, mit der Musashi seine Enmei-Ryū verbreitete. Kurze Zeit nachdem er sich mit Honda Tadamasa getroffen hatte, eröffnete er sein eigenes *Dōjō* in Himeji, wo sich ein großes Gefolge an hingebungsvollen Schülern einfand, die aus der gesamten Region zu ihm strömten.

Besonders regten sich Tadamasas Gefolgsmänner über das Schild auf, welches Musashi am Eingang seines *Dōjōs* aufgehängt hatte: „Miyamoto Musashi, Japans führender Schwertmeister". Die Mehrheit von Tadamasas Gefolgsmännern praktizierte die Tōgun-Ryū, welche sich aus der Toda-Ryū entwickelt hatte, die sich ihrerseits auf die historisch überlieferte Chūjō-Ryū berief. Gegründet durch den großen Kawasaki Kaginosuke, wurde die

Tōgun-Schule von den meisten als die offizielle Schwertschule des Hauses Honda betrachtet. Wann immer jemand von ihnen an dem *Dōjō* vorbeikam, erzählte man sich später in den Quartieren immer mehr Geschichten über den angeberischen und exzentrischen Maulhelden, mit seinem sonderbaren Kleidungsstil, seinem langen Haar und seiner ungewöhnlichen Art mit zwei Schwertern zu kämpfen.[6]

Der Unmut seiner Gefolgsleute musste Tadamasa zu Ohren kommen und über kurz oder lang sah er sich gezwungen zu handeln. Das *Bisan Hōkan* schreibt:

Als Honda Tadamasa von dem Unmut seiner Leute hörte, sprach er zu ihnen: „Wenn Musashi wirklich der größte Schwertmeister im Reich ist, dann will ich ihn zu einem Gefolgsmann von mir machen. Wenn nicht, wird die Schande des Duells dafür sorgen, dass er von alleine geht." Daraufhin ließ er seinen obersten Schwertmeister, Miyake Gundayū, antreten und wies ihn an, Musashis Fähigkeiten zu testen.

Miyake suchte Musashi auf und stellte sich bei ihm vor. Musashi führte ihn in seinen Gästeraum und ließ ihn dort eine volle Stunde lang warten. Miyake empfand es als unwürdig, als Kommandant einer Garnison so lange warten zu müssen. Umso mehr, weil Musashi nur ein herrenloser Schwertkämpfer war. Es war mehr als unhöflich, einen Mann von seinem Rang so lange warten zu lassen.

Es verging eine weitere Stunde und Musashi empfing ihn nicht, was Miyake dazu veranlasste zu vermuten, dass Musashi Angst bekommen hätte und das Weite gesucht habe. Immer noch erschien Musashi nicht und bald war eine weitere Stunde vergangen. Als Miyake heimlich in den Raum schaute, in dem sich Musashi aufhielt, sah dieser wie er mit einem seiner Schüler eine Partie *Go* spielte. Miyake verlor seine Fassung, rief den Pagen und forderte ein umgehendes Treffen.

Sich dessen bewusst, dass Miyake vor Wut kochte, mimte Musashi eine unterwürfige Miene, als er das Gästezimmer betrat. Er entschuldigte sich für die lange Wartezeit und fragte ihn, was ihn in sein Haus führe. Jener erklärte, dass er gedenke Musashis Fähigkeiten mit dem Schwert zu testen. Musashi lachte und sprach: „Wenn ich das gewusst hätte, hätte ich dich sicherlich nicht warten lassen. Stattdessen vertrieb ich mir die Zeit mit einem anderen Gast beim *Go*-Spiel. Lasst uns also in den Garten gehen. Welche Waffe bevorzugt Herr Miyake, das Schwert oder das *Bokutō*? Ich überlasse die Entscheidung meinem ehrenwerten Gast." Das *Bisan Hōkan* fährt fort:

Das machte Miyake noch wütender. Es war seines Herren Wunsch gewesen, Musashi lediglich zu einem Test zu verpflichten, bei dem es nur darum ging, seine Fähigkeiten zu bestätigen. Er war gewiss nicht gekommen, um ein Duell auf Leben und Tod auszufechten. Deshalb wollte er kein richtiges Schwert verwenden und schnitt sich einen Bambus ab, um daraus ein *Bokutō* zu fertigen. Musashi schwang schon zwei *Bokutō* aus Hartholz, während er in den Garten trat. Miyake war kein ebenbürtiger Gegner für ihn und so gab sich dieser mit hängendem Kopf kampflos geschlagen. So kehrte er zu Honda Tadamasa zurück und erklärte, dass Musashis Anspruch, der größte Schwertkämpfer im Reich zu sein, nur angemessen sei.[7]

70

Tadamasa stand zu seinem Wort und bat Musashi in seine Dienste zu treten. Musashi lehnte jedoch ab: „Ich habe noch eigene Vorhaben und möchte deshalb noch kein Gefolgsmann werden." So blieb es am Ende dabei, dass Tadamasa Musashi einen Lohn von zweihundert *Koku* für die Ausbildung und das Training seiner Leute bereitstellte. Sie kamen zu hunderten, um bei ihm zu trainieren. Als Resultat ließ der Ruhm der Tōgun-Ryū nach und die Enmei-Ryū wurde die führende Schwertkunst im Lehnsgut von Honda Tadamasa.

Eine Festung entwerfen

Unter dem Protektorat von Honda Tadamasa gelang es Musashi seine Schule in Harima zu etablieren, auch wenn er dafür nicht unerheblich seinem Adoptivsohn zu danken hatte. In nur wenigen Jahren hatte Mikinosuke das Vertrauen seines Herrn und Meisters soweit gewonnen, dass er nun sogar seine eigenen Gefolgsmänner hatte. Ihm und seinem Vater wurde erlaubt das Familienwappen der Honda zu tragen. Dieses bestand aus acht kleineren Kreisen, die einen großen Kreis umgaben und das Symbol von Hachiman, den Gott des Krieges, darstellten.

Trotz seiner Zuneigung zu dem exzentrischen Schwertmeister, geriet Honda Tadamasa durch das Aussehen von Musashi immer wieder in Verlegenheit. Die Älteren—ernste, alte Männer mit konservativen Ansichten—verbargen ihre Abneigung gegen diesen herrenlosen Schwertmeister mit seinem unkonventionellen Lebensstil und seiner eigenwilligen Herangehensweise an die „heilige Schwertkunst" nicht im Geringsten. Sie verübelten ihm geradezu seine Beliebtheit unter den jüngeren Clan-Mitgliedern.

Und so überlegte Honda Tadamasa, wie er die Situation lösen

könne, ohne eine der beiden Seiten gegen sich aufzubringen. Die Antwort lag bei Ogasawara Tadazane, der zum neuen *Daimyō* im benachbarten Lehen Akashi ernannt worden war. Und wieder einmal lag für Musashi der Schlüssel zu seinem weiteren Lebensweg in der Zeit der Belagerung der Osaka-Burg.[8]

Während der Winter-Offensive war Tadamasas jüngerer Bruder, Tadatomo, der ein lasterhafter Verschwender war, des Nachts nach einer Orgie in einen Hinterhalt geraten. Und nur durch die Hilfe von Tadazanes Vater und dessen Truppen, wurde er vor einem unwürdigen Ende bewahrt. Tadatomo bemühte sich während der darauffolgenden Sommer-Offensive dadurch zu rehabilitieren, indem er mit seinen Männern versuchte bei den heftigen Kämpfen um Tennōji die viertausend Mann starke Truppe von Mōri Katsunaga zu vernichten. Obwohl er bei diesen Kämpfen bald getötet wurde, hatte er seine Ehre doch wiederhergestellt.

Mit nur neun Jahren kämpfte Tadazane mit seinem Vater an der Front. Er hatte um Haaresbreite überlebt. Mit sieben Stichwunden befand er sich wochenlang am Rande des Todes. Tadazanes älterer Bruder kam indessen ums Leben. Während sein Vater den Kampf zunächst überlebte, erlag er jedoch später seinen Wunden, die ihm bei dem Versuch zugefügt worden waren, Tadamoto zu retten. Und damit fiel die Führerschaft der Ogasawara an den jungen Tadazane.

Honda Tadamasa hatte nie die Gelegenheit gehabt, sich für die Wiederherstellung der Ehre seines Bruders zu bedanken. Und mit einer Mischung aus Schuld und Mitgefühl entschied er sich dazu dem jungen und unerfahrenen *Daimyō* zu helfen. Tadazane war faktisch erst zehn Jahre alt, als er für das Akashi-Lehen vorgeschlagen wurde, einhergehend mit der gewaltigen Aufgabe, eine Provinz mit einhunderttausend *Koku* zu verwalten.

Nicht lange nachdem er selber nach Harima gezogen war, lud Tadamasa seinen jungen Nachbarn in die Himeji-Burg ein und bot ihm seine Tochter als Braut an. Nachdem Tadazane die Älteren seines Clans konsultiert hatte, nahm er das Angebot dankend an und im selben Jahr zog das Brautpaar in die Funage-Burg ein, die ihr provisorisches Hauptquartier wurde. Diese Burg wurde vor langer Zeit durch den Akamatsu-Clan während der Muromachi-Periode errichtet und war von ihrer technischen Ausstattung und Größe einem Lehen dieser neuen Größe nicht mehr angemessen. Und auch dieses Mal übernahm Tadamasa die Führung, um für das junge Paar einen neuen Amtssitz im Akashi-Lehen bauen zu lassen. Damit aber die Tokugawa-*Bakufu* überall die Kontrolle über das Land behielt, durfte in jeder Provinz nur eine Burg stehen. Wenn eine neue Burg gebaut wurde, die oft um ein Vielfaches größer war als die alte, musste die ältere Burg zerstört werden.

Das Fundament wurde an einer strategisch wichtigen Enge der Inlandsee gelegt, nämlich zwischen dem Festland und der Insel Awaji. Von hier aus konnte man jeden gegnerischen Angriff aufhalten, der aus der Meeresenge von Akashi nach Osaka gelangen wollte. Es wurde nicht nur ein kleiner Hafen für eine Flotte gebaut, die hier patrouillieren sollte, sondern auch eine neue Burg entworfen, die all die Gefolgsmänner, Matrosen, Händler und Handwerker beschützen konnte, die dem jungen Herrn der Akashi-Burg dienen sollten.

Anfang des Jahres 1619 begannen die Arbeiten in großem Maßstab. Tausende von Arbeitern waren am Aufbau beteiligt, während Architekten, Planer und Militärspezialisten das gewaltige Unterfangen überwachten. Und genau hier hatte Tadamasa die Idee, Musashi eine besondere Rolle zukommen zu lassen. Mit seinem scharfen Verstand und jahrelangen Erfahrung, war Musashi der ideale Mann, um bei den Plänen für die

Grundrisse der Burg zu assistieren. Seinem ausgesprochenen Unabhängigkeitswillen Rechnung tragend, würde Musashi nicht in den direkten Dienst unter Tadazane eintreten. Stattdessen wurde er als außerordentlicher Berater dem Zōei Bugyō, dem Bauminister des Projektes, zugeteilt, um das strategische Konzept der Burg, der Burgmauern und der Hafenbefestigungen zu entwerfen.

Musashi wurde nicht nur bei militärischen Fragen zu Rate gezogen. Das *Seiryūwa*, die privaten Aufzeichnungen des Ogasawara-Clans, beschreiben, wie nach der Festlegung der Hauptstrukturen der Burg der junge Tadazane damit begann, das neue Domizil für sich und seine Frau zu verschönern:

> An der Westseite des dritten Ringes von Akashi lagen burgwärts schmale Streifen Land in nördlicher Richtung. Dieser Teil lag noch brach und dort ließ seine Herrschaft ein *Yashiki* bauen, umgeben von Bäumen und Sträuchern, so dass man es als Rückzugsort, wie zum Beispiel für die Teezeremonie benutzen konnte. Außerdem ließ er dort ein öffentliches Bad bauen und Plätze zum Ballspielen. Tadazane übertrug Musashi die Gestaltung für das Teehaus mit einer Miniaturlandschaft von Bergen, Hügeln, Pflanzen, See und Wasserfall.

Musashi widmete sich dieser Landschaft mit derselben Hingabe fürs Detail, wie er an die Kampfkunst heranging, und kein Aufwand war ihm zu groß, um seine Vorgesetzten zufriedenzustellen. Das *Seiryūwa* fährt fort:

> Musashi konnte auf eine große Zahl von Arbeitern

zurückgreifen, und so wurde ein Schiff nach Awa und Shodoshima in die Provinz Sanuki gesandt, um von dort die Steine für die „Berge" zu holen.

Bäume und Sträucher wurden von den Tempeln um Akashi und Miki gesammelt, während andere in Osaka und Sakai gekauft und durch ganz Japan verschickt wurden.

Die Arbeit wurde mit solcher Hingabe und Effizienz ausgeführt, dass der Bau an den Mauern, Türmen und Gräben in einem Jahr vollständig erledigt war, während ein zweiter Graben an der südlichen Außenseite als Hafen einen doppelten Schutz bot. Unter großen Festlichkeiten zogen im ersten Monat des Jahres 1620 Tadazane und sein Gefolge in die fertiggestellte Burg ein. Diese Jahre waren zweifelsfrei die glücklichsten in Musashis Leben. Umso mehr, als er bei seiner Rückkehr nach Himeji feststellen konnte, dass Mikinosuke weiterhin den Gefallen seines neuen Herrn Tadatoki fand.

Ein großer Verlust

Völlig unerwartet schlug das Schicksal im Jahre 1626 mit großer Wucht zu. Tadatoki erkrankte an Tuberkulose, für die die Ärzte zu dieser Zeit noch keine Medikamente kannten. Nach einigen Wochen der Ungewissheit sah es so aus, als ob die Gefahr vorüber sei und sein Geist die Oberhand gewinnen würde. Um seine Gesundung zu feiern, ordnete der Shōgun an, das Lehen Himeji auf dreihunderttausend *Koku* zu vergrößern.

Doch es war vergebens. Bis Mitte Mai hatte sich Tadatokis Gesundheit so weit verschlechtert, dass er nicht mehr in der

Lage war selber zu gehen und deshalb gezwungen war in seinen Gemächern zu bleiben. Über viele Wochen klammerte er sich an sein Leben und wurde von seiner Frau, Senhime, hingebungsvoll gepflegt, bis er am letzten Tag im Juli verstarb. Nach einer entsprechend aufwendigen Zeremonie wurden seine sterblichen Überreste auf dem Friedhof des Engyō-Tempels neben seinem einzigen Sohn beigesetzt, der als Kleinkind fünf Jahre zuvor verstorben war. Tadatoki selbst wurde nur dreißig Jahre alt. Aber in einer Gesellschaft, die einen enormen Wert auf Herrn und Gefolgsmann legte, wusste Musashi, welches Schicksal der frühe Tod seines Herrn für Mikinosuke bedeutete. Das *Bushū Denraiki* beschreibt es so:

> Musashi hielt sich gerade in Osaka auf, als er vom Tod seiner Herrschaft hörte, und davon ausging, dass „Mikinosuke mich wohl umgehend besuchen wird. Wir werden unser Leben nicht weiter miteinander teilen können. Ich werde ihn mit einem Festmahl empfangen."
>
> Und prompt erschien Mikinosuke kurze Zeit später. Musashi war überglücklich ihn noch einmal zu sehen und lud ihn zu einem reichhaltigen Bankett ein. Danach sagte Mikinosuke zu seinem Stiefvater: „Ich werde mich nun zur Himeji-Burg begeben." Und Musashi verabschiedete ihn mit den Worten: „Es ziemt sich sehr für dich, dass du so gut vorbereitet bist."

Und wie versprochen ging er geradewegs zurück nach Himeji. Sieben Tage nach Tadatokis Tod gingen Mikinosuke und sein Gefolgsmann Miyata Kakubei zum Grab am Engyō-Tempel, um persönlich und feierlich Abschied zu nehmen. Es war ein strahlender Sommermorgen, als sich die beiden jungen Männer in ihren frischen weißen Gewändern schweigend auf den schmalen, moosbedeckten Weg zum Familiengrab der Honda hinter dem Tempel aufmachten.

Dort angekommen, war ein Gebiet mit großen Wandschirmen abgeteilt, die das Emblem der Honda trugen. Die Prominenz des gesamten Honda-Clans war anwesend, und so kniete sich Mikinosuke nieder, machte den Oberkörper frei, nahm das Tanto, umwickelte es mit einem weißen Tuch und stieß es sich in den unteren Bauch. Der immense Schmerz würde nur einen Moment dauern. Sobald er sich selbst den Bauch geöffnet hatte, erlöste Kakubei ihn von der Qual und folgte ihm in den Tod. Das *Honda Kaki*, die Familienaufzeichnungen der Honda, geben Mikinosukes Worte vor seiner letzten Reise folgendermaßen wieder:

> Wenn auch unerwartet
> Jetzt getrennt
> Durch ferne Wolken.
> Unser Band will es,
> dass wir den Weg gemeinsam gehen.[9]

Ein zweiter Sohn

Mikinosukes Tod hinterließ eine tief emotionale Narbe in dem zweiundvierzig Jahre alten Schwertmeister. Elf Jahre hatte er diesem freundlichen jungen Mann gewidmet, um ihn vor einer ungewissen Zukunft zu retten. Er hatte alle Talente gefördert, die dem Jungen mitgegeben waren, und ihm eine Position bei Herrn Tadatoki gesichert. Aber mit dem tragischen Tod seiner Herrschaft verlor er nicht nur einen fähigen und eifrigen

Schüler, sondern auch einen Sohn, den er wie sein eigen Fleisch und Blut betrachtet hatte.

Monatelang blieb Musashi für seine Schüler unerreichbar. Er brauchte die Einsamkeit, um mit dem Tod seines ersten und (bisher) einzigen Sohnes fertigzuwerden. Und mit der Zeit begann er auch wieder, sich für die Menschen seiner Umgebung zu öffnen. Um diese schmerzende Leere zu überwinden, suchte der einsame Schwertmeister nach einem neuen Schüler, um seinen väterlichen Instinkten Raum geben zu können, und einen anderen jungen Mann auf dessen Weg zu fördern. Wie das Schicksal es wollte, ergab sich diese Gelegenheit innerhalb eines Jahres nach Mikinosukes Tod, als Musashi noch in Akashi weilte. Das *Bukōden* beschreibt, wie er gerade das Dorf Yoneda passierte, etwa zehn Meilen nördlich von Akashi, wo er einen Jungen beobachtete, der in einem Reisfeld Schmerlen fing:

> Musashi ging zu dem Jungen und fragte ihn, ob er seinen Fang mit ihm teilen würde. Der Junge bejahte das, warf die zuletzt gefangene Schmerle in den Kübel und gab ihn Musashi. Musashi sprach: „Ich danke dir für deine Freundlichkeit, aber ich brauche nicht alle, ein paar werden mir reichen." Er griff hinein, nahm sich einige, wickelte sie in ein Handtuch und gab dem Jungen den Kübel zurück. Der Junge lachte und sagte: „Es kommt nicht oft vor, dass mich Reisende um ein paar Schmerlen bitten. Warum also sollte ich geizig sein? Bitte nehmt alle!"

Der Text fährt fort zu beschreiben, wie Musashi später in des Jungen Haus übernachtete und dabei erfuhr, dass dessen Vater kürzlich erst verstorben war. Geschwächt durch zermürbende

Armut war der Junge, der Iori hieß, nicht in der Lage gewesen, seinen Vater in den Bergen beim Grab seiner Mutter, die auch schon gestorben war, zu beerdigen.[10]

Am nächsten Tag, nachdem er dem Jungen geholfen hatte, seinen Vater bei seiner Mutter zu bestatten, betrachtete er diesen eine Weile und sprach:

„Was bringt es dir hier zu bleiben? Falls du mit mir kommen möchtest, kann es sehr gut sein, dass ich dir irgendwo eine passende Arbeit besorgen kann." Der Junge antwortete: „Ich verstehe. Ich würde dir sehr gerne folgen, wohin auch immer, aber ich will kein Diener für den Rest meines Lebens sein. Aber wenn ich ein Bushi werden kann, der auf einem Pferd reitet und eine Lanze schwingt, wäre ich schon zufrieden. Wenn nicht, bin ich tatsächlich lieber hier, wo ich mein Leben in Freiheit verbringen kann." Daraufhin sprach Musashi: „Wenn du mit mir kommst, kann ich dich ganz sicher zu einem Bushi mit Pferd und Lanze machen, so wie du es dir wünschst." „In diesem Falle komme ich mit!" rief der Junge.

Musashi brauchte nicht lange, um zu sehen, dass sein neu gefundener Sohn niemals eine Lanze schwingen und auf einem Pferd reiten würde. Der Junge war einfach zu schmal und zartgliedrig, um so etwas zu leisten. Aber er ging wunderbar mit dem Pinsel und ausgezeichnet mit Menschen um. Iori hatte einen scharfen Intellekt und eine unglaubliche hohe Kompetenz schwierige Probleme zu lösen. Er war zu Höherem berufen. Er hatte das Potential zu einem Senior-Gefolgsmann. Aber bei wem?

Herr Tadatoki war gestorben, und es erschien Musashi fast unmöglich Herrn Tadamasa um noch einen weiteren Gefallen zu bitten. Aber Herr Tadamasa war gerade erst zwanzig Jahre alt geworden und kam nun in die Situation, in der er alle Entscheidungen eigenverantwortlich treffen musste, und mit seinen zunehmenden Verantwortungen stieg auch die Zahl der Diener und Gefolgsmänner von Tag zu Tag.

Das *Bushū Denraiki* beschreibt, wie Musashi eines Tages, im Laufe einer Unterhaltung mit Tadamasa, den Jungen ins Gespräch brachte: „Übrigens habe ich wieder einen Jungen bei mir. Ich werde ihn dir vorstellen. Er taugt nicht zum Schwertkampf, aber er könnte für dich und den Rat der Älteren Aufträge und Besorgungen erledigen." Auf Musashis zielsicheren Blick für fähige junge Männer war Verlass. Das *Bushū Denraiki* fährt mit der Beschreibung fort:

Schließlich wurde Iori in den Rang eines Obergefolgsmannes, mit einem Lehen von fünftausend *Koku*, erhoben.

Auch die höheren Beamten der *Bakufu* wurden zunehmend mit Iori vertraut. Er war sogar unter dem gewöhnlichen Volk wohlbekannt. Seine Reputation war unter den verschiedenen Gefolgsleuten der Ogasawara schon so weit gediehen, dass es ihnen nicht gestattet war, mit Iori in einem Raum zu sitzen. Und wenn sie ihn auf der Straße begleiten mussten, hielten sie einen respektvollen Abstand von einigen Metern, damit sie ihn nicht versehentlich mit aufspritzender Erde beschmutzen würden. Und trotz seines hohen Ansehens zeigte Iori nicht den leisesten Anflug von Unhöflichkeit oder falschem Stolz.

In Übung bleiben

Während Musashi den Architekten von Tadazane beim Gestalten des Gartens und des Teehauses unterstützte, unterrichtete er weiterhin seine Enmei-Ryū in Himeji und versammelte oberdrein immer mehr Schüler um sich, die begeistert daran arbeiteten mit zwei Schwertern kämpfen zu können.

Einer unter ihnen war Aoki Jōemon. Er war einer von Musashis ersten Schülern, die schon bei ihm trainiert hatten, als er noch im *Dōjō* in Kitsuki unterrichtete. Von Musashis Vater erhielt Jōemon auch die Erlaubnis die Tōri-Ryū zu unterrichten. Außergewöhnlich groß und stark wurde er Tetsujin, der Mann aus Stahl, genannt. Auch wenn er nicht der Hellste war, so war er doch sehr loyal und eben darauf sehr stolz. Immer wieder lehnte Musashi seinen Wunsch zu unterrichten mit der Begründung ab, dass er noch nicht so weit sei, die Kunst seines Vaters unterrichten zu können. Vielleicht dachte Musashi an die tragische Geschichte von dem gutgläubigen Honiden Geki-nosuke, die er Jahre zuvor von seiner Stiefmutter gehört hatte. Schließlich stellte er ihm das so oft verlangte Dokument mit sehr gemischten Gefühlen aus. Später erfuhr Musashi, dass Jōemon nach Edo gegangen war und dort eine Schule mit dem Namen Nitō-Tetsujin-Ryū eröffnet hatte.[11]

Musashi gab in der Akashi-Burg regelmäßig Vorführungen seiner Kunst. Unter den Hunderten von Schulen war sie herausragend für ihre einzigartige Herangehensweise im Moment des Angriffs. Musashis neuartige Taktik, die nicht nur auf der unglaublichen Gewandtheit mit dem Schwert lag, veranschaulichte er immer wieder anhand von *Isshin Ittō*. Diese Technik stellte er seit seinem ersten Duell vor mehr als dreißig Jahren immer wieder in den Vordergrund.

Das *Gekken Sōdan* beschreibt die besondere Mischung aus

Verwegenheit und Gewandtheit, die diese Technik ausmacht, im Detail wie folgt:

> In dieser Technik geht man mit dem Langschwert in der rechten Hand erhoben auf den Gegner zu, so als wolle man ihn direkt auf den Kopf schlagen, visiert dann die Nasenspitze an und lässt dann das Schwert augenblicklich zu Boden fallen.
>
> Sobald er heruntergeschlagen hat, springt man ganz eng an den Gegner heran, bückt sich und gewinnt, indem man ihn an den Beinen greift und hochhebt, während er noch zum Schlag ausholt.

Ebenso hörte er auch nicht auf durch die Provinzen zu reisen. Auf einer dieser Reisen besuchte er Mizuno Katsunari in seiner Festung in Fukuyama. Dort wohnte er während seines Aufenthaltes im *Yashiki* von Nakayama Kageyu Shigemori, Kommandant jener Eskorte von der auch er einst Mitglied gewesen war. Es war jetzt schon wieder über ein Jahrzehnt vergangen, seit sie auf der Brücke bei Dōmyōji zusammen gekämpft hatten, und Shigemori war hoch erfreut den berühmten Schwertmeister wiederzusehen. Um die Gelegenheit zu feiern, organisierte er ein Bankett.[12]

Musashi nutzte solche Gelegenheiten immer wieder gerne, um seine Enmei-Ryū bekannter zu machen. Und um seine Effektivität zu demonstrieren, forderte er immer wieder Schüler anderer Schulen zu einem Taryū-*Shiai* heraus. Musashi ging aus diesen Duellen unweigerlich als Sieger hervor. In Folge wuchs sein Ruhm als Japans größter Schwertmeister unaufhaltsam, und man stellte ihn mehr und mehr auf eine Stufe mit Yagyū Munenori und Ono Tadaaki, beide berühmte *Shihan* und persönliche Schwertlehrer des Shōguns. In der langen Zeit, die er Gast bei Herr Tadazane war, kamen die meisten der namhaften Schwertmeister aus allen Teilen des Landes, um ihn in seinem Stil herauszufordern.

Musō Gonnosuke

Einer der vielen Meister, die Musashi in Akashi aufsuchten, war der berühmte Musō Gonnosuke Katsuyori. Er stand zu jener Zeit im Dienst von Kuroda Nagamasa und war diesem bei seinem Umzug nach Fukuoka gefolgt. Sein Ruhm als Kampfkünstler verbreitete sich schnell auf Kyushu. Gonnosuke war ein Experte in der Kampfkunst mit dem *Jō*, einem runden, langen Stock aus Hartholz. Er war eine beeindruckende Erscheinung, wie er da mit seinen ein Meter achtzig vor Musashi stand. Es wurde gesagt, dass er stark wie ein Ochse sei und er reiste immer nur mit einem großen Gefolge von Schülern ähnlicher Statur.

Musashis Schüler waren durch diese Erscheinung schon etwas eingeschüchtert, als an jenem schönen Sommertag Gonnosuke mit seinen Schülern in Akashi seine Aufwartung machte. Es war ein außergewöhnlich heißer Tag. Die Luft flirrte und die Zikaden zirpten unaufhörlich, während Musashi drinnen herumsaß und einen Kinderbogen aus Weidenholz schnitzte. Das *Kaijō Monogatari* beschreibt, wie Gonnosuke von einem seiner Schüler hereingeführt wurde und das Wort ergriff:

> „Ich bin auf *Musha Shugyō*. Unnötig zu sagen, dass ich von das Gebiet von Kantō bis in den hohen Norden gereist bin. Obwohl ich mich schon in einer großen Anzahl von Duellen gemessen habe, habe ich noch nicht meinesgleichen gefunden. Also habe ich mir gedacht, ich komme mal in die westlichen

Provinzen. Ich habe deinen Vater das Langschwert schwingen sehen. Man hört allerdings, dass du seine Kunst verfeinert habest, indem du das Kurzschwert hinzunimmst. Könntest du mir nicht eine Vorführung deiner Kunst geben, so wie du sie weiterentwickelt hast?"

Musashi antwortete, dass wenn er meines Vaters Kunst gesehen habe, sich nicht allzu viel verändert habe; es gebe also keinen Anlass da etwas vorzuführen. Aber Gonnosuke bestand darauf. Er argumentierte, dass sie es zum Wohl ihrer Schüler in der jeweiligen Kunst mit den definierten Rollen des *Uchidachi* (Meister) und *Shidachi* (Schüler) zeigen sollten. Musashi erklärte ihm, dass in seiner Kampftechnik die offensive Rolle des *Uchidachi* nicht sinnvoll sei, weil er die Technik so aufgebaut habe, dass in welcher Art und Weise der Gegner auch immer angreifen würde, man ihn unweigerlich aufhalten werde. Wenn er, Gonnosuke, aber unbedingt möchte, könne er gerne die aktive Rolle übernehmen, er selbst würde dann die passive Rolle übernehmen. Gonnosuke, der eine einfache Möglichkeit zu gewinnen sah, nahm das Angebot freudig an.[13]

Das *Kaijō Monogatari* fährt fort zu beschreiben, wie Gonnosuke aus einer Seidenhülle einen vier Fuß (~ 1,20m) langen Stock, der durchgehend mit Stahl verstärkt war, heraus holte. Er war aus Biwa-Holz gemacht, von dem gesagt wird, dass, wenn es Wunden schlägt, diese faulen werden.

Musashi, der immer noch den Weidenstock für den Kinderbogen in der Hand hielt, stand auf und sagte: „Also los, fang an und schlag zu." Umgehend schlug Gonnosuke mit seinem *Jō* zu, wurde aber bei jedem Schlag von Musashis Weidenzweig mit einigen leichten Schlägen von seinem Ziel abgelenkt. Gonnosuke ergriff nun das eine Ende des Stabes, um einen horizontalen Schlag auszuführen, der Musashis *Haori* Kragen streifte. Er schrie laut: „Ich habe dich getroffen, ich habe dich getroffen!" Musashi sagte nur: „Das kann man ja wohl keinen Schlag nennen. Was soll so etwas ausrichten?"

Das *Kaijō Monogatari* fährt fort zu beschreiben, wie Gonnosuke sich darauf konzentrierte, in Musashis Stellung eine Öffnung zu finden, keine fand und im Gesicht immer röter wurde. Stattdessen musste er realisieren, dass er rückwärts auswich. Bald hatte Musashi ihn in eine Ecke des Gartens getrieben und ihm einen bösen Schlag auf die Stirn versetzt, die sofort anschwoll. Seine Dummheit bedauernd, gab sich Gonnosuke geschlagen und wurde von da an für einige Zeit sein Schüler.[14]

KAPITEL 5

Akashi hinter sich lassen

Musashi hatte in seinem Leben mittlerweile ein Stadium erreicht, in dem er sich Gedanken machen musste, wo er seinen Lebensabend verbringen wollte, damit seine Schule weiter gedeihen würde. Auch wenn er nicht in direktem Dienst von Herrn Tadazane stand, war er nun doch ein geachteter Mann in Akashi. Er hatte eine wichtige Rolle beim Bau der Burgstadt gespielt, und seine Enmei-Ryū hatte Schwertkämpfer aus dem ganzen Land angezogen. Aber wie so oft beeinflussten Ereignisse auf höherer Ebene den Lauf von Musashis Leben in unerwarteter Weise.

Im Sommer 1632 sprach sich unter den Bewohnern der Burgstadt Akashi herum, dass ihr Herr dafür vorgeschlagen worden war ein größeres Lehen zu beziehen. Das konnte nur bedeuten, dass ein anderer Herr entweder gestorben war oder seinerseits in ein größeres Lehen wechseln musste. In einem Feudalsystem, das keine neuen Landgewinne zu verzeichnen hatte, war der einzige Weg einem *Daimyō* neue Lehen zuzuweisen, ein bestehendes Verwaltungsgebiet an- oder abzuerkennen. Es dauerte nicht lange bis Musashi erfuhr, dass Tadazane das Lehnsgut von Kokura zugesprochen worden war. Der bisherige Herr war kein anderer als Hosokawa Tadatoshi aus der Moji-Burg gewesen, der das Duell mit Sasaki Kojirō organisiert hatte.

Es hatte sich eine Menge verändert, seitdem Musashi das letzte Mal in der Moji-Burg gewesen war. Tadatoshis Vater, ehemaliger Herr des Kokura-Lehnsgutes, war 1620 in den Ruhestand getreten. Er hatte die Regierungsgeschäfte seinem Sohn übergeben, der nun in der Kokura-Burg Hof hielt. Allerdings gehörte Tadatoshi nicht zur priviligierten Elite der *Fūdai*, der Vasallendaimyōs. Aber mit großem Geschick und Feingefühl und einer gehörigen Portion Geduld schaffte er es, sich die Gunst für mehr als ein Jahrzehnt bei der Tokugawa-*Bakufu* zu sichern. Das erreichte er im Wesentlichen durch die Interessen seiner willensstarken Frau, die von Tokugawa Abstammung war, zu vereinigen mit den von seinem dickköpfigen Vater, der, wie in vielen Familien, seine Macht im Hintergrund ausspielte.[1]

Tadatoshis diplomatische Fähigkeiten müssen die *Bakufu* ziemlich beeindruckt haben, denn im Jahre 1632 wurde ihm das Kumamoto-Lehnsgut in der Provinz Higo, im Westen von Kyushu, angetragen. Das war eine ungeheure Ehre, denn mit einem jährlichen Vermögen von mehr als fünfhunderttausend *Koku* war das Kumamoto Lehnsgut eines der größten im Reich.[2]

Tadatoshis Versetzung nach Higo bescherte Ogasawara Tadazane nach dem Willen der Ranghöchsten im *Bakufu* das Kokura-Lehnsgut. Das taten sie aus gutem Grund. Tadazane war mittlerweile sechsunddreißig Jahre alt und hatte Akashi in eine blühende Handelsstadt verwandelt. Mittlerweile vollständig fertiggestellt, war sie ein Vorbild moderner Militärarchitektur. Auch wenn die Stadt im Jahr zuvor durch ein Feuer teilweise zerstört worden war, so blieb sie als Burgstadt immer noch ein glänzendes Vorbild für effiziente Stadtplanung.

Die ökonomischen Erfolge Akashis beruhten auf seiner von der Natur vorgegebenen strategisch günstigen Lage. Der Hafen lag zwischen der Sanyōdō-Fernstraße und der Meerenge von Akashi, zwei der meist frequentierten Handelsrouten seiner Zeit. Die meisten Waren, die per Schiff und Karren transportiert wurden, waren für die Metropolen Osaka, Kyoto und Edo bestimmt. Aber im Gegensatz zu den meisten anderen Städten und Häfen, die entlang dieser Routen entstanden, wuchs Akashi durch dieses Verkehrsaufkommen besonders stark. Auch wenn das Kokura-Lehnsgut weit weg von den Zentren der Macht lag, ähnelte es Akashi auf vielfache Weise. Es lag zudem an der Meeresenge von Shimonoseki, dem Angelpunkt zwischen der Inland See und der See von Japan. Wie in Akashi, gab es ein ständiges Kommen und Gehen chinesischer und japanischer Handelsschiffe. Wichtiger vielleicht noch als die Handelswege war die militärische und strategische Bedeutung der Stadt. Die Schlacht von Sekigahara war erst einige Jahrzehnte her und die der Osaka-Revolte noch weniger, und deshalb war die *Bakufu* immer auf der Hut, dass kein ehemaliger Kriegsherr, der an die Randregionen verdrängt worden war, nicht doch irgendwann wieder einen Aufstand plante. Der Zweck der Kokura-Burg war deshalb der gleiche, wie der der Akashi-Burg: den Verkehr in und aus allen Richtungen zu kontrollieren.

Tadazane war damit aufgewachsen einen solchen Hafen zu verwalten, und mittlerweile bestens mit sämtlichen Gesetzen für ein- und ausgehende Schiffe und den zu erhebenden Zöllen vertraut. Mit Honda Tadamasa als seinem Lehrmeister hatte er sich zu einem kompetenten Verwalter entwickelt, dessen Wohlwollen sich auf alle Kasten der Bevölkerung erstreckte. Zudem war er der Urenkel von Tokugawa Ieyasu. (Seine Mutter war die Tochter von Ieyasus ältestem Sohn). Er gehörte damit zum inneren Kreis der Vertrauten der Tokugawa *Bakufu*, also Männern, die sich dazu verpflichtet hatten, die Interessen der *Bakufu* über alles andere zu stellen. Auch deshalb fiel den *Bakufu*-Ministern die Entscheidung nicht besonders schwer, Ogasawara Tadazane zum neuen Herrn über die Kokura-Burg zu ernennen.

Musashi war mittlerweile achtundvierzig Jahre alt, und auch wenn er noch in guter Verfassung war, so hatte er doch kein Bedürfnis mehr nach langen Reisen, und außerdem gab es in Akashi nichts mehr was ihn hielt. Seine Stiefmutter im nahen Hirafuku war verstorben, während sein Sohn, Iori, schon unterwegs nach Kokura war, um alles für die Ankunft von Herrn Tadazane vorzubereiten. Tadazane war ein guter Herr für Iori. Und während Musashi seine Unabhängigkeit behalten konnte, hatte er von Tadazanes Protektorat profitieren können. Denn nur mit dessen Hilfe hatte Musashi das riesige *Dōjō* bauen können, in dem so viele von Tadazanes Gefolgsmännern übten.

Es war im Herbst 1632, zu der Zeit, in der sich die Blätter des Ahorns in den nuancenreichen Schattierungen von Rot bis Gelb verfärbten, als Musashi mit gemischten Gefühlen die Türen des *Dōjōs* hinter sich schloss, nachdem er sich von seinen vielen Schülern verabschiedet hatte. Es war kein trauriger Abschied, denn viele würde er wiedersehen. Er hatte sich dazu entschieden, seinem Sohn zu folgen, um ein neues Leben in Kokura zu beginnen, dem Ort, an dem vor zwei Jahrzehnten seine Karriere begonnen hatte, als er auf der kleinen Insel das große Duell ausgefochten hatte. Diese Insel wurde mittlerweile Ganryū-Insel genannt.

Vorher jedoch wollte er noch Nagoya besuchen, die Geburtsstätte des Owari-Clans und der berühmten Yagyū-Shinkage-Ryū. Er war nämlich von Terao Naomasa eingeladen worden.

Naomasa war ein Gefolgsmann des *Daimyō*s von Owari, Herrn Tokugawa Yoshinao. Naomasa war Herr über ein Lehnsgut von dreitausend *Koku* im Jahr, in der Nähe des Dorfes Seto, einige Meilen östlich von Nagoya. Wie Musashi, hatte auch er an der Belagerung der Osaka-Burg teilgenommen und bewunderte immer noch die Tapferkeit des Schwertmeisters. Seitdem war er in den Rang eines *Karō* aufgestiegen, eines Elite-*Samurai* im Gefolge von Yoshinao. Im Jahre 1601 geboren, hatte Herr Yoshinao auch an der Belagerung der Osaka-Burg teilgenommen und sich bei den schweren Kämpfen um Tennōji ausgezeichnet. Dafür war er mit dem wichtigen Lehnsgut von Owari belohnt worden. Von seinem Hauptquartier aus, der Burg von Nagoya, überwachte er die strategisch äußerst kritische und wichtige Tōkaidō-Fernstraße, die sich zur Ebene von Sekigahara öffnete. Sie war der Pass durch die Ibuki- und Yōrō-Berge, das Portal zwischen der alten Hauptstadt und den westlichen Provinzen.

Von Kindesbeinen an hatte Yoshinao ein außergewöhnliches Interesse an den Kampfkünsten, und wie sein Vater Ieyasu, unterstützte er die die Yagyū-Shinkage-Ryū. Der ranghöchste Schwertmeister war Yagyū Toshiyoshi, der Neffe des berühmten Yagyū Munenori. In seiner Jugend hatte Yoshinao fünf Jahre intensivstes Training unter Toshiyoshis Führung auf sich genommen und war zu einem höchst kompetenten Schwertmeister herangereift.

Nach Nagoya

Musashi wusste, dass er die Höhle des Löwen betreten würde, als er im späten Herbst 1632 in Nagoya ankam. Als er die Tore des Herrenhauses von Naomasa durchschritt, wurde er jedoch herzlichst empfangen. Naomasa war ein sehr einflussreicher

Mann in Nagoya. Von Naomasas Bediensteten wurden ihm Räumlichkeiten im Tōkōin angeboten: eine der zwölf Wohnungen für Priester aus dem nahe gelegenen Ryūfukuji-Tempel, dessen Tradition bis ins 8. Jahrhundert zurückreichte.[3]

Da er von Herrn Yoshinaos Leidenschaft für die Kampfkünste wusste, war Musashi nicht sonderlich überrascht, dass er schon nach wenigen Tagen seine Kampfkunst in einem Duell vor seiner Herrschaft demonstrieren sollte. Er fühlte sich auch nicht beleidigt, als er gegen den Eliteschüler von Yagyū Toshiyoshi antreten sollte. Eine Niederlage durch einen wandernden Schwertmeister zu riskieren, würde das Ende des Schwert-lehrers bei seinem *Daimyō* bedeuten. Andererseits wollte er den *Daimyō* nicht beleidigen, indem er seinen besten Schüler tötete. Er war auf eine freundschaftliche Runde eingeladen worden, und dabei sollte es auch bleiben. Das *Mukashibanashi* beschreibt es so:

> Als sein Gegner plötzlich in den Angriff überging, kreuzte er seine Schwerter, wobei er die Spitze des Langschwertes immer auf die Nasenspitze des Geg-ners ausrichtete. Dadurch drängte er ihn immer weiter zurück, bis sie einmal das gesamte *Dōjō* umschritten hatten.

Musashi unterbrach die atemlose Stille der Zuschauer, indem er sagte: „Auf diese Weise kämpfe ich meine Duelle!" Dieselbe Aufzeichnung erzählt uns auch, wie er einen anderen Schüler dieser Schule auf ähnliche Weise niederrang, weil dieser keine Öffnung in der Deckung des Meisters fand.

Musashi genoss bei seinem Besuch in Nagoya besonders seine Räumlichkeiten im Ryūfukuji, einem Tempel, der Geschichte atmete. Vor langer Zeit hatte einer seiner Vorfahren, Fujiwara

Kanehira, ein Höfling am Heian-Hof und ein berühmter *biwa* Spieler, ebenfalls diesen Tempel besucht. Er war gekommen, dem Jūichimen Kannon, dem Bodhisattwa mit den elf Gesichtern, Ehre zu erweisen. Dieser war vom Gründer des Tempels aus einem Stück Treibholz des angrenzenden Flusses geschnitzt worden. Es war gerade Regenzeit und das Schutzgebäude über der Statue war weggebrochen. Als Fujiwara Kanehira in das baufällige Gebäude eintrat, fand er eine junge Frau, die einen Regenschirm über diese Gottheit hielt, damit sie vor dem Regen geschützt wäre. Während er ihr dabei half, berührte ihn diese Fürsorglichkeit so sehr, dass er sie dann mit in die Hauptstadt nahm und dort heiratete. Von diesem Zeitpunkt an war der Tempel unter dem Namen Regenschirm-Tempel bekannt.

Während seines Aufenthalts in Kasadera zeigte Musashi dem Abt eine Kalligraphie mit der Inschrift Namu Tenman Daijizai Tenjin (Verehrung Tenjin im Tenma-Schrein, Gottheit der absoluten Freiheit), mit der er einem großen Heian-Höfling, Sugawara no Michizane (Tenman Daijizai Tenjin), Ehre bekunden wollte. Musashi war ein großer Bewunderer dieses berühmten Poeten-Gelehrten, dessen Leben eine tragische Wendung genommen hatte, weil er ungerechterweise nach Kyushu verbannt worden war. In der Zeit, als Musashi mit seinem Vater noch in Kitsuki gelebt hatte, hatten sie gemeinsam eine Pilgerreise, zu diesem berühmten Anraku-Tempel gemacht, der ungefähr vierzig Meilen südlich von Kokura lag, und eng mit dem Leben des Poeten verknüpft war.[4]

Um seine Meisterschaft in der Kalligraphie zu beweisen, schrieb Musashi die *Kanji* für Tenman Daijizai mit seiner linken Hand, wobei der gesamte Text über einem zarten Pflaumenzweig mit Blüten positioniert war, ein klarer Hinweis auf das *Tenjin-Sutra*. Mit diesem Gebet wird der Name Tenjins angerufen. Er hatte dieses Sutra täglich in der Tempelschule bei seinem Stiefonkel Dōrin gelesen:

> Wo auch immer Pflaumen
> gefunden werden,
> wisse, dass das dort ist, wo ich bin.
> Nicht nötig hier und dort
> zu suchen.

Auch in Nagoya konnte Musashi wieder einige neue Schüler gewinnen, darunter auch Hayashi Ichirōemon Suketatsu, ebenfalls ein Owari-Gefolgsmann und ein alter Freund Naomasas. Suketatsu war für sein heftiges Temperament bekannt. Als er einmal zur Nagoya-Burg eingeladen war, schlitzte ein Wachmann ihm mit der Lanze den Ärmel auf, als Suketatsu gerade dabei war vom Pferd abzusteigen. Suketatsu ergriff die Lanze des Wachmannes, zog ihn daran zu sich heran, legte sein Schwert zur Hälfte blank und schnitt dem Mann die Hände ab, indem er sie über die offene Klinge zog. Danach hielten alle Wachen einen sicheren Abstand zu ihm. Auch wenn Suketatsu bisher Schüler der Shintō-Schule war, so war er doch sehr schnell von Musashis Schwertkunst überzeugt.[5]

Für fast ein ganzes Jahr genoss Musashi Naomasas Gast-freundschaft. Er zeigte und lehrte seine Techniken der Enmei-Ryū und wieder gewann er viele neue Schüler, die ganz begierig darauf waren diese einzigartige Technik zu meistern. In der Zwischenzeit war viel im Kokura-Lehnsgut geschehen, einschließlich ausgedehnter Erweiterungen an der Burg. Herr Tadazane und sein Gefolge hatten sich in ihrem neuen Zuhause gut eingerichtet. Als Musashi im Frühling 1633 seine Habse-ligkeiten im Tōkōin zusammenpackte und Nagoya verließ, ging er immer noch nicht direkt nach Shimonoseki. Er hatte noch eine wichtige Verabredung einzuhalten, die von Matsudaira Katsutaka ausgesprochen worden war, einem hohen Beamten der Tokugawa-*Bakufu*.

Nach Matsuyama

1589 geboren, war Matsudaira nur fünf Jahre jünger als Musashi und ebenfalls sehr bekannt für seine Liebe zum Schwertkampf. Er war der Sohn eines sehr bedeutenden Vasallen Ieyasus und unterhielt einige wichtige Verbindungen zu den mächtigen Ämtern in der *Bakufu*. Gerade in diesem Frühjahr 1633 war er in seine Provinz Iyo, auf der Insel Shikoku zurückgekehrt, um sich vorübergehend in der Matsuyama-Burg niederzulassen. Der bisherige Herr der Matsuyama-Burg war verstorben und die *Bakufu* hatte beschlossen, dass das Matsuyama-Lehnsgut ab sofort von einem Mitglied der Matsudaira regiert werden sollte, ein Clan, von dem die Tokugawa selbst abstammten. Es war Katsutakas Pflicht die sogenannte *Hikiwatashi*, die Übergabe der Burg von einem Clan an den anderen, vorzubereiten. Es war nun aber so, dass Katsutaka entfernt mit den Ogasawara verwandt war. Mehrere Male hatten sie sich in Akashi getroffen, und bei jeder Gelegenheit hatte der Tokugawa-Beamte Musashi gebeten ihm einen Besuch abzustatten. Zu jener Zeit lebte Katsutaka noch in Edo, und Musashi hatte seine Verpflichtungen in Akashi. Nun hatten sich die Dinge geändert und auf seinem Weg nach Kokura kam Musashi sowieso an Matsuyama vorbei. Also ergriff er die Gelegenheit, um dem *Bakufu*-Beamten die Ehre zu erweisen.

Musashi wurde herzlich empfangen. Katsutaka freute sich schon seit langem darauf dem Meister wieder einmal beim Training zuzusehen. Eigens dafür hatte er einige gute Krieger von Iyo kommen lassen, die alle ein großes Interesse hatten, mit Musashi einen Kampf zu bestreiten.[6]

Katsutaka hatte alles für diesen Anlass im Garten der Bücherei vorbereiten lassen, einem weitläufigen Gelände, wo einer seiner Männer Musashi bereits mit einem acht Fuß langen (~2,40m) Stock erwartete. Auf Katsutakas Befehl hin musste Musashi eine Treppe hinabsteigen, welche parallel zur Bücherei verlief. Wie immer war Musashi mit seinen zwei *Bokutō* bewaffnet. In der Erwartung, dass Musashi ihm beim Hinabsteigen der Treppe frontal begegnen würde, stellte sich sein Gegner seitwärts, zur Bücherei schauend, auf. Als Musashi bis auf die zweite Stufe hinabgestiegen war, erhob er plötzlich seine beiden Schwerter in Kopfhöhe des Gegners. Und während der überraschte Krieger noch seinen Stand anpasste, ließ Musashi seine Schwerter auf die Handgelenke niedersausen. Als sein Gegner ins Schwanken geriet, schlug Musashi ihn mit einem weiteren Schlag nieder und beanspruchte den Sieg für sich.

Katsutaka war fasziniert, und verlangte ein *Shiai* mit Musashi. Als Musashi zustimmte, beknieten die Berater Katsutaka davon Abstand zu nehmen und sich nach drinnen zu begeben, aber Katsutaka zollte ihnen keine Beachtung. Das *Bushū Denraiki* beschreibt es so:

> Musashi drängte ihn dreimal zurück, beim dritten Mal direkt in die Bücherei hinein. Aber Katsutaka wankte nicht, und als dieser versuchte, seine Waffe wieder auszurichten, fing Musashi ihn mit *Nebari o Kakuru* ab und schlug dann mit aller Macht in *Sekka no Atari* auf Katsutakas *Bokutō*. Die Wucht zerbrach das *Bokutō* von Katsutaka, wovon ein Teil sogar die Decke traf.[7]

Katsutaka hatte genug gesehen. Über die Wucht von Musashis Schlag überrascht, hatte er sich instinktiv zu Boden geworfen, aus Furcht getroffen zu werden. Wie so viele freundschaftliche Duellanten vor ihm, wurde Katsutaka nach der Niederlage augenblicklich sein Schüler. Er überredete Musashi noch eine Weile zu bleiben, und für mehr als ein Jahr verbrachte Katsutaka seiner freien Zeit damit, von Musashi die Kunst mit den zwei Schwertern zu erlernen.

Das Leben in Kokura

Im späten Herbst 1634 überquerte Musashi schließlich die Meeresenge von Shimonoseki. Sein Lebensunterhalt, als Schwertkunstlehrer war durch den Umzug nach Kokura in keiner Weise gefährdet. Mit seinem Sohn baute er ein noch größeres *Dōjō*, als sein früheres und seine Schülerschaft wuchs dementsprechend mit. Auch wenn er nun weit weg war von der Hauptstadt mit ihren vielen Ablenkungen, so kamen doch zahllose Schwertkämpfer der unterschiedlichsten Schulen, um in seinem *Dōjō* die Kunst mit den zwei Schwertern zu erlernen.

Mit seinem Umzug nach Kokura hatte er auch seine Schwertkunst umbenannt. Bisher kannten wir sie unter dem Namen Enmei-Ryū, die „Schule vom Lichtkreis". Jetzt nannte er sie Niten-Ichi-Ryū, die „Schule der vereinten zwei Himmel". Die zwei vereinten Himmel symbolisieren die übernatürliche Stärke von Lang- und Kurzschwert, wenn sie im Kampf vereint eingesetzt werden.

Einer der vielen Krieger, die Musashi in seinem neuen *Dōjō* besuchten war Takagi Umanosuke Shigesada, ein Gefolgsmann aus dem Hause der Mōri. Umanosuke war ein Übender des *Jūjutsu* und für seine Stärke bekannt, auch wenn seine geistigen

96

Fähigkeiten allgemein als eher fraglich eingeschätzt wurden. Es gab das Gerücht, dass er in seinen Dreißigern im verbotenen Garten des kaiserlichen Palastes eine Demonstration seiner Stärke gegeben hatte. Unter den Augen des Kaisers habe er ein Gewicht von gut über tausend Pfund gehoben, ohne sich sonderlich anstrengen zu müssen. Dann habe er einige Bambusstangen mit einem Schlag von oben nach unten gespalten. Der Kaiser sei von diesem Kraftakt sehr beeindruckt, aber über seine geistigen Fähigkeiten unschlüssig gewesen, und habe ihn deshalb gebeten einen dünnen Bambusstab mit nur einer Hand zu spalten. Zu dieser Leistung sei Umanosuke jedoch nicht fähig gewesen.[8]

Musashi erfuhr, dass Umanosuke auf dem Wege nach Kokura war und erzählte ihm bei seiner Ankunft, dass er, Musashi, mit seiner *Heihō* den Bambusstab des Kaisers mit nur einem Finger gespalten hätte. Als Musashi Umanosuke an diese peinliche Situation erinnerte, sprang dieser ärgerlich auf und forderte Musashi zum Duell heraus. Das *Bushū Denraiki* beschreibt, wie der Riese sofort sein *Bokutō* mit dem Rückhandgriff aufnahm

> und auf Musashi zusprang. Dieser hatte sich rechtzeitig gebückt und versetzte ihm just einen Schlag ins Gesicht. Umanosuke wurde durch den Schlag rücklings geschleudert, und bevor er sich fangen konnte, blieb Musashi eng an ihm dran und drückte ihm den Daumen in den Solarplexus, was ihn endgültig nach hinten umfallen ließ. Umanosuke war zutiefst erschrocken und die Zuschauer sprachlos.

Dieselbe Aufzeichnung fährt fort zu beschreiben, wie sich Musashi bei einer anderen Gelegenheit in Gegenwart von Herrn

Tadazane, mit Takada Matabei duellierte, einem Kampfkünstler in dritter Generation der Hōzōin-Schule des Lanzenkampfes.[9]

> Musashi war wie immer mit seinen beiden *Bokutō* bewaffnet, während Matabei ihn mit einer kreuzförmigen Lanze aus Bambus angriff. Dreimal stellte sich Musashi ihm in der *Chūdan*-Position entgegen. Bei der dritten Runde sagte er: „Dieses Mal habe ich dich berührt, aber die Spitze deiner Lanze hat meinen Stoß abgelenkt, und du hast mein Bein getroffen." Das hatten aber nicht einmal die Zuschauer gesehen.[10]

Nachher sagte Matabei zu den Zuschauern: „Musashis Ebene der Kampfkunst ist eine komplett andere als meine, aber egal was ich hier sage, keiner scheint das zu verstehen. Musashi behauptet, dass ich ihn in der dritten Runde getroffen hätte, aber ich kann mich nicht daran erinnern. Es müssen seine guten Manieren sein, die ihn dazu veranlasst haben, so etwas zu sagen. Sein Genie ist wahrlich jenseits aller Worte!"

Auch nach dem Umzug nach Kokura sah es so aus, als könne er weiter mit einem Leben voller Annehmlichkeiten und Belohnung rechnen. Musashi war ein Mann auf dem Höhepunkt seines Ruhmes, respektiert bei seinen Vorgesetzten, bewundert bei Ebenbürtigen und geliebt von seinem Adoptivsohn. Jedoch! So wie das Leben eines jeden, so war auch das Leben des Schwertmeisters den Schlingen und Pfeilen des Glückes unterworfen.

Eine persönliche Tragödie

Bislang hatte Musashi noch nie ein offizielles Amt bekleidet.

Nicht, dass ihm keines angeboten worden war, er wollte einfach nie in den Dienst eines Herrn eintreten. Er war erst zwei Jahre alt gewesen, als sein Vater den unschuldigen Senior-Schüler auf Befehl seines Herrn ermorden musste. Wie kein anderer hatte er miterleben müssen, welche zerstörerische Wirkung das auf die Würde seines Vaters gehabt hatte. Über Jahre hinweg litten Musashi und seine Stiefmutter, Yoshiko, unter seinen Depressionen und unvorhersehbaren Wutausbrüchen, bis es keiner von beiden mehr aushielt und sie einen Mann verließen, den sie einst geliebt und bewundert hatten.

Am Tage da er das Haus seines Vaters verlassen hatte, hatte Musashi sich geschworen, niemals in den Dienst eines Herren zu treten. Niemals würde er es zulassen, dass seine Kampfkunst derart missbraucht würde, wie es seinem Vater passiert war. Das *Bushū Denraiki* erzählt uns, wie er auf die Frage antwortete, warum er denn nicht in eines Herren Dienst eintreten wolle: „Ein bloßer Kessel heißes Wasser reicht sicher dazu aus, meinen Körper zu waschen. Ich habe aber keine Zeit, all die Unreinheiten wegzuwaschen, die ein solcher Dienst mit sich bringen würde."So kam es dazu, dass er Zeit seines Lebens ein Außenseiter blieb, und trotzdem den Respekt und die Fürsorge seiner Vorgesetzten und Kollegen genoss.

Sein Auftreten als Außenseiter unterstützte Musashi zusätzlich durch sein äußeres Erscheinungsbild. Schon seit seiner Kindheit litt er unter Ekzemen. Deshalb badete er selten, sondern wusch sich nur mit einem feuchten Tuch. Auch trug er nicht die übliche Ausstattung eines Schwertkämpfers seiner Zeit, sondern ausgefallenes Damast-Leinen als lange, weitärmelige Unterwäsche, die bis zu den Füßen reichte und das geflickte *Yukata*, dass er schon zu Zeiten des Duells mit Sasaki Kojirō getragen hatte. Zu dieser Zeit trug er auch schon nicht mehr seine zwei Schwerter, sondern einen fünf Fuß langen Holzstab, etwa in der Manier, wie es auch umherziehende Wandermönche taten. Er kümmerte sich nie darum Nägel oder Haare zu schneiden, sodass in seiner Jugend die Haare bis zum Gürtel gewachsen waren. Diese Eigenarten trugen sicherlich dazu bei aus ihm eine Kampfkunstlegende zu machen, trugen aber sicherlich so gut wie gar nicht dazu bei sich bei den Frauen beliebt zu machen.

Trotz seiner ausgefallenen Erscheinung hatte Musashi intime Beziehungen zu Frauen. Während eines Aufenthaltes in Edo begann er eine Affäre mit einer *Geisha* niederen Ranges namens Kumoi. Die Anziehungskraft muss sehr groß gewesen sein, denn das *Dōbō Goen* beschreibt:

> Musashi bat Kumoi, ihm eine Seidentasche und einen Kampf-*Haori* in schwarz, mit roten Streifen aus ihrem *Kimono* zu nähen und darauf das Banner der zwei gekreuzten Spatelspitzen anzubringen.

Es ist nicht gesichert, ob es Kumoi war, aber kurze Zeit später gebar eine Frau ihm ein Mädchen. Da er nie ein eigenes Kind gehabt hatte, war der Schwertmeister völlig vernarrt in seine Tochter. Jedoch erkrankte sie mit drei Jahren und starb daran. Der Verlust des Kindes war ein verheerender Schlag für den hartgesottenen Schwertmeister. Das *Bushū Denraiki* fährt fort:

> Der Schwertmeister war untröstlich vor Kummer und weinte von morgens bis abends, während er den kleinen Leib des Kindes in seinem Schoß wiegte. Die Menschen versuchten ihn zu trösten, aber er hörte sie nicht. Nach einer Weile begannen sogar seine Schüler zu tuscheln, dass sich das für einen Meister nicht zieme.

Niemals mehr wurde Musashi Vater eines Kindes, noch hat man je erfahren, wo er den Körper seiner Tochter begraben hatte. Für den Rest seines Lebens sprach Musashi nie wieder über diese persönliche Tragödie.[11]

In einem Zeitalter, wo Kindestod im Kleinkindalter nicht ungewöhnlich war, teilten viele Eltern Musashis Leid. Für manche mag es befremdlich erscheinen, dass bei einem so hartgesottenen Krieger der Verlust eines Kindes solche Verzweiflung auslösen konnte, besonders da es (nach japanischen Maßstäben) nicht einmal ein Junge gewesen war. Die meisten Menschen verfehlen es, den Kern der Tragödie in Musashis Leben zu verstehen; eine Tragödie, die diese Episode nur mit um so größerer Klarheit ans Licht brachte. Musashi war ein Krieger, der sein gesamtes Leben damit verbracht hatte eine Kunst zu erlernen, deren höchstes Ziel es war den Gegner zu töten. Tod und Zerstörung, nicht das Hervorbringen von Leben, waren der Kern seines Lebens. Die Geburt eines kleinen Mädchens, dessen Schicksal es war, wieder Leben zu schenken, war für ihn ein Symbol der Erneuerung und Regeneration und stand als solches für etwas, das Musashis Leben sicher nicht war. Nicht nur das Verlöschen väterlicher Liebe war für den kampferprobten Krieger schwer zu ertragen; das Mädchen war ebenfalls der lebende Beweis eines Bundes der Liebe zwischen einem Mann und einer Frau. Und für Musashi war es eine unendlich zarte Verbindung zu einer Welt jenseits des Krieges, zu einer anderen Welt, nämlich der des Friedens. Die Tragödie des Todes seiner Tochter, die ihr Leben ausgehaucht hatte lange bevor ein Versprechen eingelöst werden konnte, muss Musashi in aller Deutlichkeit vor Augen geführt haben, dass er nicht dazu erwählt sein konnte, an einer solchen Welt teilzuhaben.

Der Tod des Kindes war bei weitem mehr als nur der Verlust eines geliebten Menschen. Es war der furchtbare und unbestrittene Beweis der Unvereinbarkeit eines zwar einzigartigen, aber einsamen Lebens im Vergleich zu dem gewöhnlichen, aber glücklichen Lebens, das mit Kindern und Familie gesegnet ist. Diese Kluft, die kurzfristig überbrückt zu sein schien, brach auseinander, um sich nicht wieder zu schließen. Erst später, durch den kreativen Prozess seiner Kunst, gelang es Musashi, die lebensspendende Kraft und die Unschuld eines Kindes zurückzugewinnen. Es war diese herzbrechende Erfahrung, die seinen späteren Arbeiten eine solche Kraft an emotionalem Ausdruck verlieh, eine Sensibilität, die vorher noch nicht da gewesen war und wahrscheinlich auch nicht hätte da sein können.

Die Shimabara-Rebellion

Weil Musashi sich seiner eigenen emotionalen Verwirrung nicht stellen wollte, nahm er im Januar 1638 einen besonderen Auftrag an. Er sollte eine Eskorte von Tadazanes dreiundzwanzigjährigem Neffen Nagatsugu, der auch dessen Nachfolger werden sollte, sichern. Nagatsugu wuchs in Friedenszeiten auf und hatte somit keinerlei Kampferfahrung. Im Prinzip war es dieselbe Arbeit, die Musashi bereits in der Osaka-Offensive für Mizuno Katsunaris Sohn übernommen hatte. Auch dieses Mal konnte er davon ausgehen in Kriegshandlungen verwickelt zu werden, weil die *Bakufu* Herrn Tadazane und seinen Sohn angewiesen hatte, Truppen zu stellen und für den Kampfeinsatz vorzubereiten.[12]

In der Provinz von Hizen war eine bewaffnete Revolte ausgebrochen. Die Rebellion wurde durch den siebzehnjährigen Amakusa Shiro angeführt, dem Sohn des christlichen *Daimyōs* Konishi Yukinaga. Shiro war ebenfalls Christ, und so waren es die meisten der zwanzigtausend Aufständischen. Unter ihnen befand sich eine beträchtliche Anzahl an *Rōnin*. Die meisten jedoch waren Bauern, die von ihren Frauen und Kindern unterstützt wurden. Sie hatten sich in der Hara-Burg, die seit einigen Jahrzehnten leer stand, eingerichtet. Diese alte Festung stand auf der Halbinsel Shimabara.[13]

Die Revolte hatte im Dezember des Vorjahres begonnen. Der Gouverneur von Nagasaki war umgehend mit einem Truppenverband von viertausend Mann aufgebrochen, um gegen die Rebellen vorzugehen. Diese hatten mit einer solchen Verbissenheit gekämpft, dass er sich zurückziehen musste. Entschlossen, die Rebellion im Keim zu ersticken, befahl die *Bakufu* den *Daimyō*s von Kyushu eine Streitmacht von einhunderttausend Mann auf die Beine zu stellen.

Musashi hielt sich zu dieser Zeit gerade wieder einmal in Edo auf. Nachdem er Tadazanes Bitte angenommen hatte, ging er noch einmal ins Vergnügungsviertel von Yoshiwara, um von Kumoi Abschied zu nehmen. Er war nun fünfzig Jahre alt und ihm war klar, dass er durchaus in einem Kampf fallen könnte und Kumoi möglicherweise nie wiedersehen würde. Das *Dōbō Goen* beschreibt die Szene, wie Musashi mit seinem schwarzen Kampf-Haori, den sie für ihn genäht hatte, vor ihr stand:

> Es versammelte sich eine große Menge im Zentrum von Shinmachi, um zu sehen, wie sich Musashi von ihr verabschieden würde. Es war ein Zeitalter der Zurschaustellung und Musashi sagte seine Abschiedsworte ohne zu stocken. Dann bestieg er vor den Toren sein Pferd und ritt in Richtung Süden.

Es war Mitte März, als Tadazane und sein Sohn, Nagatsugu, und seine Eskorte an der Spitze von achttausend Mann auf der Shimabara-Halbinsel eintrafen. Nach zwei Jahrzehnten des

Friedens brauchten die Truppen der *Bakufu* mehrere Wochen Vorbereitung, um ihre volle Stärke wiederherzustellen. Einer der teilnehmenden *Daimyōs* war Mizuno Katsunari, mit dem Musashi in der Osaka-Belagerung zusammen gekämpft hatte. Katsunari war einer der wenigen, die nicht aus Kyushu stammten, und er rückte am achten April mit ungefähr sechstausend Mann an. Das *Sōkyū Sama O-Degatari* beschreibt, wie

es schon dämmerte, als Katsunari eintraf. Obwohl es wie aus Eimern schüttete, befahl er seinen Truppen die Kampfformation einzunehmen. Als die Truppen aus dem Hause Ogasawara, die in der Vorhut waren, das ungeordnete Geschrei aus dem Lager hörten, wussten sie, dass es auch diesmal wieder General Katsunari mit seinen Leuten sein musste. Trotzdem fingen einige an zu tuscheln. Sie würden sich wundern, zu was ein solcher Haufen taugen würde, wenn der Feind einen plötzlichen Ausfall machen würde. Ein gewisser Miyamoto Musashi meldete sich da zu Wort und sagte, dass er mit General Katsunari schon öfter gekämpft habe und dass er vertraut sei mit der Art und Weise, wie Katsunari seine Truppen einsetzen würde. Er sei ein Kommandant dessen Denken sich jenseits des Gewöhnlichen befände und das seine Art der Führung frei von jeglichem Tadel sei.

Ende März war die Truppenzahl der *Bakufu*, die die Hara-Burg belagerte, auf über einhundertfünfundzwanzigtausend Mann angestiegen, die fünffache Anzahl der Verteidiger. Trotz dieser überwältigenden Übermacht und den Niederländern, die von ihren Schiffen aus vierhundert Mal auf die Burg feuerten, brauchten die Truppen eine ganze Woche bis die Festung endlich fiel. Das *Bushū Denraiki* beschreibt, wie

> von Beginn bis zum Ende der Belagerung Musashi an der Seite von Herrn Nagatsugu war. Er hatte sich keine Rüstung angelegt, sondern trug wie immer seinen Seidenleinen-*Haori*, seine beiden *Wakizashi*, die er in den Gürtel gesteckt hatte und lehnte auf seinem Holzstab. Während der Belagerung warfen die Rebellen auch Steine herab, aber Musashi schwang sich vor seinen Schützling zu Pferde und wehrte sie alle mit seinem Stab ab, während er rief: „Passt auf die Steine auf!"

Wieder einmal hatte es Musashi geschafft, seinen Schützling vor Verletzungen oder Schlimmerem zu bewahren. Sein Sohn, Iori, war mit seiner Herrschaft zusammen geritten. Und auch wenn er nicht am Kampf teilgenommen hatte, so nahm er eine wichtige Rolle bei der strategischen Analyse ein, wie diese Rebellion zustande gekommen war.

Dieses wichtige Zusammentreffen zwischen den Herren und Iori entstand hauptsächlich durch die Vermittlung von Arima Naozumi. Er war der Herr der Nobeoka-Burg in der Provinz Hyūga. Naozumi kam ursprünglich aus Hizen und die Hara-Burg stand auf seinem früheren Lehnsgut. Da er mit dem Gelände und der Burg bestens vertraut war, spielte er eine führende Rolle bei der Belagerung und lernte in dieser Zeit Iori näher kennen. Musashi schrieb zu Beginn des Kampfes einen Brief an Naozumi, indem er sich dafür bedankte,

> dass mein Sohn Iori damit betraut worden war, die Bestandsaufnahme machen zu dürfen, die nach mili-

tärischen Aktionen wie dieser immer stattfinden. Ich glaube außerdem, dass ich die Männer auf die Positionen verteilt habe, die Sie sich vorgestellt hatten, und jeder war voll des Lobes, mit welcher Geschwindigkeit Sie und Ihre Männer bis zum inneren Ring der Burg vorgedrungen waren. Ich selbst wurde durch herabgeworfene Steine zweimal an den Beinen verletzt, sodass ich beim Gehen Schwierigkeiten hatte. Ich bitte also um Eure Verzeihung, wenn ich nicht persönlich kommen kann, um mich zu bedanken. Ich darf meiner Dankbarkeit auf diesem Wege Ausdruck verleihen.[14]

Die Belagerung der Hara-Burg war das letzte Ereignis, das die Tokugawa in ihrer Hegemonialherrschaft noch gestört hatte, und es war auch das letzte Mal, dass Musashi in Kampfhandlungen verwickelt war. Er war jetzt vierundfünfzig Jahre alt und insgesamt in sechs Kampfhandlungen eingebunden gewesen—alle in Kyushu, außer der Osaka-Offensive. Das erste Mal hatte er vor mehr als vierzig Jahren an den nördlichen Ufern der Insel, in der Ebene von Ishigaki, unter Kuroda Yoshitaka gekämpft. In den darauf folgenden Belagerungen der Tomiku-Burg hatte er furchtlos die Verteidigungswälle der Burg erklommen und mit den Angreifern um deren Lanzen gerungen. Jetzt hatte er sein Äußerstes getan, um Herrn Nagatsugu von solchem Leichtsinn abzuhalten. Dadurch trug er selbst schwere Wunden davon und war des Kämpfens mittlerweile überdrüssig.

Auch seine Gesundheit ließ zu wünschen übrig. Seit er in Kokura angekommen war, bereitete ihm das Schlucken zunehmend Probleme. Zeitweise war seine Kehle so heiser, dass er tagelang nicht sprechen konnte.[15]

Kapitel 5

Zu Besuch in Kumamoto

Arima Naozumi war nicht der einzige *Daimyō*, zu dem Musashi
gute Beziehungen unterhielt. Alle bewunderten mittlerweile
seine außergewöhnlichen kampfkünstlerischen Fähigkeiten,
und während der folgenden Jahre, in denen seine Wunden ver-
heilten, besuchte er einige dieser *Daimyōs*. Es waren vermutlich
auch die   Erinnerungen an sein verlorenes Kind, die ihn
verfolgten und die ihn zu immer noch weiteren Reisen
antrieben, vielleicht auch in der Hoffnung in der Einsamkeit
und durch die besänftigende Wirkung der Natur, Frieden zu
finden.

Ein anderes Ziel, das Musashi umtrieb, war das Bestreben
seine Schule weiterzuverbreiten. Seine Niten-Ichi-Ryū hatte zu
dieser Zeit bereits eine große Zahl an Schülern und um seinen
Ruf sicherzustellen, empfand er es immer noch für nötig sich
mit anderen Schulen in Duellen zu messen. Solche *Taryū Shiai*
wurden meistens durch *Daimyōs* organisiert. Ganz abgesehen
von ihrem eigenen Enthusiasmus, hatten sie natürlich auch
Interesse daran zu sehen, wie die Schwertschule ihres eigenen
Clans im Vergleich zu anderen abschneiden würde.

Nicht alle diese *Taryū Shiai* waren das Resultat von offenen
Einladungen. Viele, die von Musashis Reputation gehört hatten,
fühlten sich von der Vorstellung, diesen berühmten Schwertmeister in ihren eigenen Burgen zu wissen, eingeschüchtert
und gehemmt. Besonders die *Daimyōs* der umliegenden
Provinzen sahen es gar nicht gerne, wenn ein Duell zwischen
ihren Leuten und Musashi stattfinden sollte. Würde es zu einer
schändlichen Niederlage einer ihrer Gefolgsmänner kommen,
wären Repressionen durch die Nachbarn relativ sicher und der
zerbrechliche Friede nach der Shimabara-Rebellion vermutlich
in Gefahr.

Hosokawa Tadatoshi, vom Kumamoto-Lehnsgut, war sich der brandstiftenden Qualitäten Musashis sehr wohl bewusst. Auch wenn dreißig Jahre vergangen waren, seitdem Musashi Sasaki Kojirō besiegt und Zuflucht in der Moji-Burg erhalten hatte, so erinnerte sich Tadatoshi doch noch so gut daran, als wäre es erst gestern gewesen.

Auch wenn er zu dieser Zeit erst sechsundzwanzig Jahre alt gewesen war, so hatte sich doch Musashis unentrinnbare Geistesgegenwärtigkeit, physische Kraft und geistige Schärfe stark bei ihm eingeprägt. Er hatte Musashi mit den Männern von Numata Nobumoto im Vorhof der Burg kämpfen sehen und konnte noch immer die ohrenbetäubenden Schläge von Musashis *Bokutō* auf den Rüstungen der Männer hören. Noch beunruhigender war die Erinnerung an die aufgebrachten Schüler von Kojirō. Tadatoshi hatte immer noch den Vortrag seines Vaters in den Ohren, wenn auch mit einem humorvollen Unterton der Bewunderung, wie lange es seinerzeit gedauert hatte, bis wieder Ruhe in Kokura eingetreten war.

Tadatoshi konnte nicht sicher sein, ob sich Musashi mit derselben Umsicht bewegen würde, wie in der Moji-Burg nach dem Duell. Damals war sein Verhalten durch seine Dankbarkeit, einen sicheren Rückzugsort zu haben, kontrolliert. Heutzutage war er ein hochgeehrter Gast, der seinem vorauseilenden Ruf verpflichtet war.

Andererseits hätte es Tadatoshi sehr gefreut Musashi wieder zu sehen. Er war ein begeisterter Kampfkünstler. In seiner Jugend, als er in Edo gelebt hatte, hatte er unter niemand geringerem als Yagyū Munenori gelernt, dem Schwertlehrer des Shōguns—jemand, der ihn genauso beeindruckt hatte, wie Musashi. Tadatoshi war geradezu fasziniert von der Vorstellung, was die Fähigkeiten seiner Elite-Krieger gegen den Schwertmeister ausrichten können und trotzdem achtsam dafür zu

bleiben, wie deren Niederlage sich auf die Moral seiner Gefolgsmänner auswirken würde.

Als dann im Herbst 1639 die Nachricht eintraf, dass Musashi
im Hause von Herrn Shiota Hamanosuke eintreffen würde,
blieb er immer noch vorsichtig genug, ihn nicht in die Kumamoto-Burg einzuladen. Tadatoshi kannte Hamanosuke gut, weil
dieser ehemals seinem Vater lange gedient hatte. Wie auch
Musashi in seinen Fünfzigern, lebte Hamanosuke in einem
Yashiki an den Ausläufern von Kumamoto, mit einer Besoldung
von fünfundzwanzig *Koku*. In einem *Dōjō* neben dem *Yashiki*
unterrichtete er seinen speziellen Stil des *Jūjutsu*, welcher die
alten Künste Shimono und Torikago beinhaltete.[16]

Kaum hatte Tadatoshi in Erfahrung gebracht, dass Musashi
sein Lehnsgut betreten hatte, berief er seine drei besten
Schwertmeister zu sich. Das *Bushū Denraiki* beschreibt, wie

> Herr Tadatoshi zu seinen drei Schwertmeistern
> sprach: „Musashi, der Meister ohnegleichen unter
> den Himmeln, ist Gast bei Shiota Hamanosuke.
> Wusstest ihr das?" Seine Gefolgsmänner sprachen
> wie mit einer Stimme: „Das wollten wir gerade mit
> Ihnen klären. Wir beabsichtigen dorthin zu gehen
> und seine Fähigkeiten in der Kunst der *Heihō* zu
> prüfen!" „Das freut mich zu hören. Geht also rasch,
> sodass ihr euch miteinander messen könnt."

Es war ein kalter und stürmischer Morgen, als die drei
Schwertmeister sich auf den Weg zu Hamanosukes *Yashiki*
machten und dort vorstellig wurden. Hamanosuke war durch
ihren Besuch sprachlos, wo er selbst doch nur ein kleiner
Gefolgsmann war und seine Besucher die Elite ihrer Klasse. Als
er sie nach dem Grund ihres Kommens fragte, antworteten sie,

sie hätten gehört, dass Musashi bei ihm wohne und sie würden ihn gerne treffen. Hamanosuke führte seine Gäste in die Empfangshalle, wo er sie bat, sich am Feuer zu wärmen, während er die Botschaft seinem alten Freund überbringen würde.

Kurz darauf erschien Musashi und setzte sich zu ihnen. Da er nicht wusste, warum sie wirklich gekommen waren, empfing er sie freundlich und gab ihnen eine Vorführung seiner Schwertkunst. Zu befangen, den wahren Grund ihres Besuches zu offenbaren, dankten sie Musashi und nahmen Abschied, ohne ihren Auftrag erfüllt zu haben. Das *Bushū Denraiki* beschreibt, wie sie das Tor von Hamanosukes *Yashiki* erreichten, als

sich die drei Männer gegenseitig beäugten und sprachen: „Was sollen wir tun? Wir können doch nicht einfach zurückkehren und unserem Herrn sagen, dass wir zu eingeschüchtert und furchtsam waren, und es einfach nicht fertiggebracht haben ihn herauszufordern." Einer von ihnen sprach: „Es hat keinen Wert hier darüber zu jammern. Wir gehen zurück und sagen, was wir zu sagen haben." Und so gingen sie wieder zurück und sagten zu Hamanosuke: „Wir hatten vorhin ganz vergessen zu sagen, dass wir sie darum bitten wollten, Musashi die Botschaft zu überbringen, dass wir seine Fähigkeiten in der Kampfkunst testen wollen."

Als er Musashi diese Botschaft überbracht hatte, kam dieser mit seinen zwei *Bokutō* zurück in den Hof. Er schlug vor die ganze Angelegenheit ohne die üblichen Rituale abzuhalten, sondern gleich hier und jetzt mit den Tests zu beginnen. Mittlerweile waren sie zu wenig mehr imstande, als bereitwillig zuzustimmen. Als sie sich vorbereiteten, steckte Musashi die

Spitze seines *Bokutō* in ein Loch des Verandabodens und drehte sie hin und her, sodass ein nervenzermürbendes Geräusch des Knarrens und Brechens entstand. Der Talentierteste der drei Gefolgsmänner, Jinnosuke, ging hinunter in den Garten. Das *Bushū Denraiki* beschreibt, wie

> Musashi leise hinter dem Mann herging, das Schwert in *Jōdan no Kamae* gehoben. Jinnosuke drehte sich um, und hielt sein Schwert vor sich. Umgehend schlug Musashi auf den Kopf des Gegners. Es sah so aus, als ob er getroffen hätte, aber Jinnosuke hatte Musashis Schwert um Haaresbreite vor seinem Kopf gestoppt. Die Wucht des Aufschlags ließ ihn jedoch zu Boden gehen. Danach zog Musashis sein Schwert wieder über dem Kopf auf, um mit *Ryūsui no Uchi* nach Jinnosukes Beinen zu schlagen. Der aber sprang behände auf, sodass der Schnitt unter seinen Beinen durch ins Leere ging. Darauf startete Jinnosuke einen offenen Angriff frontal auf Musashi zu, sodass dieser mehrere Schritte zurückweichen musste. Musashi duckte sich und schlug Jinnosuke direkt auf die Brust, was ihm vollends die Luft nahm und ihn einige Fuß weit durch die Luft warf, wo er auf dem Rücken landete und liegen blieb. Kurze Zeit später kam er wieder zu Bewusstsein.[17]

Die anderen beiden lehnten jedes weitere Duell mit ihm ab, da Jinnosuke von ihnen der Beste war. Musashi bestand jedoch darauf. Es gebe keinen Grund scheu zu sein. Doch beide lehnten beharrlich ab und alle drei kehrten nach Kumamoto zurück. Dort gingen sie umgehend zur Burg und erzählten ihrer Herrschaft, was sich zugetragen hatte.

Revanche

Herr Hosokawa Tadatoshi konnte sich nur schwer mit dem glanzlosen Ergebnis seiner drei besten Schwertmeister abfinden, die ihre Niederlage eingeräumt hatten. Besonders, wenn man berücksichtigte, dass seine Schwertschule von der berühmten Yagyū-Linie abstammte. Es sah so aus, als hätten seine Senior-Schwertmeister darin versagt, Munenoris höhere Schwert-techniken gemeistert zu haben. Oder konnte es tatsächlich sein, dass die Yagyū-Shinkage-Ryū der Niten-Ichi-Ryū von Musashi unterlegen war?

Was auch immer die Gründe für Musashis raschen Sieg gewesen sein mögen, Tadatoshi musste es selber herausfinden. Und der einzige Weg das herauszufinden war, ein Duell zwischen vollendeten Meister beider Schulen. Es war klar, dass er den Führer des Yagyū-Clans nicht einladen konnte. Munenori war in seinen Sechzigern. Außerdem war er 1636 als Oberster des Yagyū-Clans in den Rang eines *Daimyō*s aufgestiegen. Und Tadatoshi konnte unmöglich jemanden wie Munenori oder dessen Sohn zu einem Duell mit einem Gegner einladen, der einen so ungewissen Status wie Musashi hatte. Das Beste, was er machen konnte, war einen von den Meisterschülern wie Ujii Yashirō einzuladen. In einem abschließenden Duell könnte man dann sehen, was es mit diesem schier unbesiegbaren Miya moto Musashi auf sich hätte.[18]

Und so kam es, dass sich im Frühjahr 1640 die Meister der Niten-Ichi-Ryū und der Yagyū-Shinkage-Ryū in einem Taryū *Shiai* in der Kumamoto-Burg gegenüberstanden. Yashirō war ein Yagyū-Schüler durch und durch. Und obwohl Yashirō hunderte von Meilen von daheim entfernt war, traf Tadatoshi jede mögliche Vorsichtsmaßnahme, dass nichts von diesem Duell an die Öffentlichkeit durchsickern könne, um die

Beziehung zum Yagyū-Clan nicht zu gefährden. Beide schworen einen feierlichen Eid, mit welchem sie davon Abstand nahmen, die Schule des anderen in jedweder Form zu kritisieren und dass außerdem keine Zuschauer zugelassen werden sollten. Nur ein junger Page, Urabe Tafu, der Tadatoshis Schwert trug, durfte zugegen sein, aber auch er war zu absolutem Stillschweigen verpflichtet.

Die Luft war spannungsgeladen als die beiden Kontrahenten ins *Dōjō* der Kumamoto-Burg traten. Ihre Bewegungen wurden von einem angespannten aber erfreuten Herrn Tadatoshi genauestens beobachtet. Das *Bushū Denraiki* beschreibt, wie

> sie sich dreimal duellierten. Musashi schwang sein Schwert und Yashirō war nicht ein einziges Mal in der Lage seine Abwehr zu durchbrechen. Da sie sich nur in der Anwesenheit von Herrn Tadatoshi befanden, reichte es Musashi völlig aus Yashirōs Angriffe nur abzuwehren, ohne jemals wirklich zurückzuschlagen.

Herr Tadatoshi war verblüfft. Später versuchte er sich selbst im Kampf gegen Musashi, schaffte es aber ebenso wenig auch nur ein einziges Mal zu gewinnen. Von da an gab Herr Tadatoshi die Yagyū-Schule auf und begann die Kunst der Niten-Ichi-Ryū zu erlernen.

KAPITEL 6

Nach Kumamoto

Herr Hosokawa Tadatoshi war sehr erleichtert, dass das Duell zwischen Musashi und Yashirō unter absoluter Geheimhaltung stattgefunden hatte. Gleichzeitig war er frustriert darüber, dass die Kampftradition seines Clans den Ogasawara unterlegen war—den Herren einer weitaus kleineren Provinz als der eigenen. Dagegen musste etwas unternommen werden. Irgendwie musste er Musashi dazu überreden seine Kampfkunst auch den eigenen Gefolgsmännern beizubringen, ohne dabei die Herren des Ogasawara-Clans gegen sich aufzubringen. Der einzig sichere Weg dies zu erreichen schien Musashi durch jemanden ansprechen zu lassen, der das Vertrauen beider Seiten genoss. Tadatoshi dachte lange und ausgiebig über diese Angelegenheit nach und begriff, dass der Schlüssel bei seiner eigenen Frau Chiyohime lag, die von Geburt eine Ogasawara war. Bei der Heirat hatte sie, wie es der Brauch verlangte, einige Pagen vom Hofe der Ogasawara mitgebracht. Und Anfang April, nicht lange nach Musashis geheimem Besuch in

114

der Kumamoto-Burg, berief Herr Tadatoshi den Oberpagen, Sakazaki Naizen, zu einer vertraulichen Besprechung zu sich.[1]

Naizen begriff die Sachlage umgehend und hatte für das Problem seines Herrn einen noch besseren Kandidaten vorzuschlagen. Es war der Torwächter der Burg, Iwama Rokubei Masanari. Er war damals einer der Wachen gewesen, die Chiyohime nach der Vermählung in den Hosokawa-Clan auf ihrem Umzug in ihr neues Domizil begleitet hatten.[2]

Wie Musashi, war auch Masanari noch ein Krieger der alten Schule, der die Narben seiner Kämpfe als Beweise trug. Er war ein entfernter Verwandter des großen Takeda Shingen und hatte den größten Teil seines Lebens dem Ogasawara-Clan gedient. Er genoss das Vertrauen der Ogasawara und somit konnte es keinen Besseren geben, der Musashi die Position des Schwertlehrers im Hosokawa-Clan anbieten konnte. Rokubei Masanari überzeugte seine Schwertbrüder und verstand es, die richtigen Fäden zu ziehen, denn bald darauf sandte er einen Botschafter nach Kokura. Schon kurze Zeit später, noch im April 1640, traf ein Brief von Musashi in der Kumamoto-Burg ein. Er war an den Oberpagen Sakazaki Naizen gerichtet:

Meister Sakazaki Naizen,

Durch Rokubei Masanari habt Ihr nach meinem Befinden fragen lassen. Mündlich zu antworten empfand ich als zu umständlich, deshalb erlaube ich mir die Freiheit zu nehmen, darauf schriftlich zu antworten. Ich habe in der Vergangenheit niemals ein offizielles Amt bekleidet, egal bei wem ich lebte. Ich bin mittlerweile in einem fortgeschrittenen Alter und werde neuerdings noch von diversen Krankheiten geplagt, sodass ich meine soziale Position betreffend keinerlei Ambitionen mehr hege.

Wenn ich zu Ihnen komme und bei Ihnen leben sollte, wäre ich mit einer Rüstung und einem Pferd zufrieden, falls ich in den Kampf ziehen müsste. Ich bin ein alter Mann und mit jedem Haus und jeder Ausstattung zufrieden, die Sie mir zur Verfügung stellen würden. Seit meinen jungen Jahren war ich sechsmal im Krieg, viermal davon in der Vorhut. Das ist jedem bekannt, und ich erwähne das nicht um mir einen Vorteil zu verschaffen.

Wenn es um den Gebrauch der Waffen, die Aufteilung von Kampfgebieten oder auch darum geht eine Provinz zu unterwerfen, so kann ich behilflich sein. Ich habe mich diesen Aufgaben seit meiner frühesten Jugend gewidmet und mich über Jahre diszipliniert, so dass ich hier und dort sicherlich von Gebrauch sein kann.

Hochachtungsvoll Ihr

Miyamoto Musashi[3]

Im frühen September traf Musashi in der Kumamoto-Burg ein. Herr Tadatoshi respektierte Musashis lebenslange Maxime der Unabhängigkeit und engagierte ihn deswegen als seinen unabhängigen Ratgeber. Er erhielt ein bequemes *Yashiki* innerhalb der Mauern der Kumamoto-Burg, wo die Burgmauern eine Kurve zum Hirai-Fluss zogen. Der Ort gefiel dem geschichtsbewussten Schwertmeister, weil das *Yashiki* auf dem Fundament der alten Chiba-Burg stand. Einst war es die Residenz der Ideta gewesen, einem alten Clan von Kyushu, der für seinen Mut bekannt war. In der zweiten Hälfte des fünfzehnten Jahrhunderts errichtet, wurde sie später durch die Kumamoto-Burg ersetzt, wenn auch ein kleines bisschen versetzt.[4]

Der Unterhalt eines *Yashiki* brauchte gewisse finanzielle Mittel. Der Mann, der sich darum kümmerte, war sein alter Freund, Nagaoka Okinaga, der stille und standhafte Hosokawa-Gefolgsmann, mit dem Musashi sich während seiner Aufenthalte in Kitsuki und Kokura angefreundet hatte. Okinaga war seit eh und je im Dienste der Hosokawa. 1616, im Zuge des Ein-Lehen-eine-Burg-Erlasses, verlor er die Kitsuki-Burg. Aber als Tadatoshi nach Higo umzog, gewährte er Okinaga ein beeindruckendes Lehnsgut von dreißigtausend *Koku* in den Bezirken Tamana und Gōshi, die nördlich von Kumamoto lagen. Kurz nach Musashis Ankunft in Kumamoto sprach Okinaga mit Abe Tonomo über Musashis Unterhaltskosten. Tonomo war Tadatoshis *Kanjō Bugyō*, Finanzbeamter, und kurze Zeit später, am 28. September, erließ Tadatoshi folgende Verordnung:

> Miyamoto Musashi erhält sieben Gehilfen und einen Unterhalt von achtzehn *Koku*. Gültig ab dem sechsten Tag des achten Monats im siebzehnten Jahr von Kanei [21. September 1640] und gilt mit unbegrenzter Dauer.[5]

Darauf bedacht, den Stolz des alten Schwertmeisters nicht zu verletzen, wies er seine Männer an, dass „dieser Erlass Musashi nicht bekannt wird und dass den Gehilfen klar gemacht werden muss, sich so zu verhalten, dass er es von ihnen nicht erfährt." Um den Bedürfnissen des Schwertmeisters entgegenzukommen, erließ Tadatoshi noch weitere Anweisungen, wie zum Beispiel das Bereitstellen von Reitern und einem Pferd für seine gelegentlichen Reisen, bis hin zu Kleinigkeiten wie dem

Überlassen von Miso (fermentierte Sojabohnen paste), Salz, Tinte und Feuerholz für sein *Yashiki*. Trotz seines hohen Alters wurde die Gegenwart des Schwertmeisters in Kumamoto so sehr geschätzt, dass seine Besoldung bereits nach einem halben Jahr von achtzehn auf dreihundert *Koku* hochgesetzt wurde.

Alltag in Kumamoto

Da Musashi als Gast in Tadatoshis Lehnsgut lebte, wurde er nicht in sein Gefolge aufgenommen und behielt so seinen besonderen sozialen Status, weder war er ein vollständiges Mitglied in den klar definierten Grenzen der mittelalterlichen Gesellschaft, noch war er ein Außenseiter. Er schätzte seine Unabhängigkeit, aber es müssen auch Nuancen von Trauer dabei gewesen sein, wenn der alte Schwertmeister vom Balkon seines *Yashiki* auf das tägliche Leben der Burgstadt hinunterschaute. In solchen Momenten fühlte er sich wie gezwungen, die schützenden und gleichzeitig einengenden Mauern der Burg zu verlassen, um den Frieden und die Stille der Natur zu suchen. Das *Bushū Denraiki* beschreibt es so:

> Ab und zu ging Musashi mit einem Falken auf dem Arm in die Felder. Das tat er auch, wenn es regnete. Er lief unablässig, er konnte nicht still sitzen bleiben. Er wanderte unentwegt und kümmerte sich nicht darum, ob er vom Regen durchnässt wurde oder von der Sonne verbrannt.

Als Liebhaber von Poesie besuchte Musashi gerne die Renga-Treffen, die durch Okinagas Adoptivsohn Yoriyuki organisiert wurden. Yoriyukis *Yashiki* war nur ein Steinwurf von Musashis entfernt. Und wie er, so war auch Yoriyuki für seine Liebe zu den Künsten wie Poesie, Kalligrafie und Teezeremonie bekannt.[6]

Es geschah bei einem von Musashis Besuchen bei Yoriyuki, dass einer von dessen Schülern, ein junger Hosokawa-Gefolgsmann mit Namen Gengosaemon, die zunehmende Gebrechlichkeit von Musashi bemerkte. Das *Bukōden* beschreibt es so:

> Eines Tages, als Musashi das Haus betrat, stieß Musashi einen Schrei aus und hielt sich an der Vertäfelung fest, um sich auf den erhöhten Eingang emporzuheben. Gengosaemon sprang auf ihn zu und fragte, ob er Hilfe brauche, aber Musashi lehnte dankend ab und sagte, dass es ihm gut gehe.

Musashis fortschreitendes Alter konnte aber auch sehr täuschen. Das *Bukōden* beschreibt, wie bei einem ihrer Treffen Yoriyuki mit einem Bündel frischer Bambusstangen zu Musashi kam, um daraus Fahnenstangen zu machen. Er fragte ihn, wie man die brauchbaren von den unbrauchbaren unterscheiden könne. Yoriyuki hoffte, dem alternden Schwertmeister einen Gefallen tun zu können, indem er ihn um etwas bat, was seine schwindenden Kräfte nicht belasten würde:[7]

> Musashi bat ihn, ihm das Bündel der frischen Bambusstangen auszuhändigen. Er nahm das untere Ende mit einer Hand, schwang sie wie ein Schwert durch die Luft und ließ einige unter der Belastung brechen. Dann sortierte er die zerbrochenen aus, reichte ihm die unversehrten und sagte: „Die hier werden halten."Yoriyuki lachte von ganzem Herzen und sprach: „Wahrlich, das ist eine hervorragende

Methode, die richtigen auszuwählen, aber wer in
aller Welt kann ein Bündel Bambusstangen so wie
du durch die Luft wirbeln?"

Trotz seines einsetzenden Alters konnte Musashi seine Mitmenschen immer noch mit seiner Agilität verblüffen. Dieselbe
Aufzeichnung fährt fort:

Eines Tages gab es einen Brand im Bezirk Shinchō
von Kumamoto. Man sah einen Mann, der eine
Leiter überquerte, die er von einem Dach der einen
Straßenseite zu einem Dach auf der anderen
Straßenseite hinüber gelegt hatte. Als die Leute das
sahen, waren sie sprachlos und rätselten, wer die
Person wohl sei. Keiner wusste es und man staunte
ehrfürchtig.[8]
Nach einiger Zeit sickerte durch, dass die
Person niemand anderes als Musashi gewesen war.
An vielen Tagen war Musashis Auftreten alles andere
als lebendig, sondern eher so still, dass er ausge-
sprochen alt wirkte. Und zwar so alt, dass Gengo-
saemon sich verpflichtet fühlte, ihm in Yoriyukis
Yashiki hochzuhelfen.

Das *Bukōden* beschreibt eine andere Gelegenheit:

Musashi gab ein üppiges Bankett unter den
blühenden Kirschbäumen für Herrn Sawamura
Usaemon und die Hälfte seiner Schüler. Musashi
saß am Kopfende und seine Schüler in zwei Reihen.
Die Feier wurde lustig, als Herr Usaemon Sake
anbot und ein Hoch aussprach, während seine

Aufwärter Appetithäppchen reichten. Gerade als Musashi sich ein Stück Narezushi mit der rechten Hand genommen hatte, stieß ein Raubvogel vom Himmel herab, um sich diese Delikatesse zu erbeuten. Musashi zog mit der linken Hand sein *Tantō* und spießte das Tier auf. Alle, die von dieser Tat hörten, waren über die unglaubliche Geschwindigkeit seines technischen Könnens in Erstaunen versetzt gewesen.

An schönen Sommertagen, wenn Musashi an keinen der vielen offiziellen Verpflichtungen teilnahm, sah man ihn auf seiner Veranda sitzen irgendwelche kunstvollen Dinge schnitzen, wie etwa ein *Bokutō*, Schwertscheiden, Bögen und Pfeile.

Die meiste Zeit verbrachte er jedoch im *Dōjō* der Kumamo-to-Burg. Hier, unter seinen Schülern, fühlte er sich zuhause und in seinem Element. Das *Bukōden* beschreibt, wie zu den unzähligen Schülern in Higo auch Herr Hosokawa Tadatoshi, Nagaoka Yoriyuki und „eine Menge von Hosokawas Gefolgs-leuten, wie Offiziere und Fußsoldaten gehörten, so alles in allem etwa tausend Mann." Alle waren gleich eifrig bemüht, die Kampfkunst der zwei Schwerter zu erlernen. Unter den vielen Schülern gehörten laut dem *Bukōden* auch

die Brüder Terao Magonojō Nobumasa und Terao Motomenosuke Nobuyuki. Sie waren sehr eng mit Musashi verbunden. Sie sprachen oft über Strategie, ohne mit den anderen Schülern zu üben. Schließlich wurden diese beiden Brüder die Stammväter der Niten-Ichi-Ryū.

Seit seiner Ankunft in der Kumamoto-Burg hatte Musashi

wenig an seiner Schwertkunst geändert. Er hatte allerdings einiges von anderen Kampfkunsttechniken hinzugefügt. Eine dieser Künste war das *Hoshu-Jutsu*, ein Kompendium von Greif-Halte- und Fixierungstechniken, um Übeltäter oder Kriegsgefangene festzunehmen. Sein guter Freund Shiota Hamanosuke war ein Experte in dieser Kampfkunst, und durch ihn wurde Musashi zu diesen Änderungen inspiriert.

Musashi war zu einem alten Mann geworden, und die Ausführungen seiner Techniken waren außergewöhnlich still, so als würde man einer *Noh*-Theater Vorführung zuschauen. Meistens griff er nicht einmal auf spezifische Techniken zurück, sondern veranschaulichte die Essenz mit einer einfachen Bewegung oder einer kurzen Anekdote. Sein Alter schien die konzentrierte Kraft aus jahrzehntelangem, unerbittlichem Training zu betonen. Das *Bushū Denraiki* beschreibt es so:

> Eines Tages waren Musashi und Magonojō beim Üben. Musashi war mit einem Tachi und sein Schüler mit einem Kodachi bewaffnet. Sie trieben sich gegenseitig durch den Ring, als Magonojōs Kodachi in der Mitte durchbrach. Es sah so aus, als hätte Musashi Magonojō voll auf den Kopf getroffen, aber sein *Bokutō* kam wenige Zentimeter vor dem Kopf zum Stehen und ließ ihn völlig unverwundet. Musashi hatte immer diese perfekte Kontrolle über seine Hände.

Musashi und seine Schüler

Musashi wurde von seinen Schülern für seine unübertroffenen Fähigkeiten und seine Weisheit, wie eine Vaterfigur verehrt.

Diese unbedingte Hingabe war ein natürliches Resultat von Musashis tief konfuzianischem Glauben an das unauflösbare Band zwischen Lehrer und Schüler, wie zwischen Vater und Sohn. Seine väterlichen Qualitäten drückte er nicht nur durch ethische Führung aus, sondern, wenn nötig auch in materieller Unterstützung. Das *Bushū Denraiki* beschreibt es so:

> Berühmte *Rōnin* hatten sich Musashi in großer Zahl angeschlossen, und wann immer sie zu einem anderen Ort aufbrachen, gab Musashi ihnen etwas Geld mit auf den Weg. Er erinnerte sie daran, dass man ohne Geld nicht überall hingehen kann, wo man wolle und nicht unabhängig sei.
>
> Bei solchen Gelegenheiten nahm er mit einem Bambusstab liebevoll einen der vielen Hanf-beutelchen, die mit Gold oder Silbermünzen gefüllt und auf einem Wandvorsprung aufgereiht waren, herunter. So ein Beutelchen ließ er dem sich ver-abschiedenden *Rōnin* zuteilwerden.

Gleichzeitig konnte er unbarmherzig sein, besonders wenn er seine Ehre bedroht sah. Dieselbe Aufzeichnung fährt fort zu beschreiben, wie er einen Fußsoldaten zurechtwies, der ihm widersprochen hatte. Musashi rügte ihn:

> „Es wäre besser, wenn du nicht solche Dinge sagtest, wenn du mit mir sprichst." Der Soldat wollte aus seinem Fehler nicht lernen und war wiederholt anmaßend und beschimpfte ihn mit den übelsten Ausdrücken. Da nahm Musashi seinen hölzernen Stab und zerschlug den Schädel des Mannes mit einem Schlag. Der Mann stöhnte noch

kurz auf und fiel dann rücklings nieder, wo er, alle
Viere ausgestreckt, liegen blieb und seinen letzten
Atemzug tat.[9]

Auch gegenüber seinen Schülern konnte er so außerordentlich streng werden, dass sogar langjährige Freunde befremdet
waren. In solchen Momenten schien es, als ob er den Geist
seines Vaters niemals abgeschüttelt hätte, als ob der dunkle
Schatten Munis immer noch sein Herz verdunkelte. Das *Bushū
Denraiki* beschreibt, wie Musashi eines Tages seinen Adoptivsohn
in Kokura besuchte:

> Zu Musashis Ehren wurde ein Bankett im Hause von
> Shimamura Tōsaemon, einem Gefolgsmann der
> Ogasawara, abgehalten. Die Leute saßen in Gruppen
> zusammen und waren in Gespräche vertieft,
> während Essen serviert wurde, als ein Torwächter
> hereinkam und sagte: „Ein Mann mit dem Namen
> Aoki Jōemon hat sich angemeldet und wünscht Sie
> zu sehen!" Musashi hatte keine Einwände den Mann
> zu empfangen. Dann begrüßte er seinen ehemaligen
> Schüler: „Schön, schön, das ist aber eine lange Zeit
> her. Es freut mich dich bei guter Gesundheit zu
> sehen." Er fragte Jōemon weiter, ob er immer noch
> die Kunst der *Heihō* übe, worauf dieser mit einem
> „immer und ständig" antwortete. „In diesem Falle
> würde ich das gerne sehen", sprach Musashi.
> Er sah mit Freude, wie Jōemon durch die
> Grundtechniken lief und lobte ihn: „Du hast dich
> sehr verbessert, du kannst hingehen und
> unterrichten, wo du möchtest." Jōemon war über-
> glücklich und drückte seine Dankbarkeit mit

offenen Worten aus. Dann ging er in den angrenzenden Raum, um sein *Bokutō* wegzuräumen.

In diesem Moment erblickte Musashi eine rote Schnur, die
an eines von Jōemons *Bokutō* gebunden war, und als Musashi
ihn nach der Bedeutung fragte, antwortete Jōemon peinlich
berührt, wenn er durch die Lande reise, seien da immer Her-
ausforderer zu einem *Shiai*. Natürlich, so versicherte er seinem
Meister, lehne er generell ab, aber wenn der Gegner darauf
bestehe, müsse er einlenken und sehe sofort, welches er nehmen
müsse. Während er das sagte, holte er ein schweres oktogonales
Bokutō heraus. Dieselbe Aufzeichnung fährt fort zu berichten:

> Musashi wurde äußerst ärgerlich: „Meine Güte, was
> bist du nur für ein Dummkopf! Die bloße
> Vorstellung, dass du dich bei deinem Niveau in
> einem *Shiai* messen willst, ist absolut lächerlich.
> Wenn ich dich lobte, war es nur, weil ich dachte,
> dass du junge Männer ausbilden möchtest. Sollte
> es zu einem *Shiai* kommen, empfehle ich dir wegzu-
> laufen. Allein die Idee ist grotesk. Wie kannst du
> nur glauben, jemanden zu besiegen, wenn du nicht
> einmal die tiefere Essenz der *Heihō* begriffen hast?
> Die Chancen stünden eins zu zehntausend, wenn
> du nur die technischen Fertigkeiten hättest, aber
> mit deinen Fähigkeiten kannst du von Glück
> sprechen, wenn du den Tag überlebst.“

Doch der alte Meister war mit dem sprachlosen Jōemon noch
nicht fertig:

> Während er ihn weiter ausschimpfte, rief er

Jōemons Pagen und sprach: „Bringe etwas Reis in einer Schale hierher!" Er nahm ein Reiskorn und platzierte es auf dem Haarknoten des Jungen und befahl: „Geh und dreh dich um und stell dich da drüben hin." Dann stand er auf und nahm sein Schwert aus dem Alkoven. Er zog das Schwert und hob es über den Kopf. Er stand hinter dem Jungen und ließ es auf ihn niedersausen. Er hatte das Reiskorn in zwei Teile geteilt. Dann hielt er die Spitze des Schwertes, an der noch ein Teil des Reiskorns klebte Jōemon unter die Nase: „Sieh ganz genau hin!" und er wiederholte das dreimal. Jōemon bekam vor Staunen den Mund nicht zu, ebenso Tōsaemon sowie alle anwesenden Gäste.

Als die drückende Stille sich unter den Versammelten langsam auflöste, sagte Musashi:

„Das ist das Niveau, das ich erreicht habe, aber selbst ich kann mit meinen Fähigkeiten allein keinen Feind besiegen. Um wie vieles mehr muss dies für dich unerreichbar sein, unfähig und unwissend über die wahre Bedeutung von *Heihō*? Was du doch für ein Dummkopf bist. Und jetzt raus hier!"[10]

Andere hingegen wurden mit besonderer Freundlichkeit bedacht. Das *Bushū Denraiki* beschreibt, wie einmal ein Krieger der unteren Klasse mit seinem Sohn kam, der in seiner späten Jugend und von kräftiger Statur war, und Musashi bat, diesen als Schüler anzunehmen. Musashi nahm ihn auf und begann ihn bald die Technik *Katsu-Totsu* wiederholend üben zu lassen; eine Technik, die den Gegner fixiert.[11]

Das *Bushū Denraiki* beschreibt den Jungen auf seinem Heimweg durch das Dorf:

> Ein Schläger, der einen Dorfbewohner umgebracht hatte, kam mit blutverschmiertem Schwert auf ihn zu gerannt. Die Dorfbewohner, die hinter ihm her-rannten, riefen: „Haltet den Gauner!" Der Junge zog unverzüglich sein Schwert und wandte sofort seine gelernte Übung *Katsu-Totsu* an. Der Gauner war nach nur einem Schlag gezwungen zurück-zuweichen. Der Junge hatte sein Schwert gezogen, als ob er ihn von unten angreifen würde, und schlug erst in der Bewegung von oben nach unten zu. Der Gauner wich geschickt aus und das Schwert verfehlte sein Ziel. Bis zu achtmal wiederholte der Junge das Manöver und obwohl er nicht in der Lage war den Schläger zu treffen, musste dieser immer weiter zurückweichen.

In der Zwischenzeit hatten die Dorfbewohner das Dorftor mit dem Querbalken verriegelt, sodass dem Gauner der Rückzug abgeschnitten war. Nun trieb der Junge den Gauner immer weiter zum Tor, bis er mit dem Rücken dagegen stieß. Dann erledigte der Junge den Gauner mit einem diagonalen Schnitt über die Brust. Der Vater des Jungen, der die ganze Szene verfolgt hatte, nahm seinen Sohn an der Hand und ging zu Musashi. Er dankte Musashi mit den Worten: „Durch dich war mein Sohn zu solch einer Tat fähig, ich danke dir von ganzem Herzen." Musashi lobte den jungen Mann: „Wir sind alle Lernende auf dem Weg der *Heihō* und wir gewinnen jeden Tag durch das, was wir immerzu üben. Während des Kampfes mit dem Gauner hielt ihr Junge sich genau an die Technik, die ich ihn gelehrt hatte. Dass er schließlich gewann, hing von seiner großen Entschlossenheit ab und das ist eine wunderbare Sache."

Ein Schüler im Besonderen hatte die Zuneigung des alten Schwertmeisters gewonnen, ein junger, talentierter Gefolgsmann mit dem Namen Takemura Yōemon Yorizumi. Yōemon kam aus der Provinz Sanuki, dem Nordosten von Shikoku. Er war zu einer Zeit ein Schüler von Musashi geworden, als dieser noch in Akashi lebte und unterrichtete, und ihm seitdem nach Kokura und Kumamoto gefolgt war. Über diese zwei Jahrzehnte hinweg, in denen Yōemon unter Musashi lernte, entwickelte er, als einer der ganz wenigen, ein persönliches Verhältnis zu Musashi und war nicht nur mit dessen Schwertkunst völlig vertraut.

Musashi war mittlerweile zu alt, um Iori in Kokura zu besuchen. Dafür besuchte Iori seinen Vater immer wieder einmal in Kumamoto, wenn es sein wichtiger und geschäftiger Posten zuließ. So kam es, dass Musashi sich immer mehr auf Yōemon verließ. Und auch wenn Yōemon nicht zu seinen Besten gehörte, so erachtete er ihn mittlerweile wie seinen dritten Sohn.

Ein Streich

Musashis aufbrausendes Temperament und sein empfindlicher Stolz machten ihn manchmal verletzbar gegenüber freundlich gesinnten Streichen, besonders gegenüber jenen der hierarchisch Überlegenen. Das *Bushū Denraiki* beschreibt, wie

bei gelegentlichen Anlässen Musashi auf ein Gespräch mit seiner Herrschaft gerufen wurde. Vor einem solchen Treffen sagte der Herr zu seinen Aufwärtern, dass er einen Streich gegen Musashi

128

plane und dass sie sich einen ausdenken sollten. Sie sagten, dass das schwierig sei, aber sie wollten sich etwas ausdenken.

Herr Tadatoshi war mit einer schelmischen Natur ausgestattet, und er brauchte nicht lange, um sich etwas für den strengen, alten Krieger auszudenken. Nun war es wieder einmal so weit, dass Musashi auf einen Besuch bei seiner Herrschaft vorbeischaute, um mit ihm den Fortschritt einzelner Schüler zu besprechen, um über *Heihō* zu reden oder um einfach nur über die Vergangenheit zu plaudern. Es war für die Gefolgsmänner üblich, in einem angrenzenden Raum zu warten, bis sie von ihrer Herrschaft gerufen wurden. Tadatoshi wusste, dass wenn Musashi hereingekommen war, er sich stets knapp vor dem Holzlauf der Schiebetüre niederkniete. Wenn er sich dann zum Grüßen vorbeugte, war sein Hals genau über dem Lauf der Schiebetüren. Als Musashi an diesem Tag kam, hofften er und seine Gefolgsmänner, ihn in einem unachtsamen Moment mit den Schiebetüren einzuklemmen. Das *Bukōden* beschreibt, wie sie es gehofft und vorausgeahnt hatten:

> Musashi kam wie erwartet und platzierte seine Hände, wie gewohnt an der Holzschiene. Kaum dass er sich vorbeugen wollte, wurden die Schiebtüren mit Schwung zugeschoben. Musashi blieb jedoch völlig unbeeindruckt und fuhr fort zu sprechen, als ob nichts passiert wäre. Seine Herrschaft war fasziniert. Als er jedoch genauer hinsah, stellte er fest, dass Musashi einen Fächer unter seinen Händen auf die Schiene gelegt hatte, der zu beiden Seiten hervorstand. Dadurch wurden die Türen einige Zentimeter vor seinem Hals blockiert. Seine

Herrschaft war tief beeindruckt, weil ihr klar
wurde, dass Musashi niemals unachtsam war.

Erinnerungen

Während seiner Jahre in Kumamoto schweifte Musashis Geist
oft in die Vergangenheit ab, in eine Zeit, wo er sich im Ruhm
seiner Heldentaten sonnen konnte. Er saß in der Mitte seines
Dōjō, wo sich seine zahllosen Schüler mit leuchtenden Augen
um ihn geschart hatten und den Erzählungen des Meisters über
seine Jugend lauschten, wie zum Beispiel dem ersten Duell
mit Arima Kihei, den Begegnungen mit den Mitgliedern des
Yoshioka-Clans und natürlich dem großen Ereignis auf
Funashima mit Sasaki Kojirō. Aber sogar das meist gefeierte
aller Duelle war für den alten Schwertmeister keine Quelle
des Stolzes mehr. Das *Kōkai Fūhansō* beschreibt:

> In seinem hohen Alter sagte Musashi, das es nicht
> mehr war als das Feuer der Jugend, welches es ihm
> ermöglicht hatte zu gewinnen. Und im Innersten
> seines Herzens hatte er vielleicht gar nicht
> angenommen zu gewinnen.

All diese Duelle hatten ihm jedoch ein tieferes Verständnis
der Kunst und der unveränderlichen Gesetze des Himmels vermittelt. Es waren nicht nur die Einsichten aus diesen Duellen,
für welche er nun so verehrt wurde. Das *Bukōden* überliefert,
was Musashi einem Schüler später über seine Vorbereitungen
auf das Duell mit Yoshioka Matashichirō erzählte:

„Auf meinem Weg dorthin, kam ich an einem Hachiman-Schrein vorbei, und ich dachte bei mir: „Welch ein Glück, dass ich per Zufall in die Gegenwart der Götter komme. Ich sollte diese Gelegenheit wahrnehmen und für meinen Sieg beten." Als ich die Stufen zum Altar hinaufsteig, um an der roten Schnur zu ziehen, die die Tempelglocke läutet, dachte ich plötzlich: „Bis jetzt habe ich nie irgendeinen Glauben in Götter und Buddhas gesetzt. Aber jetzt im Angesicht der Gefahr bemühe ich mich um ihre Gunst. Ich schrecke vor der Gefahr zurück." Also ließ ich die Schnur der Glocke los und stieg vom Altar wieder hinab. Ich war so tief beschämt, dass mir der Schweiß den Rücken hinunter lief."

Während er Gefallen daran fand, solche Episoden zu erzählen, auch mit einer gewissen Selbstkritik, fühlte er sich jedoch schnell blamiert, wenn andere seine vergangenen Taten ans Licht holten, und reagierte verärgert, wenn seine Reputation infrage gestellt wurde.

Bei einer anderen Gelegenheit hatte Musashi zu Neujahr eine Abendzeremonie besucht. Das *Bukōden* beschreibt, wie die Älteren, Senior-Gefolgsmänner und Krieger entsprechend ihrem Rang saßen. Die Zeremonie hatte noch nicht begonnen, und man sprach noch leise unter sich, als sich ein Schwertmeister der Hosokawa, Shimizu Hōki, zu Musashi beugte und sagte: „Es wird gemunkelt, dass in dem Duell mit Yoshioka Seijūrō, er derjenige war, der zuerst zugeschlagen hat. Stimmt das?" Ohne etwas zu antworten stand Musashi auf, holte einen Kerzenleuchter, setzte sich wieder zu Hōki und sprach:

„Als ich mich mit Seijūrō duellierte, kämpfte er mit einem richtigen Schwert, wohingegen ich nur mit einem hölzernen Ruder bewaffnet war. Würdest du nicht sagen, dass, wenn man von einem richtigen Schwert getroffen wird, nicht doch eine Narbe zurückbleiben müsste? Also schaue bitte genau hin." Daraufhin teilte er sein Haar mit der einen Hand, während er mit der anderen den Kerzenleuchter nahe an seinen Kopf brachte. Hōki schrak etwas zurück und sagte: „Nein, ich kann keine Narbe sehen." Musashi bestand darauf: „Bitte schaut genauer hin." Hōki bestätigte nochmals, was er gesehen hatte: „Du hast recht. Ich habe genau hingesehen. Da ist keine Narbe." Musashi stand auf, brachte den Kerzenleuchter zurück und setzte sich mit absoluter Selbstbeherrschung wieder an seinen Platz.

Während dieses Vorgangs hatten alle Anwesenden den Atem angehalten, ihre Hände zu Fäusten verkrampft und die Handflächen waren nass von Schweiß.[12]

Hätte Musashi Hōki erlaubt seinen Nacken zu inspizieren so hätte dieser die Narbe gesehen, die fast sein Ende auf der Insel Funashima bedeutet hätte.

Eine spirituelle Freundschaft

Am Ende seines Lebens wurde Musashi immer kontemplativer, reflektierte über sein Leben und fand in den Grundsätzen des Buddhismus seinen Trost. Bei dieser Suche wurde er von Akiyama Gentei Wanao begleitet, Junior-Abt des Taishō-Tempels, eines Familientempels des Hosokawa-Clans am westlichen Ufer des Shirakawa-Flusses, der an den östlichen Mauern der Kumamoto-Burg vorbeifloss. Wanao wurde 1618 geboren und war damit vierunddreißig Jahre jünger als Musashi. Trotzdem entwickelte sich eine spirituelle Freundschaft zwischen diesen beiden so unterschiedlichen Männern, verbunden durch die gemeinsame Erkenntnis der so flüchtigen Natur des menschlichen Daseins.[13]

Musashi besuchte Wanao häufig, um die buddhistischen Schriften zu studieren, und legte unter seiner spirituellen Führung das buddhistische Gewand unter dem Namen Niten Dōraku, Zwei-Himmel-Stümper, an. Unter Wanaos Einfluss entwickelte Musashi seine künstlerischen Talente, wie Kalligrafie und Poesie, weiter. Die eigenen Gedanken und Emotionen auf Papier auszudrücken, hatte eine lindernde, fast heilende Wirkung auf den Schwertmeister und halfen ihm einen Ort für die schweren traumatischen Erlebnisse in seinem Leben zu finden.

In der Liebe fand Musashi wenig Trost. Sich seines Aussehens bewusst, scheute er die Gegenwart von Frauen seines Standes. Stattdessen waren seine Kontakte zu Frauen vermutlich eher von sexueller Natur, ebenso seine Beziehung zu Kumoi. Das Resultat seines Verständnisses von Liebe drückte er zu dieser Zeit wie folgt aus:

> Wenn Du verliebt bist,
> schreibe keine Briefe,
> schreibe keine Gedichte,
> aber schau auf dein Geld,
> auf jeden einzelnen Cent.[14]

Während auf einer oberflächlichen Ebene dieses unendlich einsame, fast zynische Gedicht Musashis offensichtliche Enttäuschungen mit dem anderen Geschlecht ausdrückt, offenbart es unfehlbar auf einer tieferen Ebene Musashis menschliche Seite, nämlich das Bedürfnis nach Liebe und Zuwendung.

Trotz Musashis Talent für die Kunst, flog ihm die Inspiration nicht immer zu. Auf seine künstlerischen Qualitäten konnte er nicht so sehr vertrauen, wie auf seine Kampfkunst. Besonders Auftragsarbeiten empfand er als schwierig. In solchen Momenten war es die *Heihō*, die ihn in dieser Situation rettete, so wie sie es schon sein ganzes Leben lang hindurch getan hatte. Das *Kaijō Monogatari* beschreibt die Zeit, als er noch in der Burg von Akashi lebte und Gast von Ogasawara Tadazane war:

> Musashi wurde von Herrn Tadazane gebeten einen Bodhidharma zu malen. Musashi machte sich an die Arbeit, aber seine Hand wollte ihm nicht gehorchen, und Musashi fühlte sich ungewöhnlich unzulänglich. Als er schließlich am Ende des Tages nichts zustande gebracht hatte, begab er sich zur Nachtruhe.
>
> In selbiger Nacht wachte er jedoch urplötzlich auf und begriff, warum er nicht in der Lage war das Gemälde zu gestalten. Er war nicht im wahren Geiste der *Heihō* an das Gemälde herangegangen. Er machte Licht und gestaltete ein schönes Gemälde von Bodhidharma.
>
> Als er einmal von einem seiner Schüler auf dieses Ereignis angesprochen wurde, sagte Musashi: „Aus Furcht vor dem Herrn vergaß ich, mich in die Kunst der *Heihō* einzustimmen und war deshalb nicht in der Lage, das Gemälde zu gestalten. Und ich spreche hier aus gutem Grund von *Heihō*, denn wenn ich mein Schwert nehme, existiere weder ich

noch der Gegner; Himmel und Erde werden eins, und es gibt nicht länger eine Unterscheidung zwischen den Menschen. Als ich mich mit diesem Prinzip im Geiste hinsetzte und zu malen begann, war ich in der Lage, das Gemälde für seine Herrschaft fertigzustellen."

Musashis Auffassung von der Allgemeingültigkeit der Gesetze der *Heihō*, denen er schon sehr früh in seinem Leben vertraute, und die ihn seine ganze militärische Laufbahn hindurch getragen hatten, bestätigten ihn in seinem fortgeschrittenen Alter nach wie vor. Weiterhin war es die Erkenntnis, dass die Prinzipien der Schwertkunst das Reich der Kampfkünste transzendiert und auf alle Lebensbereiche übertragen werden kann, die Musashi noch immer einen Lebensinhalt gaben. Es war während seines letzten Lebensjahres, als die Krankheiten ihren unaufhaltsamen Lauf nahmen, dass Musashi sich an ein Unternehmen wagte, das von noch größerer und weitreichender Konsequenz für die zukünftigen japanischen Schwertkünste sein würde, als alle seine Erfolge der Vergangenheit.

KAPITEL 7

Arbeiten am Erbe

Auch wenn die Jahre des Erfolges hinter ihm lagen, gab sich Musashi nicht damit zufrieden sich auf den Siegen seiner Vergangenheit auszuruhen. Immer und immer wieder drillte er seine Schüler in spezifischen Techniken und gewissen Aspekten seiner Schwertschule und wiederholte die Grundlagen der *Heihō*, bis seine Stimme heiser und brüchig wurde. Es waren keine tiefgreifenden esoterischen Lehren, wie sie in den anderen Schulen seiner Zeit gängig waren. Es waren stattdessen prägnante und fundiert praktische Anweisungen, in namhaften Kämpfen und zahllosen Duellen erprobt. Sie basierten auf lebenslangem Erfolg, welcher wiederum aus Beharrlichkeit im Angesicht großer Mühsal beruhte.

Anfang 1641 rief Herr Tadatoshi Musashi zu sich in die Kumamoto-Burg. In einer Zeit, in der die wenigsten über sechzig Jahre alt wurden, spürte der jetzt fünfundfünfzigjährige Tadatoshi das Einsetzen der Gebrechlichkeit, und er war darauf bedacht, die Traditionen und Werte, die seinen Clan zum Erfolg geführt hatten, für die Nachwelt zu erhalten. Es war für Feudalherren normal ihren Nachlass, die so genannten *Kakun*, für die folgenden Generationen aufzuschreiben, wobei erwartet wurde, dass diese Anweisungen eingehalten würden. Für seinen ältesten Sohn Mitsunao hatte er das bereits erledigt, aber er wollte auch eine Verfügung für seine Gefolgsmänner erlassen, besonders für jene, die Musashis Kunst der *Heihō* ausübten, welche mit der Zeit zur Schwertkunst-Schule des Hosokawa-Clans aufgestiegen war.

Tadatoshi hatte die universellen Werte, die von Musashis Lehren ausgingen und den positiven Einfluss, den diese auf den Geist seiner Männer ausübten, erkannt. Auch wollte er sicherstellen, dass die Lehre des Schwertmeisters für die nachfolgenden Generationen erhalten bliebe. Dieses Mal gab es keine Spielereien mit den Schiebetüren, als Tadatoshi seinen Arm von der lackierten Armstütze hob und Musashi in feierlichem Ton bat seine Gedanken der Niten-Ichi-Ryū auf Papier niederzuschreiben.

Musashi stimmte Tadatoshis Anfrage bereitwillig zu. In seinen Zwanzigern, als er noch in Edo gelebt hatte, hatte er bereits begonnen seine Gedanken zu den Grundprinzipien seiner Schwertkunst im *Heidō Kagami* niederzuschreiben.

In der Essenz war das *Heidō Kagami* ein Katalog, der die verschiedenen Techniken der Enmei-Ryū beinhaltete: Wie greife ich die Beine oder Hände des Gegners an? Wie weiche ich seinem Schwert aus? Wie gebrauche ich den *Shuriken* (Wurfstern) oder die *Jitte* (Lanze)? Dass seine Schule diese Waffen noch verwendete, zeigt, wie sehr er zu dieser Zeit noch unter dem Einfluss der Tōri-Ryū seines Vaters stand. Heute, viele Jahre später, machte er sich daran, die Essenz seiner eigenen Arbeit, der Niten-Ichi-Ryū, herauszudestillieren.

Das Resultat dieser Mühen war das *Heihō Sanjūkyū-Kajō*, die

neununddreißig Artikel der *Heihō*-Kunst. Diese Arbeit war viel
mehr ein Katalog, eine Auflistung von wichtigen Aspekten, als
eine längere Abhandlung. Immerhin war es Musashis erster ernst-
hafter Versuch seine Gedanken zur Niten-Ichi-Ryū zu ordnen.
Und selbst wenn es nur aus einer Handvoll Blättern bestand, so
behandelte es doch schon die zugrundeliegenden Prinzipien, auf
welchen er seine Schwertkunst-Schule gründete.[1]

Das *Heihō Sanjūkyū-Kajō* handelt von den körperlichen
Aspekten der Schwertkunst, wie der Körperhaltung, dem Griff,
den Fußpositionen, dem Rhythmus und der idealen Bewegungs-
bahn des Schwertes. Es behandelt ebenso die weniger greifbaren, aber genauso wichtigen Aspekte der Schwertkunst. Und
bei den geistigen Aspekten erkennen wir bereits Musashis alles
durchdringende Einsichten in die Schwertkunst, welche er in
dieser Arbeit detaillierter ausführte und die ihn unsterblich
machen sollte. Musashi widmet der geistigen Verfassung eines
Schwertkämpfers einen ganzen Abschnitt:

> Der Geist sollte nicht entmutigt, nicht nervös,
> nicht eigensinnig oder gar furchtsam sein, sondern
> aufrecht und weit. Er sollte leicht in Gedanken,
> aber schwer in seiner Essenz sein; wie Wasser, das
> sich dem Gegner anpasst, fähig, sich in jede
> Situation hincinzuversetzen, wie plötzlich und
> unerwartet sie auch kommen mag. Wasser ist
> immer anpassungsfähig, von einem kleinen Tropfen
> bis hin zu einem unendlichen Ozean.[2]

Herr Tadatoshi war von Musashis Beitrag zum Erhalt der
Kampfkunst-Tradition seines Clans mehr als angetan. Alle
Gefolgsmänner des Lehens wurden zu einer großen Zeremonie
eingeladen, in der Musashis Arbeit als maßgebende Schrift für

die Gefolgsmänner des Hosokawa-Clans vorgestellt wurde. Und wie Tadatoshi vorhergesehen hatte, formten Musashis Schriften nicht nur den Geist von Tadatoshis Männern, sondern weit darüber hinaus den der japanischen Kriegerkaste im Allgemeinen über die Jahrhunderte.

Die Reigan-Höhle

Als ob Herr Tadatoshi es geahnt hätte, verstarb er am 26. April des Jahres 1641, kurz nachdem er Musashis Arbeit vorgestellt hatte. Nur einige Wochen vorher hatte er die Regierungsgeschäfte seinem zweiundzwanzig Jahre alten Sohn Mitsunao übergeben.

Während Tadatoshi sehr zufrieden mit Musashis Arbeit war, war der Schwertmeister selbst noch weit davon entfernt. Auch wenn er mit der Essenz halbwegs einverstanden schien, spürte er, dass viele Punkte, die er dort beschrieben hatte, nur berührt worden waren und noch weiterer Ausarbeitung und Klärung bedurften, besonders wenn es um die geistigen und spirituellen Aspekte der Schwertkunst ging.

Musashi brachte seine Vorstellungen dem neuen Herrn von Kumamoto, Mitsunao, welcher ein glühender Anhänger der Niten-Ichi-Ryū war, nahe. Mitsunao hatte das *Heihō Sanjūkyū-Kajō* gründlich gelesen und zeigte ein Verständnis, das weit über sein Alter hinausging. Er war sehr belesen und hatte ein Studium der chinesischen Klassiker absolviert, aber selbst er kämpfte noch mit den esoterischen Aspekten von Musashis Schrift. Er verstand Musashis Bemühen, diese Ideen detailliert auszuarbeiten, um sie auch für die Allgemeinheit verständlich zu machen, bevor er seinem Vater Tadatoshi ins Jenseits folgen würde. Und so kam es, dass Musashi am 19. November 1643, im Alter von neunundfünfzig Jahren, einen kurzen Brief an Herrn Mitsunao schrieb:

Letzthin bestieg ich den Iwato-Berg, um der Idee seiner Herrschaft nachzukommen, die Thesen meiner Schwertschule, die ich mein Leben lang geübt und perfektioniert habe, ausführlich niederzuschreiben. Sollte es daher Männer geben, die die Kampfkunst üben, oder die sich mit den Prinzipien anderer Künste beschäftigen, oder die zu meiner Kampfkunst noch Fragen haben, selbst wenn es konfuzianische oder buddhistische Aspekte betreffen sollte, ist es mein innigster Wunsch, dass sie mich besuchen kommen. Sie sollen aber nicht einfach nur kommen, um mir Respekt zu zollen.[3]

Viele Male schon hatte Musashi den Iwato-Berg bestiegen. Vom Berggipfel aus hatte man eine gute Aussicht auf das Aria-ke-Meer im Westen, wo sich das Licht der Nachmittagssonne spiegelte, bevor ihre rote Scheibe hinter der dunklen Silhouette der Unzen-Berge auf der Shimabara-Halbinsel verschwand. Hier verbrachte er seine Zeit gerne in Meditation und Kontemplation. Heute jedoch war er aus einem anderen Grund hier. Inmitten der Stille der Reigan-Höhle, an den östlichen Ausläufern des Berges, fand er den Frieden und die Klarheit des Geistes, um seine höchst flüchtigen und vergänglichen Gedanken zu Papier zu bringen.[4]

In der gedämpften Stille der Reigan-Höhle befand sich eine Statue von Kannon. Zu Füßen dieser Statue hatte sich Musashi niedergesetzt, um das Vorwort zu seiner Arbeit zu verfassen, welches die Philosophie seiner Kampfkunst definieren sollte:

Ich bemühe mich das erste Mal, die Kunst der *Heihō*, die ich für viele Jahre geübt habe und welcher ich den Namen Niten-Ichi-Ryū gab, aufzuschreiben. Es ist der Beginn des zehnten Monats [November 1643], als ich den Iwato-Berg in der Provinz Higo in Kyushu bestiegen habe und nach oben in den Himmel schaue, um zu Kannon zu beten und mich Buddha zuzuwenden.

Für die nächsten achtzehn Monate besuchte Musashi die Reigan-Höhle täglich, um an seinem Buch zu arbeiten. Und jedes Mal, wenn er die Höhle betrat und Tinte rieb und das Papier ausrollte, kniete er vor Kannon, dem Bodhisattwa der allumfassenden Güte, nieder, um für Weisheit und Inspiration zu bitten.

Die Enmei-Ryū

Da war noch ein anderer *Gedan*ke, der Musashi beschäftigte. Während der ersten Hälfte seines Lebens hatte er sich der Entwicklung und Verbreitung seiner Enmei-Ryū verschrieben. Mit dem Alter kamen neue Einsichten in bereits bestehende Konzepte, welche er in der Jugend für nahezu selbstverständlich angenommen hatte. Allerdings hatte er schon zu Zeiten, als er noch bei seinem Stiefonkel Dōrin lebte, die Erkenntnis, dass die zwei Schwerter eines *Samurai* eine untrennbare Einheit darstellen. Nicht nur, dass sie gleichzeitig getragen wurden; sie sollten auch im Kampf gemeinsam benutzt werden.

Musashi verzeichnete mittlerweile einen guten Fortschritt an seinem Lebenswerk. Seine Gedanken aufzuschreiben, befähigte ihn dazu den Fokus noch stärker auf die Prinzipien zu legen, die ihn dazu veranlasst hatten seine Kunst in Niten-Ichi-Ryū, Zwei-Himmel-vereint, umzubenennen. Er schrieb, dass es egal sei, ob es sich nun um einen Kommandeur oder nur um einen Fußsoldaten handelt, beide tragen zwei Schwerter. In alten Zeiten wurden sie Tachi und Katana genannt. Heutzutage sagt man Wakizashi und Katana. Ich brauche hier nicht im Detail zu erwähnen, warum jene, die sich Bushi nennen zwei Schwerter tragen sollen. In unserem Land ist es üblich, dass ein Bushi zwei Schwerter in seinem Gürtel trägt, ob er nun den Grund dafür kennt oder nicht. Damit sie den Vorteil dieses Brauches verstehen mögen, nenne ich meine Schwertkunst Niten-Ichi-Ryū.

Es war ein Wendepunkt in Musashis Leben, als er seinen Stil in Niten-Ichi-Ryū umbenannte und seinen Lebensmittelpunkt nach Kokura verlegte, wo er nicht nur seine ehemaligen Schüler aus Akashi wiedertraf, die ihrem Herrn Ogasawara Tadazane gefolgt waren.

Nicht nur der Ortswechsel hatte die Namensänderung verursacht, auch die Substanz hatte sich verändert. Mittlerweile legte er nicht nur großen Wert auf technische Komponenten, sondern auch auf die geistigen Aspekte im Kampf. Im *Heihō Sanjūkyū-Kajō* war ein ganzer Abschnitt den schwierigen Konzepten des *Zanshin* und des *Hōshin* gewidmet: achtsam zu bleiben und den Geist kurz beim gefallenen Gegner ruhen zu lassen (*Zanshin*), dann zu leeren, um auf neue Herausforderungen reagieren zu können (*Hōshin*).

Andere vormals wichtige Aspekte seiner Schwertkunst wurden weniger bedeutend. Techniken, wie der Gebrauch von *Shuriken* und *Jitte*, die noch aus der Zeit seines Vaters stammten und in der Enmei-Ryū auch noch geübt wurden, wurden stillschweigend fallengelassen. Auch wenn er gelegentlich taoistische Begriffe, wie Ying und Yang benutzte, führte er diese metaphysischen Aspekte nicht im Detail aus. Er bevorzugte es, Prinzipien an greifbaren Beispielen zu erklären, die seine Schüler in einen konkreten Bezug setzen konnten, etwas, dass ihnen auch im täglichen Leben widerfahren konnte.

Als er nicht mehr umhin kam festzustellen, dass die unterschiedlichsten Krankheiten zunehmend schlimmer wurden und sein eigenes Ende näher rückte, realisierte Musashi, dass er eine Folgerichtigkeit in seine Schwertkunst bringen musste, und diese Veränderungen wollte er auch seinen Schülern außerhalb von Higo zukommen lassen.

Insbesondere die Übenden der Enmei-Ryū konnten über all diese Veränderungen natürlich nicht informiert sein. Der Schwertkunststil, den diese Männer noch übten, war über ein Jahrzehnt alt, und er wollte, dass seine Schüler in Nagoya an den neuen Erkenntnissen teilhaben sollten. Ihm war klar, dass er alle diese Veränderungen, ohne selbst vor Ort zu sein, unmöglich an die Schüler in Nagoya übermitteln konnte. Dafür war er einfach zu schwach geworden, und schickte deswegen einen seiner meist vertrauten Schüler vor Ort, in der Hoffnung, dass dieser die Grundprinzipien gemäß seiner neuen Lehren den Schülern in Owari einimpfen würde.

Ab dem 27. September 1644 stieg er nicht mehr zur Reigan-Höhle hinauf. Stattdessen blieb er in seinem *Yashiki* am Schreibtisch und schrieb einen Brief an seinen alten Freund Terao Naomasa in Nagoya, von dem er nicht einmal mehr wusste, ob er noch lebte:

> An den ehrenwerten Terao Naomasa und seine Freunde,
>
> Ich wäre Ihnen dankbar, wenn Sie sich um meinen

Gesandten Takemura Yōemon kümmern würden, der Sie in Ihrem Lehen besuchen kommt.

Sie müssen sich verletzt fühlen, weil ich mich seit meinem Weggang nicht mehr bei Ihnen gemeldet habe. Durch die Großzügigkeit eines Herrn lebe ich mittlerweile in Higo. Für meine Position hier habe ich eine Lebensgrundlage bekommen, wofür ich sehr dankbar bin. Ich bin nun ein alter Mann, und ich gehe nicht mehr so oft unter Menschen, wie ich vielleicht sollte.

Leider bin ich auch nicht mehr in der Lage, die Schwertkunst noch selbst auszuüben. Wenn es irgendwie möglich wäre, gehörte es zu meinen sehnlichsten Wünschen Sie wiederzutreffen. Wie dem auch sei, ich habe den genannten Yōemon mehrere Jahre selbst in der *Heihō* unterrichtet. Wie Sie sehen werden, ist er ein hochqualifizierter Schwertkünstler geworden und ich wäre Ihnen wirklich dankbar, wenn Sie sich fortan um ihn kümmern würden.

Ihr ergebener Miyamoto Musashi[5]

Da er sein Lebenswerk noch nicht vollendet hatte, sandte er Yōemon mit einer Kopie des *Heihō Sanjūkyū-Kajō*, so dass es den Schülern in Owari zumindest als Arbeitsgrundlage dienen konnte.

Bald darauf begann er jene Reise von der er nicht mehr zurückkommen sollte. Der Weggang Yōemons machte es dem alten Schwertmeister leichter, sich zu verabschieden, denn diesen jungen Mann hatte er im Laufe der Zeit wie seinen dritten Adoptivsohn betrachtet.

Das *Buch der fünf Ringe*

Zu Beginn des Frühlings 1645 hatte Musashi den ersten Entwurf seines Lebenswerkes abgeschlossen. Er hatte dafür fünf Jahreszeiten gebraucht, davon zwei Winter. In je einer Jahreszeit hatte er eine Schriftrolle kontinuierlichen Textes vollendet. Er hatte den Schriftrollen die Namen Erde, Wasser, Feuer, Luft und Himmel gegeben. Zusammengefasst nannte er sie das *Gorin no Sho*, das *Buch der fünf Ringe*, nach dem Vorbild der fünfstufigen Stupa, *Gorintō*.[6]

Aus gutem Grund hatte Musashi die fünf Schriftrollen nach den fünf Elementen benannt. So wie die alten chinesischen Heiligen, die die fünf Elemente differenzierten und sie als die Voraussetzung aller Existenz zugrunde legten, so sah Musashi diese fünf Elemente ebenso als Grundlage in der Kunst des *Heihō*.

So dient die Schriftrolle „Erde" (*Chi no maki*) einerseits als Einführung zum Buch, und andererseits behandelt sie die Fundamente der Kriegskunst, wie die Unumgänglichkeit von ausdauerndem Training, das die Grundlage für jeden bildet, der sich einen Krieger nennt. Gleiches gilt auch im Hinblick auf die Erfordernisse für militärische Führer. Männer in eine Schlacht zu schicken erklärt Musashi, ist der Arbeit eines Zimmermanns recht ähnlich:

> Wenn ein Zimmermannmeister andere Zimmermänner einstellt, muss er über die Fähigkeiten eines jeden genau Bescheid wissen und ihnen die dementsprechend passenden, anstehenden Arbeiten zuweisen. Die einen bauen den Alkoven, andere Fenster und Türen, andere den Hauseingang, wieder andere Träger und Decken und jene mit den geringsten Fähigkeiten befreien das Holz von Unebenheiten. So holt er aus jedem das Beste heraus.

Nachdem er die grundlegenden Ansichten über die *Heihō* ausgeführt hat, fährt er mit der Schriftrolle des Wassers (*Sui no Maki*), als Essenz der Schwerttechniken fort. In einfacher Sprache beschreibt er die grundlegenden Konzepte seines Stils, wie zum Beispiel den Geisteszustand, die Körperhaltung im Kampf und ganz wichtig: Wie hält man das Langschwert?

> Halte das Schwert mit dem Daumen und dem Zeigfinger nur leicht, der Mittelfinger ist weder fest noch leicht und der Ringfinger und der kleine Finger greifen fest. In den Händen darf keine Schlaffheit sein.

Dieselbe Aufmerksamkeit wird der Fußarbeit gewidmet. Wenn man in den Kampf zieht:

> Man sollte die Zehen ganz leicht anheben und mit den Fersen fest auftreten. Entsprechend den Gegebenheiten kann man die Schritte weiter, enger, langsamer oder schneller machen, aber man sollte immer wie beim natürlichen Gehen aufsetzen.

Auch die fortgeschrittenen Techniken werden in der Rolle des Wassers behandelt, wie zum Beispiel die unerlässlichen Ausgangspositionen *Kamae*, die er in fünf Haltungen aufteilt:

- *Jōdan* – oben,
- *Chūdan* – Mitte,
- *Gedan* – unten,
- *Migi no Waki* – rechte Seite,
- *Hidari no Waki* – linke Seite.

Es war eine dieser fünf Haltungen, *Migiwaki no Kamae*, mit der Musashi Sasaki Kojirōs so tödliche Windmühlentechnik, *Mizuguruma*, entgegentrat, und in Folge dessen mit nur einer Schnittwunde am Nacken den Sieg davontrug.

Während Musashi die Rolle des Wassers für die korrekten Techniken und das fleißige Üben bemüht, hat die Rolle des Feuers (*Hi no Maki*) die Funktion ausführlich die fortge-schrittenen Aspekte, welche sie zu einer wahrhaft überlegenen Kampfkunst aufwerten, zu erklären. Auch wenn die Hingabe an die technischen Aspekte sehr wichtig ist, werden sie alleine nie einen Schwertkünstler zur Meisterschaft führen:

> Die Menschen haben einfach einen zu einge-schränkten Blick auf die Kunst der *Heihō*. Einige kennen die Vorteile von kleinen Bewegungen mit den Fingern oder den Handgelenken. Sie glauben, der Sieg wird durch die Geschwindigkeit der Bewe-gungen der Unterarme errungen, so als ob man einen Fächer benutzt, oder sie glauben, wenn sie nur ein bisschen schneller als ihr Gegner sind, tragen sie einen Vorteil davon. Sie geben sich nur der Optimierung ihrer Arm- und Beinarbeit hin und setzen Schnelligkeit vor alles andere.

In der Schriftrolle des Feuers versucht Musashi, die weniger offensichtlichen Aspekte seiner Kunst zu erhellen. Von großer Wichtigkeit sei zum Beispiel die Umgebung, in der man auf einen Gegner treffe, ob es nur einer oder mehrere Gegner sind, ob man einer großen Zahl von Männern auf dem Schlachtfeld begegnet oder nur einem Einzelnen in geschlossenen Räumen, man sollte immer die höchstgelegene Position erlangen und die Sonne im Rücken haben:

Dasselbe gilt natürlich für andere strategische Aspekte im Kampf: Wie eröffne ich einen Angriff? Wie vermeide ich schwierige und lange Abläufe? Und noch wichtiger ist die Moral des Gegners: Wann gibt er auf? Um das zu erreichen, muss man immer versuchen, sich in den Geist des Gegners hineinzuversetzen, weil man nur dann seine Verwundbarkeiten erkennt.

Teil dieser Einsichten in die Stärken und Schwächen des Gegners, so betont er, kommt von der achtsamen Beobachtung seiner spezifischen Schule und welchen Stil der andere praktiziert. Zu Musashis Zeit gab es ungefähr fünfzig große Schwertschulen, und in seiner Einleitung zur Schriftrolle des Windes (*Fū no Maki*) behauptet Musashi, dass keine von ihnen den wahren Weg übe:

> Die anderen Schulen haben ihre Bedeutung auf dem Gebiet der Kampfkünste nur noch, um ihren persönlichen Status zu verbessern. Sie haben sich vom Weg der Wahrheit abgewandt, indem sie dem äußeren Erscheinungsbild den Vorrang geben, Ruhm erlangen wollen und ihre Kunst in eine billige Handelsware verwandelt haben, die ge- und verkauft werden kann. Gleichermaßen konzentrieren sich die anderen Künste der *Heihō* nur noch auf reine Techniken. Sie unterrichten, wie man das Langschwert aufgrund von ungenügendem Urteilsvermögen schwingt und verstehen Sieg nur als Folge der Hand- und Fußarbeit. Nichts davon ist der korrekte Weg.

Um dem Leser besser verständlich zu machen, warum die Niten-Ichi-Ryū hochwertiger ist, fährt Musashi in der Rolle des Windes damit fort, die Nachteile der herkömmlichen Schulen zu erläutern, wie zum Beispiel zu lange Schwerter, zu kurze Schwerter, den Einsatz roher Gewalt, die Überbetonung von Grundpositionen oder dass der Blick festen Regeln folgen muss. Alle diese Aspekte kritisiert Musashi ausführlich, weil sie vom Kern der Sache ablenken:

> Es ist fehlerhaft, die Grundposition über alles andere zu stellen, weil diese Haltungen nur ein-genommen werden, wenn der Gegner außer Sicht-weite ist. Der Grund dafür ist, dass man Regeln nicht einfach aus alten Bräuchen oder modernen Gesetzen heraus aufstellen kann, weil es auf der Straße, wo gekämpft wird, nur darum geht den Gegner auszuschalten.

Es spricht Bände, dass Musashis Pragmatismus und erfahrener Geist die Schriftrolle des Himmels (*Kū no Maki*) mit den meta-physischen Aspekten der Schwertkunst ans Ende stellt. Sie ist auch die kürzeste der fünf Schriftrollen. Gleichzeitig ist die Schriftrolle des Himmels, Kū (Raum, Leere, Himmel) unbe-streitbar die wichtigste der fünf Schriftrollen, weil Musashi hier zu dem vordringt, was er „das Herz der Übung auf dem Weg der *Heihō*" nennt:

> Für einen Krieger auf dem Weg der *Heihō*, der die Kampfkünste lernen will, der dem Weg des Kriegers ohne Nachlässigkeit folgt, seinen Geist in jeder Stunde des Tages verfeinert, ohne sein Herz abschweifen zu lassen, und die Intuition solange

schärft, bis die Wolken der Verblendung ohne den geringsten Rest verschwunden sind – der erkennt die wahre Bedeutung von *Kū*.

Letzte Momente

Nicht lange nachdem Musashi das *Gorin no Sho* vervollständigt und die Zeit gefunden hatte eine brauchbare Kopie anzufertigen, begann seine Gesundheit, die bisher vergleichsweise robust war, stark nachzulassen. Im Laufe der letzten Jahre hatte er immer wieder Schwierigkeiten mit dem Schlucken gehabt, nun aber bekam er sogar Probleme beim Atmen. Seine tägliche Diät bestand aus Reisbrei und Miso-Suppe, aber immer öfter ging das Essen die falsche Röhre hinab, was zu schweren Hustenanfällen führte, die seine Situation deutlich verschlimmerten.

Bei dieser mageren Diät hatte Musashi nur selten die Kraft und Energie Besucher zu empfangen. Das *Bushū Denraiki* beschreibt, wie am 10. April ein alter Freund,

> Sawamura Daigaku, ein Hosokawa Gefolgsmann, das Krankenbett von Musashi besuchte und ihm Trost spenden wollte.[7]
>
> Musashi stützte sich in seinen Kissen auf und sprach: „Ich danke dir für dein Kommen, weil wir uns heute nun verabschieden müssen." Daigaku erwiderte aufmunternd: „Komm, komm, deine Krankheit erscheint mir nicht so gravierend. Wenn du gut auf dich Acht gibst, bist du bald wieder auf den Beinen." Und er verabschiedete sich ganz unverbindlich.

Musashi fühlte sich durch Daigakus Worte in keiner Weise getröstet. Dieselbe Aufzeichnung fährt fort zu beschreiben, wie

> Musashi später zu seinen Schülern sprach: „Daigaku wird in diesem Hause hoch angesehen, ob nun für seinen Charakter oder seine militärische Laufbahn. Aber zu sagen, dass ich wieder gesund würde, während ich von ihm Abschied nehmen wollte, geziemt sich nicht für ihn."

Ende April war seine Gesundheit so schlecht geworden, dass es ihm unmöglich geworden war zu unterrichten. Mit seinem Lebenswerk vollbracht und dem Gefühl des nahenden Endes, zog er sich in sein Haus in der Chiba-Burg zurück. Das *Bukōden* beschreibt:

> Kurz vor seinem Tod sprach er zu Herrn Nagaoka Yoriyuki den Wunsch aus, dass er durch jemanden gepflegt werden wollte, der sich bei der Belagerung der Hara-Burg ausgezeichnet hatte. Und so wurde Nakanishi Magonojō Munemasa unter Yoriyukis Männern ausgewählt, der die letzten Tage mit Musashi verbringen durfte.

Musashi verschwendete keine Zeit sein Lebenswerk vervollständigt zusehen. Da er selber die Kraft nicht mehr hatte, bat er seinen besten Freund eine saubere Kopie anzufertigen. Das *Bukōden* beschreibt, wie kurz nachdem er richtig krank geworden war,

> Musashi Akiyama Wanao, Abt in zweiter Generation des Taishō-Tempels, bat, sein Vorwort zu korrigieren.

Besorgt, dass die wahre Bedeutung des Textes
durch weitere Einzelheiten verfälscht werden
könnte, nahm Akiyama Abstand davon die Struktur
in jeglicher Form zu verändern. Er beschränkte
sich darauf, falsch geschriebene Kanji und die klassischen Sprichwörter, die unmittelbar zum Text
gehörten, zu korrigieren.

Am 8. Mai 1645, während sein Freund sich durch die fünf
Schriftrollen arbeitete, setzte sich Musashi mühselig in seinem
Bett auf, um einen Brief an Herrn Nagaoka Yoriyuki zu
verfassen, in dem er bekannte:

Die letzten Jahre war ich krank. Insbesondere in
diesem Jahr ging es mit meiner Gesundheit rapide
bergab, und ich finde es schwierig überhaupt noch
aufzustehen. Deshalb war ich nicht in der Lage
meine Pflichten Ihnen gegenüber zu erfüllen, wie
ich gerne gewollt hätte.
   Der verstorbene Herr [Tadatoshi] zeigte ein pro-
fundes Interesse an der Kunst der *Heihō* und ich
war in der Lage ihm die Inhalte meiner Schule beizubringen, was mir eine große Freude bereitete.
Mit seinem Tod habe auch ich den Wunsch weiter-
zuleben verloren…Da ich nun mal ein Schwertmeister bin…sollte ich die Lehre meiner Schule
selber vermitteln, aber ich kann kaum mehr eines
meiner Glieder bewegen und ich weiß, dass sich
mein Ende nähert.
   Aus diesem Grund bevorzuge ich es, meine
letzten Tage in den Bergen zu verbringen, damit
ich meinen siechen Körper vor den Blicken der

anderen verbergen kann. Bitte seien Sie so freundlich, dies allen anderen zu übermitteln.[8]

Das *Bukōden* beschreibt, wie nicht viel später

Musashi sich zur Reigan-Höhle den Iwato-Berg hinauf schleppte. Bald darauf verbreiteten sich diverse Gerüchte in der Bevölkerung. Herr Nagaoka gab vor mit Falken zu jagen, um Musashi zu besuchen und versuchte ihn umzustimmen in die Chiba-Burg zurückzukehren.

Es war der 6. Juni und Musashi fühlte seine Kräfte weiter schwinden, als er seine Hauptschüler an sein Bett berief und seine Besitztümer, die er bis zuletzt behalten hatte, unter ihnen feierlich aufzuteilen. Unter diesen wenigen in Ehren gehaltenen Sachen war ein Schwert, dass von dem berühmten Schwertschmied Ohara Sanemori geschmiedet worden war und welches er seinem guten alten Freund Sawamura Daigaku gab.

Bei derselben festlichen Gelegenheit bat Musashi einen Schüler etwas Tinte zu reiben. Er schrieb ein kurzes Dokkōdō (Der Weg, dem man alleine folgt), eine Lebensanweisung mit einundzwanzig Paragrafen, welche er seinem meist vertrauten Schüler Terao Nobumasa überreichte.[9]

Er hatte damit den letzten Stein seines Lebens auf den vorgesehenen Platz gelegt. Alles, was er jetzt noch tun konnte, war sicherzustellen, dass seine Schriften für die Nachwelt erhalten blieben. Das *Bukōden* fährt fort zu beschreiben, wie am selben Tag

Musashi das *Gorin no Sho* an Terao Magonojō Nobumasa übergab, der kurze Zeit später das Gewand unter dem Namen Muse anlegte. Das *Heihō San-*

jūkyū-Kajō übergab er Terao Motomenosuke Nobuyuki.

Musashi verstarb am 13. Juni 1645. Das *Heihō Senshi Denki* beschreibt in ehrfürchtigem Detail das Ende dieses Schwertmeisters:

> Im Moment des nahenden Todes nahm Musashi noch einmal all seine Kräfte zusammen und steckte das Wakizashi in seinen Gürtel. Dann stand er auf, kniete sich auf den Boden mit einem Knie aufgestellt, seine linke Hand auf das Katana gestützt und wartete bis sein Geist diese Erde verließ.

Musashi wurde in seiner ganzen Rüstung in den Sarg gelegt. Außer dem Schwert von Ohara Sanemori wurde er mit all seinen Waffen, wie er es gewollt hatte, bestattet.

Am nächsten Tag wurde der Sarg vom Taishō-Tempel zum Shira-Fluss überführt, und der ganze Weg war von Menschen gesäumt, die einen letzten Blick auf den berühmten Schwertmeister werfen wollten.

Die Regenzeit hatte vor kurzem begonnen, und es regnete in Strömen, als die Würdenträger aus Kumamoto sich im Taishō-Tempel zu einer andachtsvollen Zeremonie zu Ehren eines Mannes versammelten, der ein Teil des Lebens in Kumamoto geworden war. Die Zeremonie wurde von Abt Oshō Genkō Wanao geleitet.[10]

Alle, die Musashi gekannt hatten, waren bei dieser Zeremonie anwesend. Ganz vorne waren seine alten Freunde Shiota Hamanosuke und Sawamura Daigaku, eng gefolgt von seinen Elite-Schülern, den beiden Terao Brüdern Nobumasa und Nobuyuki und all den anderen Schülern.

Ehrengäste waren Nagaoka Okinaga und sein Sohn. Herr Mitsunao konnte nicht teilnehmen, weil er sich zu jener Zeit in Edo aufhielt. Aber drei Tage später ging er zum Tōkai-Tempel in Edos Shinagawara-Bezirk, um Räucherstäbchen für Musashis Geist zu opfern.[11]

Kurz nachdem die Prozession den Taishō-Tempel in östlicher Richtung verlassen hatte, wurde Musashis Sarg auf einen großen Felsen in den Maesugi-Pferdeweiden abgesetzt. Inmitten des heftigen Regens vollzog Musashis Mentor Akiyama Wanao die letzten Riten. Kaum dass er mit der Totenmesse fertig war, durchdrang ein greller Blitz den dunklen Regenvorhang, gefolgt von einem Donnergrollen, das schier nicht enden wollte.

Von dort bewegte sich die Prozession feierlich die Straße zum Fluss hinunter. Als sie das Flussufer erreichte, wurde der Sarg auf ein wartendes Schiff von Herrn Mitsunao geladen und flussaufwärts zum Dorf Oe auf der anderen Flussseite gebracht. Dort wurde der Sarg in ein spezielles Grab, das Nagaoka Okinaga für den berühmten Schwertmeister hatte bauen lassen, hinabgesenkt.[12]

Ioris Geistesfrieden

Musashis Begräbnis war dem Meister angemessen: kurz, gediegen, bodenständig. Alle, die ihn kannten, hatten das Gefühl, dass er mit einem würdigen Begräbnis geehrt worden war, besonders sein Sohn Iori. Seit Musashis Umzug nach Kumamoto hatte Iori seinen Adoptiv-Vater selten gesehen. Doch der Tod erfüllte den Dreiunddreißigjährigen mit tiefer Trauer, denn was er erreicht hatte, verdankte er Musashi. Da er seinen Posten in Kokura nicht verlassen durfte, war er gezwungen gewesen die Sorge um den alternden Vater seinem Kollegen in Kumamoto,

Nagaoka Kenmotsu, zu überlassen. Als einer von Mitsunaos Senior-Gefolgsmänner hatte dieser sich mit Sorgfalt darum gekümmert, dass alles so arrangiert war, wie der alte Schwertmeister es sich vorgestellt hatte.[13]

Mehr als sechs Monate vor Musashis Tod hatte Iori am 14. Dezember 1644 einen Brief an Kenmotsu geschrieben.

> Auch wenn wir bisher nicht die Möglichkeit hatten uns zu treffen, möchte ich meine Dankbarkeit dafür ausdrücken, wie sehr Sie sich um Musashi kümmern. Ich möchte Sie auf jeden Fall treffen, um Ihnen meinen Respekt zu erweisen, aber ich werde hier durch dringende Geschäfte aufgehalten und kann leider nicht nach meinen Wünschen handeln. Wie ich höre, sind Sie mit Musashi in vertrauensvollem Umgang, weshalb ich mir die Freiheit nehme ihn in Eure sorgenden Hände zu übergeben.

Drei Tage später antwortete Kenmotsu mit einem langen Brief, in welchem er Iori beruhigte und ihm gleichzeitig mitteilte, wie es um Musashi bestellt war:

> Wie Sie bereits erwähnten, hatten wir noch nicht das Vergnügen uns kennenzulernen, aber ich habe Ihren Brief mit Dankbarkeit gelesen. Meister Musashi ist jüngst krank geworden. Er hält sich an einem Ort nicht weit von Kumamoto entfernt auf, wo ihn ein Arzt regelmäßig besucht und ihm Medizin verabreicht. Als trotzdem keine Besserung eintrat und es schwierig wurde ihn an dem Ort, wo er sich aufhielt, ausreichend zu versorgen, beknieten Herr Nagaoka Okinaga und ich ihn,

zurück in die Burg nach Kumamoto zu kommen, damit wir uns besser um ihn kümmern können, aber er wollte unserem Gesuch nicht nachkommen. Auch Herr Mitsunao bat ihn höflichst in die Burg zurückzukommen. Für den Arzt war es mühsam, ihm regelmäßig einen Besuch abzustatten und so äußerte auch er Musashi gegenüber seine Bedenken. Schließlich willigte Musashi vorgestern ein und kam nach Kumamoto zurück.

Sofort wurde die Fürsorge für ihn insofern verbessert, als immer ein Diener anwesend ist, manchmal sogar Herr Mitsunao selbst, der gleichzeitig einen Arzt ernannte, der immer an seiner Seite ist, weswegen Sie ganz beruhigt sein können. Gegenwärtig gibt es keine Veränderungen und sein Zustand ist stabil. Ich verstehe voll und ganz, dass Sie Ihren Vater besuchen möchten, aber Sie sind eben durch Ihre Verpflichtungen verhindert. Bitte seien Sie versichert, dass wir alles tun werden, damit es ihrem Vater gut geht.

Sich dessen bewusst, dass Iori aufgebracht sein könnte, weil sein Vater in den letzten Tagen so viel Zeit außerhalb des Komforts einer Burg verbracht hatte, vermied es Kenmotsu sorgfältig zu erwähnen, dass er die letzten beiden Winter in der kalten und feuchten Reigan-Höhle verbracht hatte, um an seinem Lebenswerk zu arbeiten.

Kenmotsus Brief brachte den gewünschten Effekt insofern, als Iori voll des Lobes war, wie man sich in Kumamoto um seinen Stiefvater kümmerte, auch nach seinem Dahinscheiden. Am 21. Juni 1645, eine Woche nachdem sein Vater verstorben war, schrieb Iori an Kenmotsu:

Nach meiner Rückkehr las ich umgehend Ihren

Brief und möchte meine tiefste Dankbarkeit zum Ausdruck bringen, dass, nachdem mein Vater krank geworden war, Herr Mitsunao Terao Motomeno-suke anwies ständig an seiner Seite zu bleiben.

Das Schicksal bestimmt den Lauf der Dinge, und Sie organisierten nicht nur das Begräbnis, den Drei-Tage-Gedenkgottesdienst, sondern auch das Erbauen seiner Grabstätte mit äußerster Sorgfalt, wofür ich Ihnen zutiefst dankbar bin und immer bleibe.

Auch danke ich Herrn Mitsunao, der Musashi an seinem Krankenbett besuchte, der einen Repräsentanten zum Begräbnis entsandte und am Tōkai-Tempel Räucherstäbchen für sein Begräbnis opferte.

Ich möchte hiermit meine eingangs erwähnte Dankbarkeit nochmal unterstreichen und hoffe zu erfahren, was Ihre spezifischen Wünsche sind.

Im Laufe der folgenden Wochen hatten die beiden Männer weiteren Briefkontakt. Iori bezeugte wiederholt seine Dankbarkeit dahingehend, was man in Kumamoto alles für seinen Vater getan hatte. Und Kenmotsu drückte seine Dankbarkeit für die unterschiedlichsten Geschenke aus, die mit Ioris Briefen einhergingen.[14]

In Angesicht des Todes

Alle, die Musashi kannten, gedachten seiner und mühten sich redlich sein Erbe für die Nachwelt zu erhalten. Er wurde von seinen Schülern schmerzlich vermisst. Sie empfanden es als mühsam seinen Stil ohne persönliche Führung zu erlernen, so übellaunig der alte Mann auch zeitweise gewesen war. Nun fiel den beiden Brüdern die Aufgabe zu, Musashis viele Schüler zu unterrichten und das Erbe des Meisters an die nächste Generation weiterzugeben. Ihr prominentester Schüler war Nagaoka Naoyuki, der junge Sohn von Herrn Yoriyuki, der sein weiteres Leben dem Hosokawa-Clan verschrieben hatte.

Die meisten Erben von Musashis Wissen waren Krieger in den unteren Rängen, wie zum Beispiel Dōke Heizō, Uragami Jūsaemon und Murakami Masahide. Viele von ihnen hatten Erfolg, aber nicht alle konnten Musashis Erbe zu ihrem Vorteil verwenden. Nicht lange nach Musashis Tod wollte Masahide den Dienst bei seinem Herrn quittieren und auf *Musha Shugyō* gehen, aber sein Wunsch wurde abgelehnt. Drei Jahre später wurden all seine Besitztümer gepfändet, und er musste in Sakuchi das Leben eines Bauern führen.

Die Gegenwart des dickköpfigen, alten Kriegers wurde auch von jenen mit höherem Rang vermisst, insbesondere von Yoriyuki. Während der zurückliegenden fünf Jahre verbrachte Musashi so manch fröhlichen Abend mit Yoriyuki in seinem *Yashiki*, und auch Musashi war fast ein bisschen versessen auf den freudeliebenden Edelmann. Diese Gefühle wurden von Yoriyuki erwidert, indem er den weltlich-weisen Humor des Schwertmeisters zu würdigen wusste. Das *Bukōden* beschreibt es so:

> Später, nachdem Yoriyuki von der Falkenjagd zurückgekommen war, besuchte er Musashis Grab. Er ermahnte die Dorfälteren nicht darin nach-zulassen Musashis Grab immer sauber und ordent-lich zu halten. Dafür gab er ihnen fünfzig Sack Reis als Bezahlung.

Musashis alter, buddhistischer Freund Akiyama Wanao empfand es ebenfalls schwierig, seinen Tag ohne den alten Schwertmeister zu verbringen. Er vermisste die Schärfe und Tiefe der Gedanken, die der alte Meister in den Diskussionen über Religion und Philosophie zu den Parallelen der *Heihō* zog. Wie die berühmte Freundschaft zwischen Yagyū Munenori und dem weisen Zen-Mönch Takuan Sōhō; so auch würdigten Wanao und Musashi in ihren Diskussionen ihre unterschiedlichen Berufe und konnten doch viel voneinander lernen. Mit zunehmendem Alter begann Musashi immer mehr zu verstehen, wie die ethischen Grundsätze der Religion und die der Kampfkünste sich auf tiefgründige Weise mehr ähnelten als er sich das je hätte vorstellen können.

Ihre Gespräche drehten sich aber nicht nur um *Heihō* und Religion, denn Musashi war nicht nur ein vollendeter Schwertmeister. Er kannte sich ebenfalls mit Arithmetik, Architektur, Botanik, Bogenschießen, Reiten, Etikette, Musik, Kalligraphie, Malerei und Poesie aus. Dem Mönch war klar, dass die Leere, die ein solch gebildeter Mensch hinterlässt, nicht einfach zu füllen war. Letztlich vermisste er aber den Mensch als Freund. Für den Mönch war Musashi „das Vorbild eines guten Menschen", ein Mensch mit „Großmut im Herzen, das sich um Nichtigkeiten nicht scherte".

Das *Bushū Denraiki* beschreibt, wie man noch hundert Jahre nach dem Dahinscheiden von Japans größtem Schwertmeister, und wenn man über die Ōzu-Kaidō nach Kumamoto herein kam, seiner gedachte.

> Eine steinerne Gedenktafel wurde an Musashis Grabhügel aufgestellt. Sogar heute noch, so wird gesagt, steigen Reiter von ihren Pferden ab, wenn sie an Musashis Grabhügel vorbeikommen.[15]

DAS *KOKURA HIBUN*

Einleitung

Das *Kokura Hibun* ist eine längere Grabinschrift, die Musashis Leben, seine Heldentaten und seinen Charakter beschreibt. Es ist auf einem fünfzehn Fuß hohen Steinobelisk eingraviert, der die Meerenge von Shimonoseki überschaut.

Das Monument wurde 1654, neun Jahre nach Musashis Tod, von dessen Adoptivsohn Iori, errichtet. Es steht auf dem Gipfel des zweihundert Fuß (ungefähr 70 Meter) hohen Temukeyama an den Außenbezirken von Akazaka, dem nördlichen Bezirk des Hafens von Kokura. Gegenüber sieht man in einiger Entfernung die Insel Hikoshima, und knapp dahinter in nordwestlicher Richtung kann man dann auch noch die kleine Insel Funashima ausmachen, auf der Musashis sein berühmtes Duell ausgefochten hatte.

Auch wenn der Ursprung des Textes ungewiss ist, so geht man allgemein davon aus, dass Akiyama Wanao (1618–73), Abt des Taishō-Tempels in Kumamoto, ihn verfasst hat.

Wenn man in den Himmel schaut, ist die wahre und perfekte Kunst der *Heihō* ewig, selbst im Tod.

Krieger-ohne-Gleichen unter den Himmeln.

Nachruf auf Shinmen Musashi Genshin, letzter Nachkomme der Akamatsu von Harima. Gestorben in Kumamoto, Provinz Higo, am 19. Tag des 5. Monats im 2. Jahr Shōhō [13. Juni 1645]. Errichtet am 19. Tag des 4. Monats im 3. Jahr Shōō [4. Juni 1654].

„Suche nach den Chancen und antworte auf die Chancen." Dies ist der Weg eines erfahrenen Generals. Das Ausüben der Kampfkünste und das Studium der Militärwissenschaften sind die Hauptbeschäftigungen eines Soldaten. Wer war es, der sein Herz an den Toren zu *Bun* [die literarischen Künste] und *Bu* [die Kampfkünste] hat spielen lassen, der seine Hände auf dem Übungsfeld hat arbeiten lassen und dafür berühmt wurde, diesen Mut zu haben? Es war der adelig geborene Musashi Shingen, Abkomme der Shinmen, letzter Nachfahre der Akamatsu von Harima, der Mann, dessen buddhistischer Name Niten war. Von Natur aus war er ein großherziger Mensch, der sich nicht mit Nebensächlichkeiten beschäftigte. Wahrhaftig, war es nicht der Mann, der Musashi Shingen genannt wurde?

Er wurde der Stammvater der Niten-Kunst der *Heihō*. Der buddhistische Name seines Vaters war

Muni, und er stammte aus dem Hause Shinmen, das berühmt für den Umgang mit der *Jitte* war. In dieser Tradition lernte sein Sohn Musashi in unermüdlichem Training vom Morgengrauen bis in die Nacht hinein und begriff, dass die *Jitte* um ein vielfaches effizienter ist, als ein einzelnes Schwert. Die *Jitte* war jedoch keine gebräuchliche Waffe, wohingegen es für einen *Samurai* normal war zwei Schwerter bei sich zu führen. Und da keine Argumente dagegen sprachen, die Prinzipien der *Jitte* auf das Kämpfen mit zwei Schwertern zu übertragen, gründete er die Schwertkunst, in der man mit zwei Schwertern kämpft.

Musashi war ein seltener Schwertmeister. Ob er nun ein Shinken oder ein *Bokutō* schwang, man konnte ihm nicht entkommen, weder durch ducken noch durch flüchten. Seine Kraft war so immens, dass sie einem Pfeil entsprach, der von einer Armbrust abgeschossen wurde, und selbst der große Yōyū war nicht in der Lage ihn zu schlagen.

Wenn man all diese Dinge berücksichtigt, war Musashi ein Mann, der die Kunst der *Heihō* vollständig gemeistert hatte und Mut und Tatkraft verkörperte. Im Alter von dreizehn Jahren forderte er einen Mann namens Arima Kihei zum Duell heraus und schlug ihn. Im Sommer seines sechzehnten Lebensjahrs ging er in die Provinz Tajima. Dort forderte er einen anderen Schwertmeister heraus und erschlug ihn in nur einem Augenblick, und nach kurzer Zeit war sein Name stadtbekannt.

Danach ging Musashi nach Kyoto, wo die Yoshiokas lebten, die besten Krieger Japans. Musashi forderte sie heraus und kämpfte um seine Ehre mit einem

Nachkommen mit dem Namen Seijūrō auf dem Gelände des Rendai-Tempels. Man ging davon aus, dass es ein wahrer Wettkampf werden würde, aber Musashi erschlug ihn mit einem einzigen Schlag seines *Bokutō*. Und da sie vorher vereinbart hatten, dass sie nur einen Schlagabtausch durchführen wollten, verschonte Musashi Seijūrōs Leben. Seijūrōs Schüler kamen zu Hilfe, und man legte ihn auf eine Bahre, mit der man ihn nach Hause brachte. Er bekam verschiedene Medizin und Behandlungen und wurde wieder gesund. Er beendete seine Krieger-karriere und nahm das Mönchsgewand.

Daraufhin ging Yoshioka Denshichirō zu Musashi, um die Angelegenheit zu klären. Er griff Musashi mit einem 5 Fuß [~1,50 Meter] langen *Bokutō* an. Musashi wich aus und rang ihm das *Bokutō* ab und erschlug ihn mit der eigenen Waffe.

Die Schüler der Yoshioka-Schule waren mit Groll erfüllt und sprachen: „Bei seinen technischen Fähig-keiten können wir nicht mithalten. Wir müssen uns andere Taktiken überlegen." Und so kam Yoshioka Matashichirō mit seinen Schülern nach Sagarimatsu und simulierte öffentliches Training, um Musashi beim Verlassen der Herberge zu überraschen. Es waren mehrere hundert Schüler, die alle darauf brannten Musashi zu töten. Sie waren mit Schwertern, Pfeil und Bogen bewaffnet. Musashi hatte ein Talent solche Ereignisse vorherzusehen und erkannte ihren Plan. Leise sprach er zu seinem Schüler: „Diese Sache geht dich nichts an, verlasse also die Herberge so schnell du kannst. Auch wenn sie eine Armee versammelt hätten, wäre es für mich nicht mehr, als eine vorbeischwebende Wolke zu vertreiben. Warum also sollte ich sie fürchten?" Und als Musashi hinaus ging, um seine Feinde zu vertreiben, schien es, als ob ein wilder Hund Bestien verjagt. Als Musashi in die Hauptstadt zurückkehrte und er all seine Kraft vorgeführt hatte, staunten die Bewohner und waren voller Ehrfurcht. Seine tapfere Schlagkraft, seine überlegene Strategie, eine überwältigende Anzahl an Gegnern alleine zu bezwingen, das waren die unglaublichen Heldentaten eines Mannes, der kriegserfahren war.

Bis zu diesem Ereignis hatten Generationen des Yoshioka-Clans dem Shōgun als Schwertlehrer gedient. Sie wurden als die führenden *Heihōsha* Japans bezeichnet. Zur Zeit des Shōgun Yoshiaki wurde schon Musashis Vater, Shinmen Munisai, vom Shōgun zu einem Duell mit den Yoshiokas einbestellt. Aus den drei obligatorischen Runden gewann der Yoshioka-Schwertkämpfer eine Runde und Munisai zwei. Zur Belohnung erhielt er den Titel „*Heihōsha*-ohne-Gleichen-in Japan". Als nach diesem Präzedenzfall Musashi nach Kyoto kam und die Schwertmeister der Yoshioka mehrmals besiegte, hörte ihre Schule auf zu existieren.

In dieser Gegend lebte auch ein Schwertmeister mit dem Namen Ganryū. Als Musashi bekannt machte, dass er sich mit ihm duellieren wollte, schlug dieser vor scharfe Waffen zu benutzen. Musashi antwortet darauf: „Benutze dein scharfes Schwert und zeige allen deine Fähigkeiten, aber ich werde nur mit einem *Bokutō* kämpfen und seine Geheimnisse offenbaren." Und so gelobten beide, dass sie sich auf Funashima duellieren würden, einer Insel zwischen den Provinzen Buzen und Nagato. Und so trafen die beiden dort aufeinander. Ganryū ging mit seinem drei Fuß langen Schwert auf Musashi zu, wobei er mit all seinen ihm zur Verfügung stehenden Schnitttechniken nach Musashi schlug. Aber Musashi erschlug ihn mit einem einzelnen Schlag seines *Bokutō*, der mit einer solchen Geschwindigkeit erfolgte, dass es schneller wie der Blitz erschien.[1]

Von seinem dreizehnten Lebensjahr an bis zur Blüte seines Lebens focht Musashi in mehr als sechzig Duellen und wurde nicht einmal geschlagen. Er wiederholte immer wieder: „Um den Sieg zu erringen, muss man den Gegner in dem Moment schlagen, wo er seine Augenbrauen vor Überraschung hebt." Und jedes Mal wenn er sich mit jemandem zu einem Duell traf, lebte er nach diesem Grundsatz. Außer Musashi habe ich noch von niemand anderem gehört, der einen erfahrenen Schwertmeister mit einem einzigen Schlag direkt getötet hat, sei es in der Vergangenheit oder in der Gegenwart, in der Hauptstadt oder auf dem Lande. Danach hatte sich Musashis Ruf über das ganze Land verbreitet. Sein Ruhm wird bis heute von den Menschen über Generationen hinweg durch mündliche Überlieferung weitergeben. Ist das wahrhaftig nicht ein Wunder? Ist es nicht sogar ein Mysterium? Tatsächlich ist es eine frühreife Spitzenleistung, die unvergleichlich ist.

Musashi betonte häufig, dass die Kunst der *Heihō* in den Händen reifen muss und das Herz führen soll. Und solange man absolut selbstlos und unvoreingenommen bleibt, kann man auch ganze Armeen auf dem Feld befehligen. Ja, sogar Regierungsgeschäfte würden nicht allzu schwierig sein. Musashis Heldentaten, die mit der Rebellion Ishida Mitsunaris begonnen wurde, dem Liebling von Taikō Toyotomi Hideyoshi, oder die Unruhen, die Herr Toyotomi Hideyori verursachte, können mit Worten nicht ausgedrückt werden, selbst wenn Ozeane und Täler davon erzählen könnten. Und so schweige auch ich zu diesen Taten.

Nicht nur war Musashi ein vollendeter Schwertkünstler, er war zugleich ein Meister der Etikette, der Musik, des Bogenschießens, der Reiterei, der Kalligrafie, der Arithmetik und der Poesie. Hinzu kam, dass, wenn er eine Kunst oder einen Beruf ergriff, er es niemals halbherzig tat. Er war das große Beispiel eines edlen Menschen. Musashi starb in der Provinz Higo. Auf seinem Totenbett schrieb er die Worte: „Wenn man in den Himmel schaut, ist die wahre und perfekte Kunst der *Heihō* ewig, selbst im Tod." Und es waren diese Worte, die mich dazu inspiriert haben, seines Erbes zu gedenken. Deshalb habe ich, sein frommer Sohn Iori, dieses Monument errichtet, damit es an die folgenden Generationen bis in alle Ewigkeit weitergereicht werde.[2]

ALTE PROVINZEN

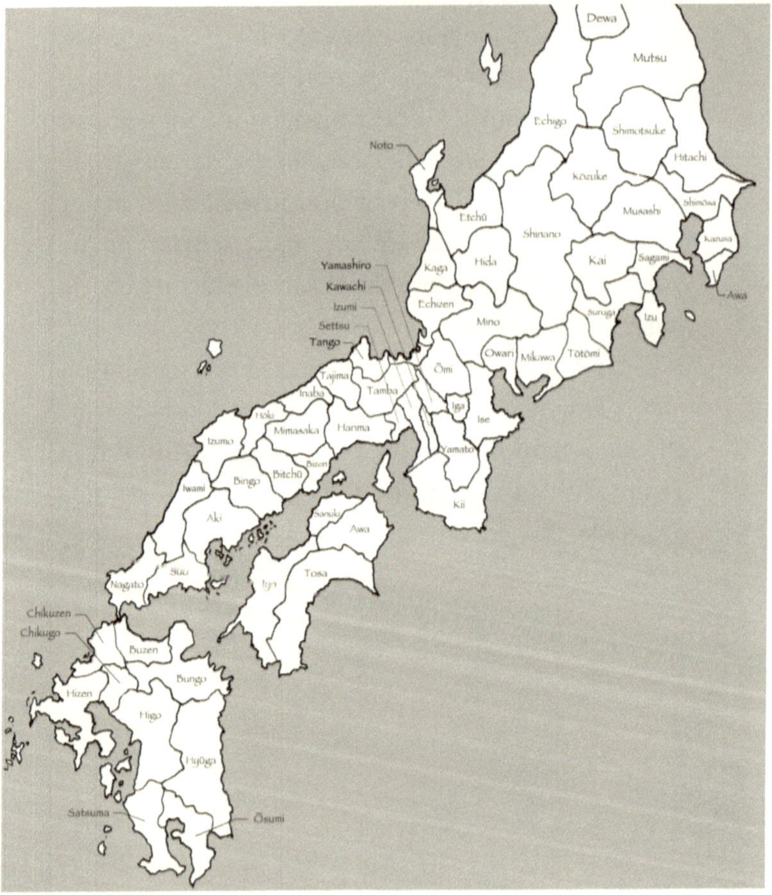

Dewa
Mutsu
Echigo
Shimotsuke
Noto
Kōzuke
Hitachi
Etchū
Musashi
Shimōsa
Kaga
Shinano
Kai
Sagami
Hida
Yamashiro
Kawachi
Echizen
Mino
Suruga
Izu
Izumi
Settsu
Owari
Mikawa
Tōtōmi
Tango
Ōmi
Tajima
Inaba
Tamba
Iga
Hōki
Ise
Mimasaka
Harima
Izumo
Yamato
Iwami
Bizen
Bingo
Bitchū
Aki
Kii
Sanuki
Suō
Awa
Nagato
Iyo
Tosa
Chikuzen
Chikugo
Buzen
Hizen
Bungo
Higo
Hyūga
Satsuma
Ōsumi

168

Alte Provinzen und ihr modernes Äquivalent

Aki:	Hiroshima	Kawachi:	Osaka
Awa:	Tokushima	Kazusa:	Chiba
Bingo:	Hiroshima	Kii:	Wakayama
Bitchū:	Okayama	Kōzuke:	Gunma
Bizen:	Okayama	Mikawa:	Aichi
Bungo:	Ōita	Mimasaka:	Okayama
Buzen:	Fukuoka	Mino:	Gifu
Chikugo:	Fukuoka	Musashi:	Saitama, Tokyo
Chikuzen:	Fukuoka	Mutsu:	Aomori
Dewa:	Yamagata, Akita	Nagato:	Yamaguchi
Echigo:	Niigata	Noto:	Ishikawa
Echizen:	Fukui	Ōmi:	Shiga
Etchū:	Fukuyama	Ōsumi:	Kagoshima
Harima:	Hyōgo	Owari:	Aichi
Hida:	Gifu	Sagami:	Kanagawa
Higo:	Kumamoto	Sanuki:	Kagawa
Hitachi:	Ibaraki	Satsuma:	Kagoshima
Hizen:	Nagasaki	Settsu:	Osaka
Hōki:	Tottori	Shimōsa:	Chiba
Hyūga:	Miyazaki	Shinano:	Nagano
Iga:	Mie	Suō:	Yamaguchi
Inaba:	Tottori	Suruga:	Shizuoka
Ise:	Mie	Tajima:	Hyōgo
Iwami:	Shimane	Tamba:	Kyoto
Iyo:	Ehime	Tango:	Kyoto
Izu:	Shizuoka	Tosa:	Kōchi
Izumi:	Osaka	Tōtōmi:	Shizuoka
Izumo:	Shimane	Wakasa:	Fukui
Kaga:	Ishikawa	Yamashiro:	Kyoto
Kai:	Yamanashi	Yamato:	Nara

BURGEN, TEMPEL UND SCHREINE

Moji
Kokura
Chiku-
zen
Kawaradake
Buzen
Kamado
Takamori
Nakatsu
Fukuoka
Hizen
Chikugo
Hinokuma
Tsunomure
Unganzen
Kumamoto
Taishō
Higo
Hara
Yatsushiro

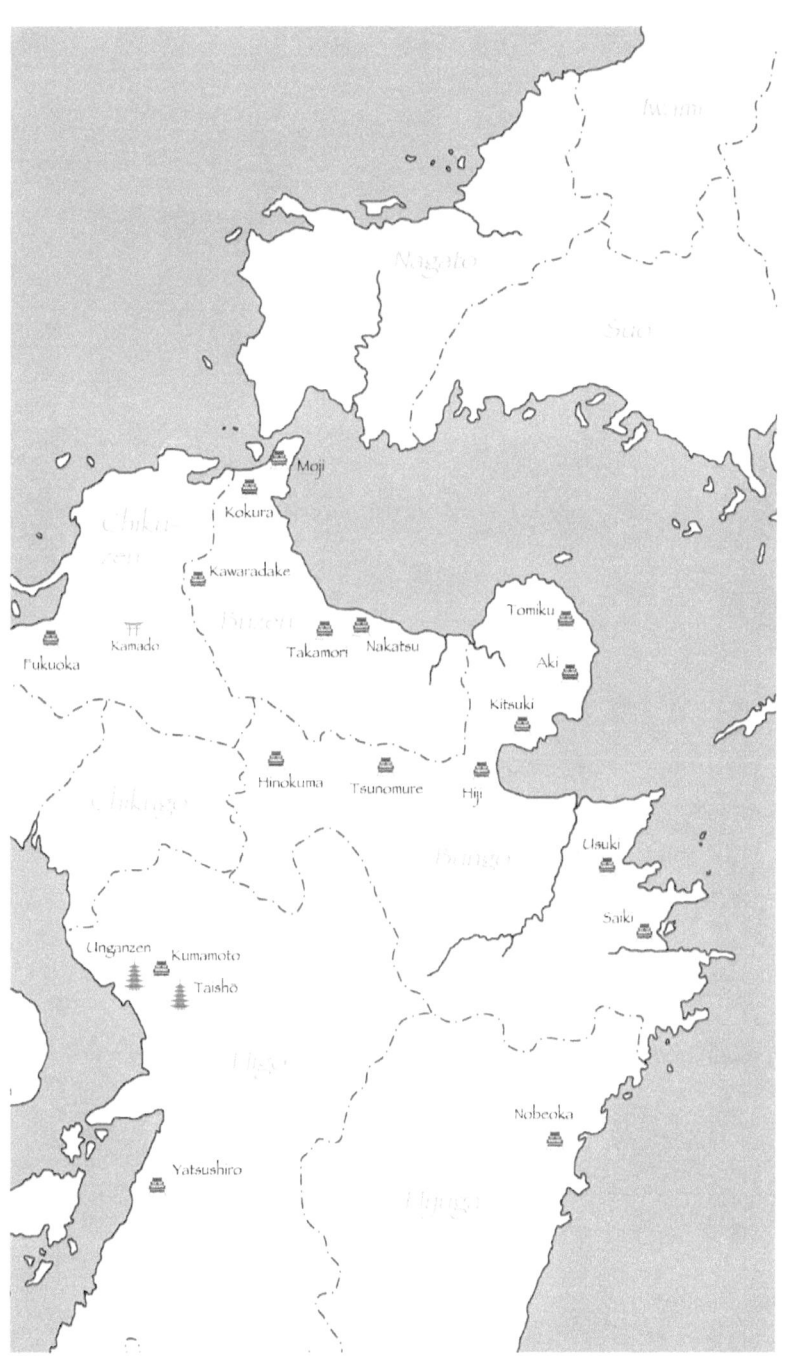

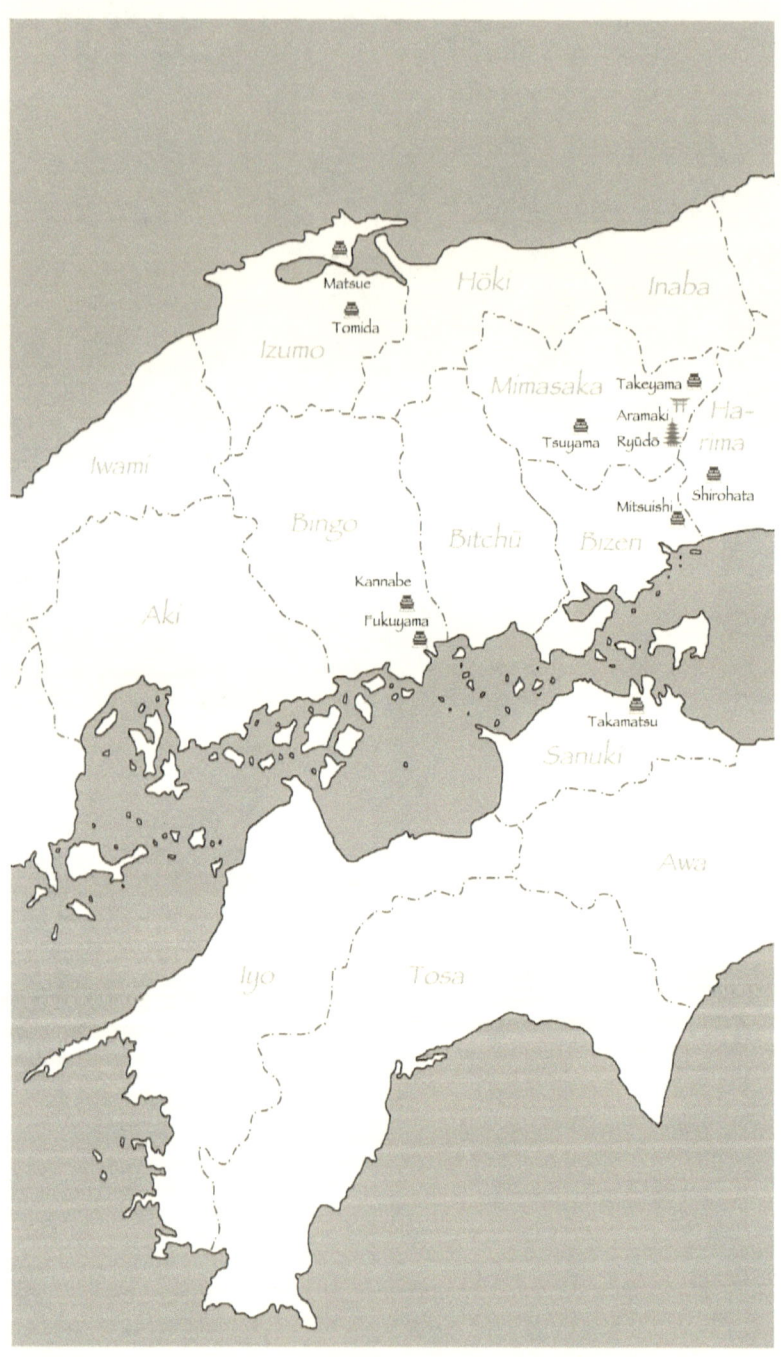

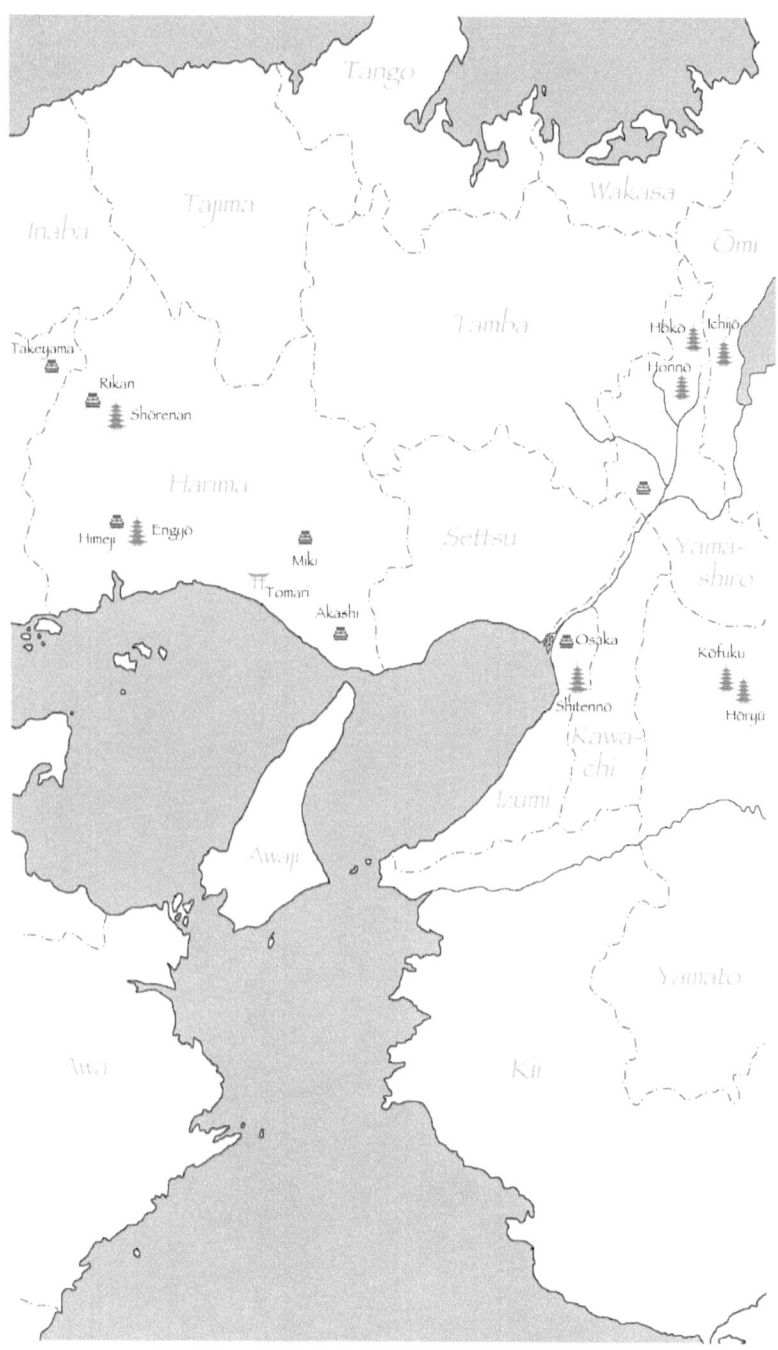

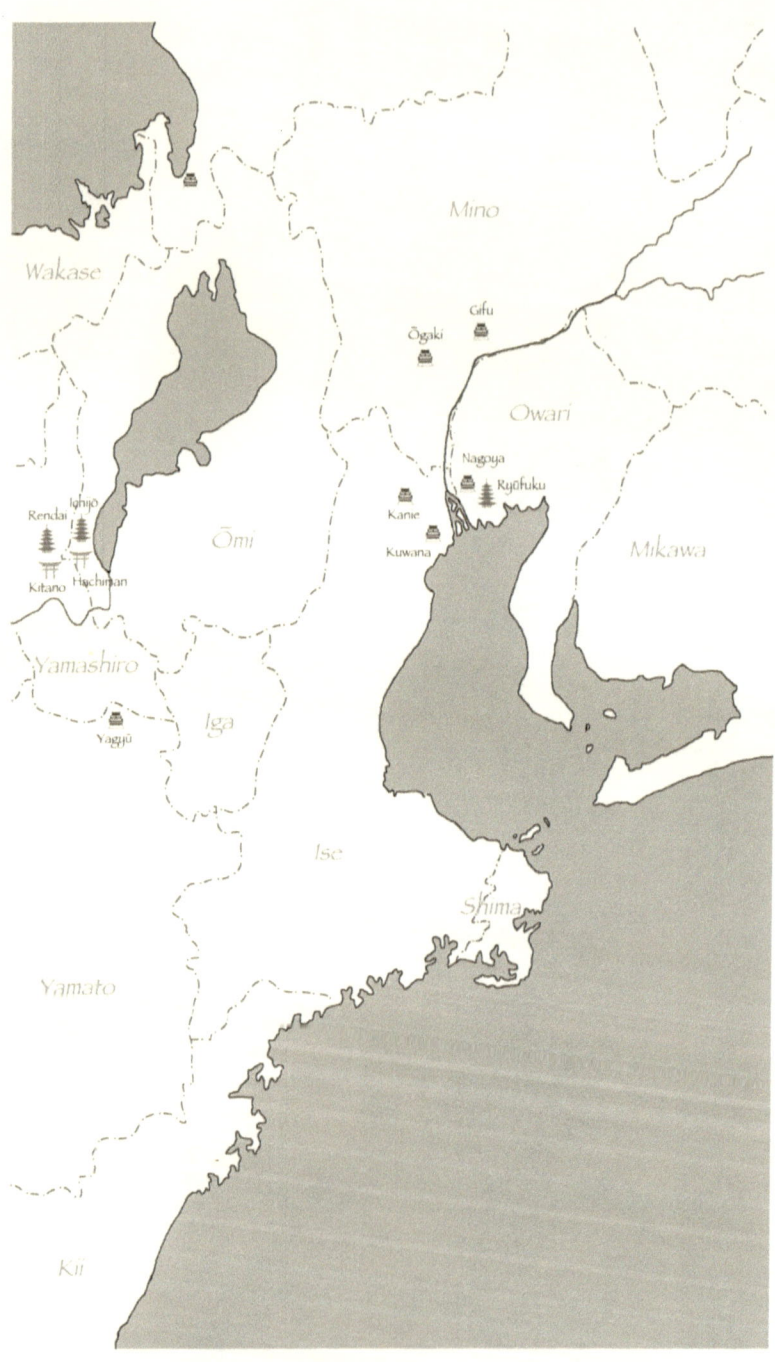

174

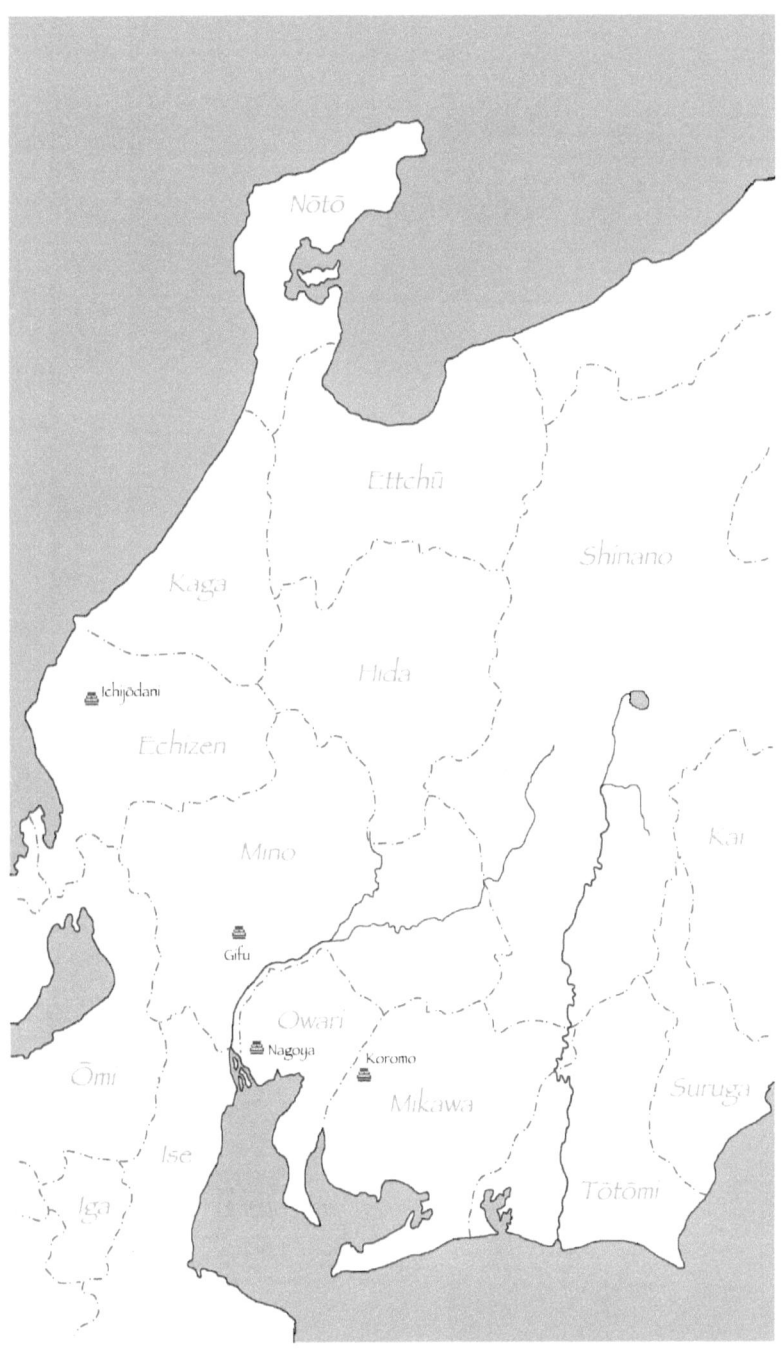

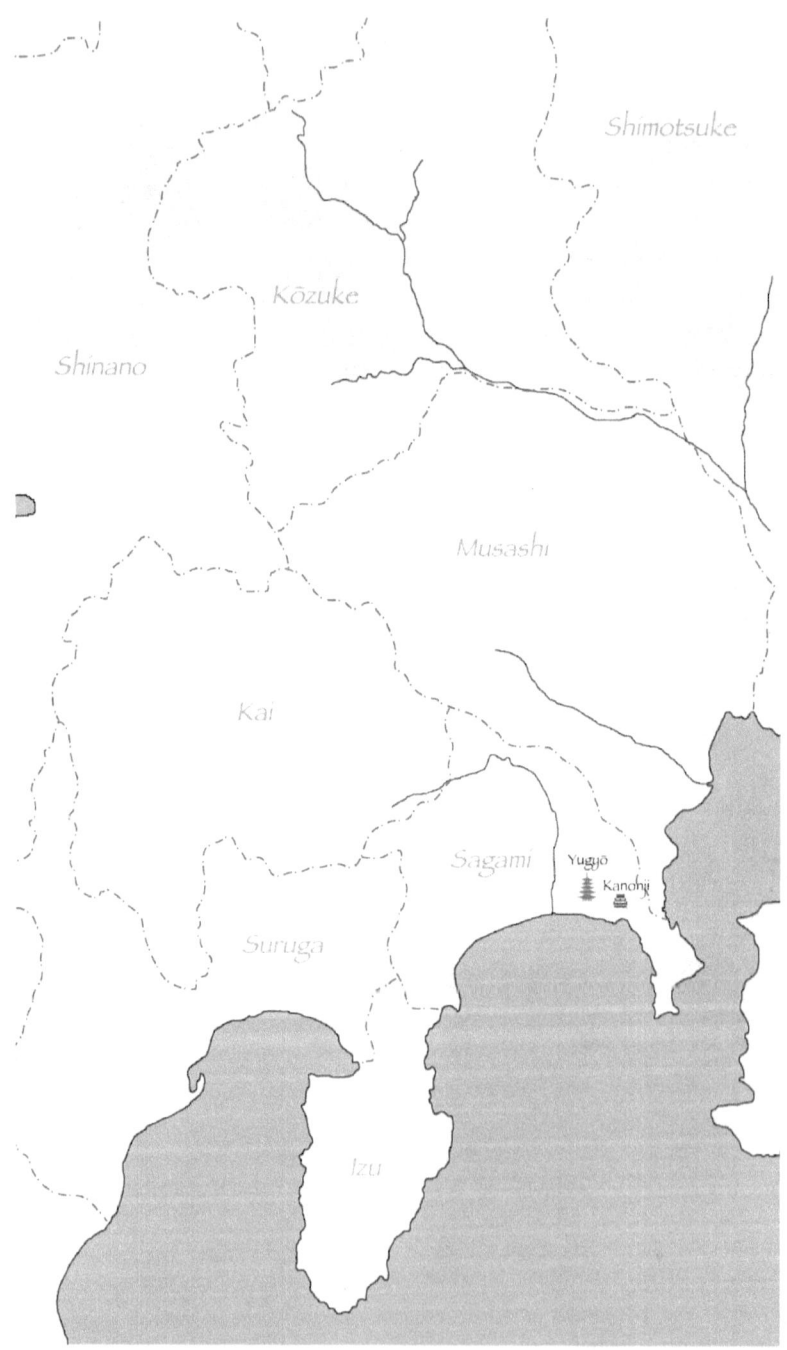

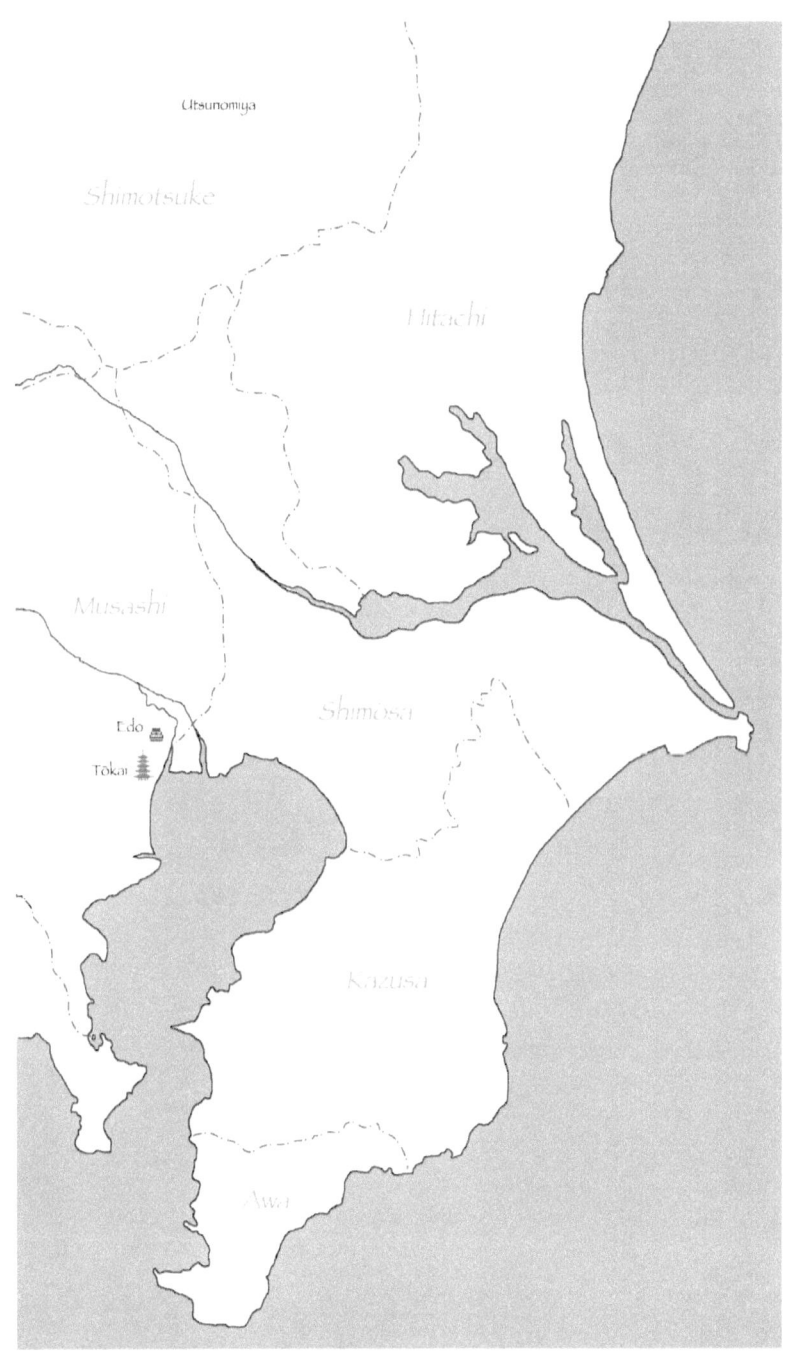

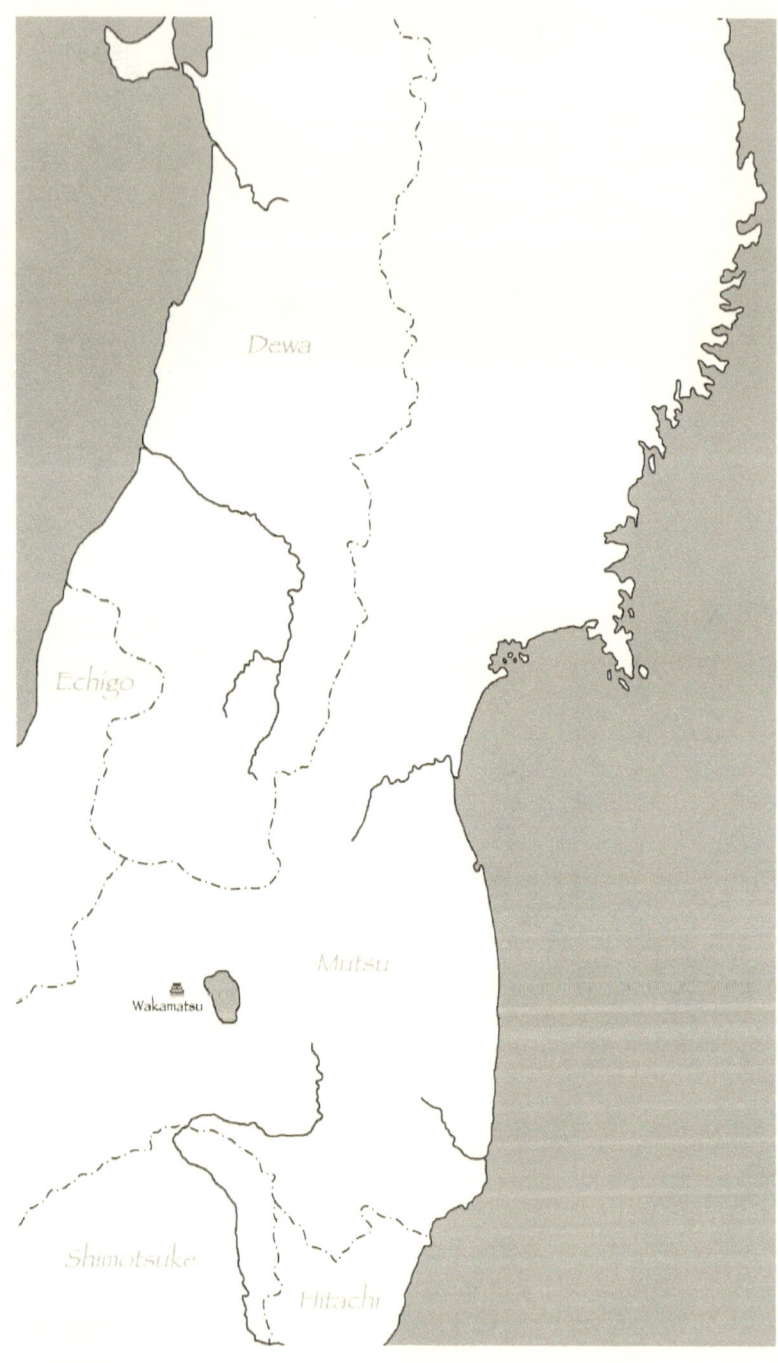

HISTORISCHE PERIODEN

Japan

Nara 710–94
Heian 794–1185
Kamakura 1185–1333
Muromachi 1333–1568
Momoyama 1568–1600
Tokugawa 1600–1868

China

Han Dynastie 202 BC–AD 220
Die drei Königreiche 221–65
Die sechts Dynastien 265–581
Sui 581–618
Tang 618–906
Die fünf Dynastien 907–60
Nördliche Song Dynastie 960–1127
Südliche Song Dynastie 1127–1279

179

Yuan Dynastie 1271–1368
Ming Dynastie 1368–1644
Qing Dynastie 1644–1911

Perioden unter der Militärregierung

Kamakura *Bakufu* 1185–1333
Muromachi *Bakufu* (Ashikaga *Bakufu*) 1333–1568
Edo *Bakufu* (Tokugawa *Bakufu*) 1603–1867

SCHLACHTEN UND BELAGERUNGEN

Schlachten

Schlacht von Shizugatake 1583
Schlacht von Komakiyama 1584
Schlacht von Nagakute 1584
Schlacht von Sekigahara 1600
Schlacht von Shigakihara 1600
Schlacht von Dōmyōji 1615

Belagerungen

Belagerung der Odawara-Burg 1590
Belagerung der Gifu-Burg 1600
Belagerung der Ōgaki-Burg 1600
Belagerung der Kitsuki-Burg 1600
Belagerung der Tomiku-Burg 1600
Belagerung der Usuki-Burg 1600
Belagerung der Saiki-Burg 1600
Belagerung der Tsunomure-Burg 1600

Belagerung der Hinokuma-Burg 1600
Belagerung der Kawaradake-Burg 1600
Belagerung der Kokura-Burg 1600
Belagerung der Osaka-Burg 1614—15
Belagerung der Hara-Burg 1638

STAMMBÄUME

Wie mit den meisten Kampfkunstschulen Japans hat sich auch die von Musashi gegründete Schule über die Jahrhunderte hinweg weiterentwickelt, aufgeteilt und auch wieder aufgelöst. Einer der Gründe ist, dass Musashi schon Schüler unterrichtet hatte, bevor er seine endgültige Form fand. Da diese Männer entsprechend dem damaligen Stadium der Entwicklung seiner Schule ein Zertifikat zum Unterrichten erhalten hatten, gingen sie hinaus in die Welt ihre eigenen Schulen zu propagieren, während Musashi selbst noch mit dem Weiterentwickeln und dem Feinschliff seiner Kunst beschäftigt war. Daher resultieren die sich so deutlich voneinander unterscheidenden Schulen. Heutzutage gibt es deshalb genug Schulen, die ihre Wurzeln in der Schule des Meisters für sich beanspruchen. Der Hauptuntershied liegt zwischen den Schülern der Enmei-Ryū, entsprechend dem damaligen Stil, den Musashi in seinen frühen Jahren praktizierte und den Schülern der Niten-Ichi-Ryū, dem Stil, den Musashi in seinen späteren Jahren entwickelt hatte und bevorzugte.

Heutzutage sind die verbreiteten praktizierenden Schulen, die von diesen beiden Stilen abstammen, die folgenden:

- Heihō Niten-Ichi-Ryū,
- Noda-ha Niten-Ichi-Ryū
- Owari Enmei-Ryū
- Musashi Enemi-Ryū Hangan-ha und
- Musashi Enmei-Ryū Kenjutsu

Stammbaum der Niten-Ichi-Ryū

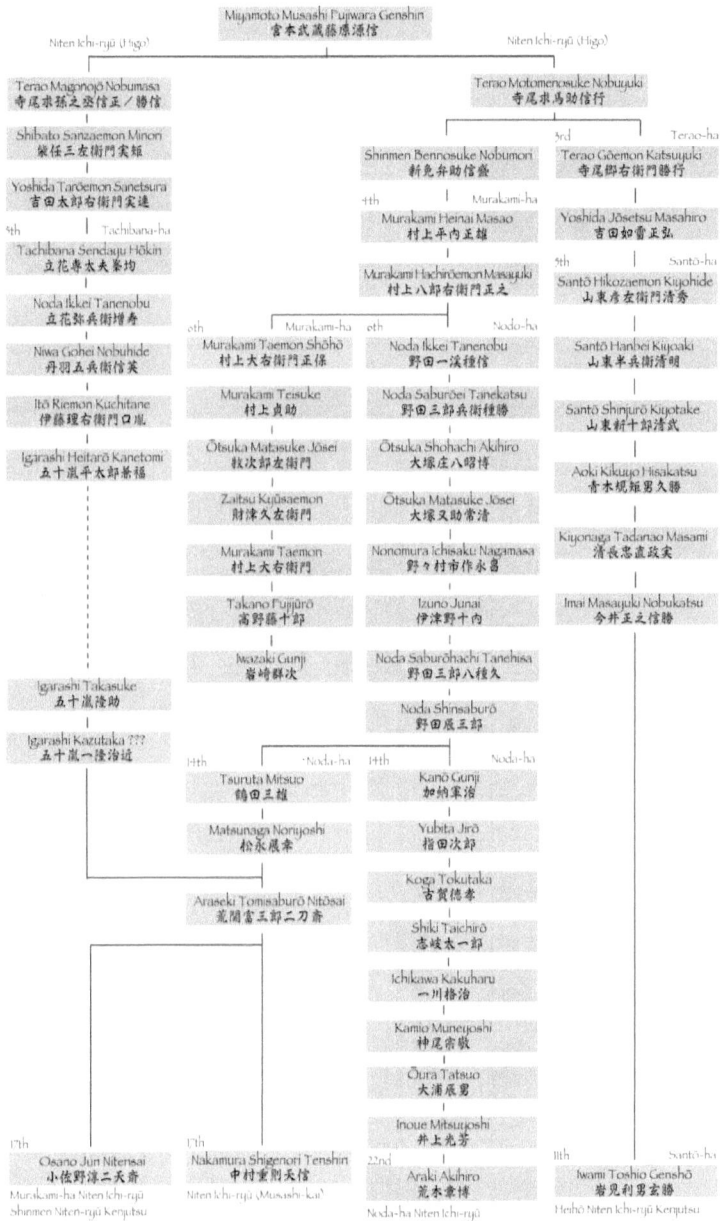

Stammbaum der Enmei-ryū

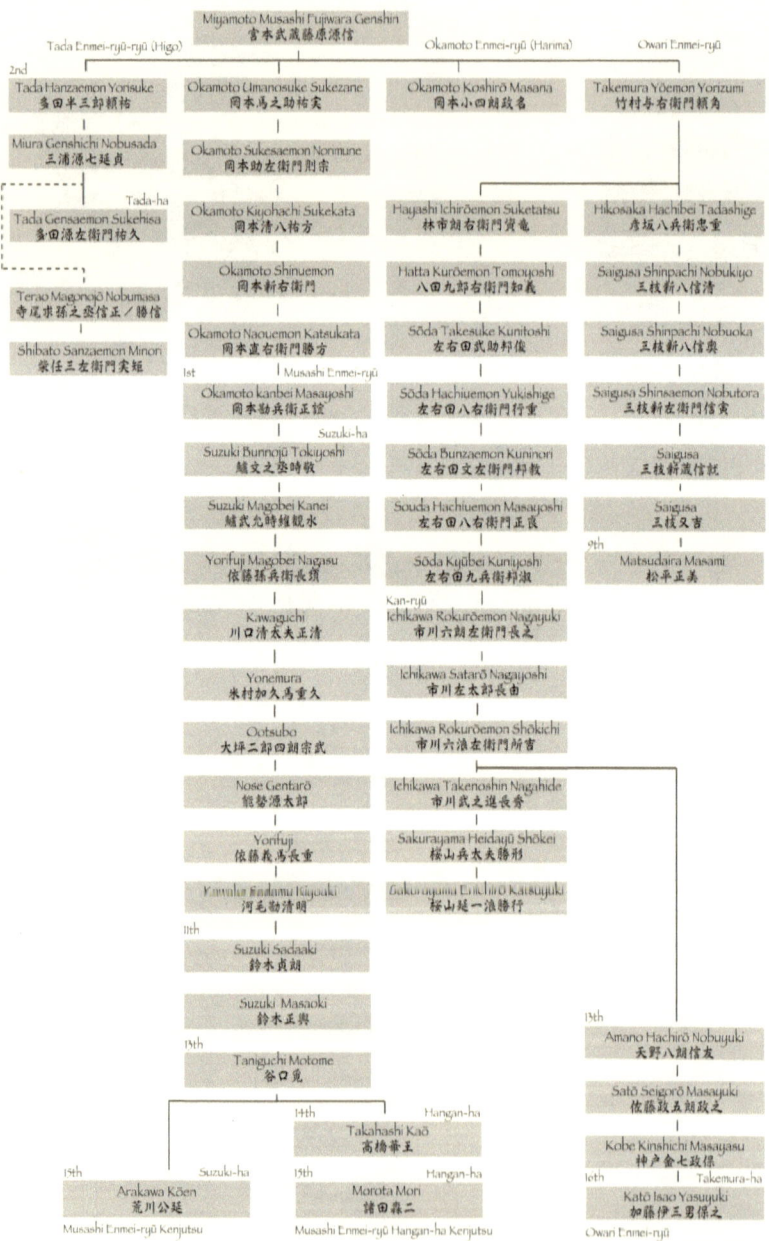

WEBSEITEN

Über Miyamoto Musashi

Deutsch
www.iaido-freiburg.de

English
www.miyamotomusashi.eu

Generelle Information

English
www.koryu.com
www.samurai-archives.com
www.ejmas.com

Französisch
www.koryuweb.wordpress.com

JAPANISCHE WORTLISTE MIT ERKLÄRUNGEN

Ageya:	Luxuriöses Restaurant mit Unterhaltung durch eine *Geisha*.
Ashigaru:	Fußsoldat.
Biwa:	Japanische Laute.
Bokutō:	Holzschwert.
Bu:	Die Kampfkünste.
Bun:	Die literarischen Künste.
Burei-Uchi:	Jemanden aus Gründen der Anmaßung zu töten.
Bushi:	Krieger.
Chūdan:	Mittlere Haltung. Eine von Musashis fünf Grundhaltungen, in der man einen Angriff in einer defensiven Position erwartet, bereit zu blocken oder zu schlagen.
Daimyō:	Feudalherr, Lehnsherr
Denki:	Biografie.
Deshi:	Schüler eines Meisters einer Kunst oder Handwerks, der sich verpflichtet hat, diese Kunst oder dieses Handwerk für einige Jahre bei ihm zu erlernen.
Dōjō:	Halle, die mit glattem Holzboden oder *Tatami*-Matten ausgelegt ist, um Kampfkünste darin zu üben.

Eboshi:	Traditionelle Kopfbedeckung, die von den Adligen des Hofes und bei Shintō Zeremonien getragen wird.
Fūdai Daimyō:	Vasallen-Lehnsherr.
Gedan:	Untere Haltung. Eine von Musashis fünf Grundhaltungen, in der man einen Angriff in einer defensiven Position erwartet, bereit zu blocken oder zu schlagen.
Genpuku:	Die Zeremonie zum Eintritt ins Erwachsenenleben.
Go:	Chinesisches Brettspiel.
Gorintō:	Fünfstöckiger Stupa.
Hakama:	Japanische Hose, die nach unten hin weiter wird und fünf oder sieben Falten vom Bund ausgehend hat.
Haori:	Leichte Seidenjacke, die von Männern zur *Hakama* getragen wird.
Hatamoto:	Enger Gefolgsmann des Shoguns.
Hatasashi:	Fahnen, welche das Banner einer Familie tragen.
Heihō:	Kunst oder Methode der Kriegsführung. Hier allgemein für die Kriegskünste verwendet und im speziellen für Musashis Niten-Ichi-Ryū.
Heihōsha:	Ausübender der *Heihō*.
Hidari no Waki:	Linke Haltung. Eine von Musashis fünf Grundhaltungen, in der man einen Angriff in einer defensiven Position erwartet, bereit zu blocken oder zu schlagen.
Hikiwatashi:	Die Übergabe des Lehens von einen *Daimyō* an einen anderen *Daimyō*.
Hōshin:	Den Geist leeren und ihm erlauben auf jede neue Herausforderung zu reagieren.
Hoshu-Jutsu:	Ein Kompendium von Greif-, Halte- und Fesseltechniken, die gegen Verbrecher und Kriegsgefangene angewandt wurde.

Isshin Ittō:	Eine Technik, bei der man in den Gegner hinein läuft, sich bückt und ihn durch hochheben an den Beinen aus dem Gleichgewicht bringt, während er zuschlagen wollte.
Jitte:	Eine traditionelle, japanische, speerähnliche Waffe, die aus einem Eisenstab unterschiedlicher Länge besteht und oberhalb des Heftes eine gabelähnliche Verlängerung hat.
Jō:	Hölzerner Stock.
Jōdan:	Obere Haltung. Eine von Musashis fünf Grundhaltungen, in der man einen Angriff in einer defensiven Position erwartet, bereit zu blocken oder zu schlagen.
Junshi:	Mittelalterliche Tradition, bei der der Gefolgsmann eines Herrn bei dessen Tod rituellen Selbstmord begehen muss.
Jūjutsu:	Waffenlose Kampfkunst, die auf verschiedenen Greif- und Haltetechniken beruht.
Kabuki:	Klassisches, japanisches Tanztheater, welches für seine Stilisierung des Dramas und der ausgefeilten und extravaganten Aufmachungen seiner Darsteller bekannt ist.
Kaki:	Familienaufzeichnungen.
Kakimono Bugyō:	Beamter, der für das Archiv eines Lehnsguts verantwortlich ist.
Kakun:	Ethischer Leitfaden, der vom Oberhaupt eines Clans an seine jüngeren, männlichen Nachfolger weitergegeben wird.
Kamae:	Beobachtende Haltung, in einer defensiven Position, bereit zu blocken oder zu schlagen.
Kamon:	Familienwappen.
Kan:	3,75 Kilogramm.
Kana:	Die phonetischen japanischen Silben.
Kanazōshi:	Traditionelles Buch, das in *Kana* gedruckt ist.

190

Kanji:	Chinesische Schriftzeichen.
Kanjō Bugyō:	Finanzminister.
Karō:	Obergefolgsmann eines *Daimyō*.
Katana:	Schwert.
Katsu-totsu:	Lautmalerei, welche die Abfolge, von zwei schnellen Schlägen darstellt, *Katsu*, wie um zu stechen; *Totsu*, wie um zu schlagen.
Karusan Hakama:	Eine *Hakama*, die an den Schienbeinen fest gebunden wird.
Kazoeoshi:	Traditionelle fernostasiatische Methode das Alter aufzuhalten.
Kodachi:	Wörtlich „kleines Schwert". Es ist das kürzere der beiden Schwerter, die ein *Samurai* bei sich führt.
Koku:	Mittelalterliche Maßeinheit, ungefähr 278 Liter. Das Maß wird benutzt, um die jährliche Einheit Reis von einem Stück Land zu bemessen. Ein *Koku* ist ausreichend eine Person für ein Jahr am Leben zu erhalten.
Kū:	Luft, Leere.
Kumihoka:	Außerhalb der regulären Kriegerkaste.
Makura Bokutō:	„Kissen"-Holzschwert, eine kurze Version vom traditionellen Holzschwert.
Metsuke:	1. Blick, 2. Inspektor, 3. Geheimdienst.
Migi no Waki:	Rechte Haltung. Eine von Musashis fünf Grundhaltungen, in der man einen Angriff in einer defensiven Position erwartet, bereit zu blocken oder zu schlagen.
Miso:	Gewürzpaste, die aus fermentierten Sojabohnen gemacht ist.
Mizuguruma:	„Wassermühlen"-Technik, in welcher das Schwert nahe am Boden geschwungen wird und dann in einer weiten, großen Kreisbewegung nach oben gebracht wird.

Mokuroku:	Eine schriftliche Inventarliste über die Techniken und Grundsätze einer Schwertkunstschule.
Musha Bugyō:	Gericht das aus Kriegern zusammengesetzt ist.
Musha Shugyō:	Wörtlich „Krieger Training". In der Disziplin der Kampfkünste meint es die alte Tradition der Selbstdisziplin, wie sie von den sogenannten Bergmönchen, den *Yamabushi*, ausgeübt wurde.
Naginata:	Langer Stock mit einem Klingenaufsatz.
Narezushi:	Traditionelle Art von fermentiertem Sushi.
Nebari o kakuru:	Wörtlich „Klebstoff auftragen". Ein technischer Begriff, der die Betonung darauf legt, stets mit des Gegners Schwert in Verbindung zu bleiben, so als wären sie zusammengeklebt.
Nengō:	Name einer Ära.
Obi:	Gürtel eines *Samurais*, der unter der *Hakama* getragen wird und in dem die beiden Schwerter gehalten und getragen werden.
Omoimono:	Klassischer japanischer Begriff mit dem sowohl eine Geliebte, als auch eine Prostituierte bezeichnet werden kann.
Renga:	Eine Serie von kurzen Versen, die gemeinschaftlich zu einem Gedicht zusammengefügt werden.
Rōnin:	Herrenloser *Samurai*.
Ryūha:	Ein bestimmter Zweig einer Schwertkunstschule.
Ryūsui no Uchi:	Technischer Begriff, der bedeutet, dass man sich sowohl körperlich als auch geistig groß macht, indem man das Schwert hinter seinen Körper nimmt und in einen großen und starken Schlag mit großer Langsamkeit übergeht, fast wie in Zeitlupe.
Sankin kōtai:	Eine Richtlinie der Militärregierung die vorschreibt, dass ein *Daimyō* das eine Jahr in der Hauptstadt und das andere Jahr in seinem Lehen

	verbringen muss. Diese Richtlinie sollte Rebellionen verhindern.
Sekka no Atari:	Technik, in der man des Gegners Schwert in dem Moment schneidet, wo sie sich berühren, aber noch nicht gehoben worden sind.
Seppuku:	Ritueller Selbstmord.
Shaku:	Längenmaß: 30,303 Zentimeter.
Shiai:	Duell.
Shidachi:	Einer der beiden Rollen im Budō. Hier ist es der Schüler, der auf den Angriff reagieren muss und dadurch das richtige Tempo, die richtige Haltung und die richtige Wahrnehmung erlernen soll.
Shihan:	Chef-Ausbilder.
Shinai:	Schwert, das aus Bambuskomponenten zusammengesetzt ist und zu Wettkampftechniken eingesetzt wird.
Shinken:	Ein richtiges Schwert, im Gegensatz zu einer hölzernen Trainingswaffe.
Shikomitsue:	Ein Schwert, bei dem die Scheide und der Griff aus demselben Holz sind und nahtlos ineinander übergehen, so dass wenn das Schwert eingesteckt ist, man es von einem Spazierstock nicht unterscheiden kann.
Shimono:	Eine Komponente des *hoshu-Jutsu*.
Shinzan:	Anfänger.
Shōgun:	Vererbbarer Titel des Militärgouverneurs in der japanischen Feudalzeit.
Shuriken:	Kleiner Metallstern, an dem die „Arme" angeschliffen sind und geworfen wird.
Sōhei:	Kriegermönche der großen buddhistischen Tempel.
Sōjutsu:	Die Kunst mit der *Yari* zu kämpfen.
Sumi-e:	Tuschemalerei.
Sumō:	Traditionelles Vollkontakt-Wettkampf-Ringen.

Sutra:	Lehrrede des Buddhas.
Tachi:	Das längere der beiden Schwerter, die ein *Samurai* bei sich trägt.
Taishō:	Befehlshaber
Tantō:	Traditionelles japanisches Messer mit einer Stichblattlänge zwischen 15 und 30 Zentimeter.
Taryū Shiai:	Wettkampf zwischen unterschiedlichen Schulen. Duell von Schülern unterschiedlicher Schulen.
Tatami:	Traditionelle japanische Bodenmatte aus Reisstroh.
Teki-Uchi:	Jemanden aus Rache töten.
Teppō-Ashigaru:	Fußsoldat, der mit einem Gewehr bewaffnet ist.
Torikago:	Komponente des *Hoshu-Jutsu*.
Uchidachi:	Einer der beiden Rollen im *Budō*. Hier ist es der Lehrer, der den Angriff beginnt und das richtige Tempo vorgibt, damit der *Shidachi* die Form erlernt und den gewinnenden Schlag ausführen kann.
Umamawarigumi:	Elite-Wächter eines *Daimyō*s in seinem eigenen Haus.
Uruzuki:	Zusätzlicher Monat, der alle paar Jahre hinzugefügt wird, um den Unterschied zwischen den Kalendermonaten und den Jahreszeiten des Mond-Sonnenkalenders auszugleichen.
Wakizashi:	Wörtlich: eingestecktes Bei-Schwert. Es ist ein zusätzliches Schwert mit einer Länge zwischen dreißig bis sechzig Zentmeter, um in engen Gebäuden zu kämpfen.
Wakō:	Japanische Piraten im Mittelalter.
Yamabushi:	In der Einsamkeit lebende Bergmönche der japanischen Alpen, die sich extremer Disziplin in der harten Umgebung der Berge unterwerfen, um übermenschliche Fähigkeiten zu erreichen.
Yari:	Speer, Lanze.

Yashiki:	Herrenhaus von *Samurai.*
Yazama:	Schießscharte in einer Burg.
Yukata:	Ein legerer Sommer-*Kimono* mit geraden Saum und weiten Ärmeln aus Baumwolle.
Zanshin:	Achtsam bleiben, während der Geist auf dem gefallenen Gegner ruhen bleibt.
Zōei Bugyō:	Baubeauftragter, leitender Beamter eines Bauvorhabens.

ANMERKUNGEN

Einleitung

1   Alle Passagen, die hier zitiert werden sind aus Musashis *Gorin no Sho*, gemeinhin als *Buch der fünf Ringe* übersetzt, dass vom Autor übersetzt wurde und auf der Ausgabe mit Kommentaren von Kamiko Tadashi beruht. Dieser Text basiert auf einer Kopie des *Gorin no Sho* die 1667 von Terao Magonojō Nobumasa (Katsunobu) an seinen Schüler Yamamoto Gensuke (Genzaemon Katsuhide) weitergegeben wurde und mittlerweile im Besitz der Hosokawa Familie ist. Siehe Kamiko Tadashi, *Gorin no Sho*, 13.

2   Das Kokura Monument kann heutzutage immer noch besichtigt werden. Obwohl der Text durch die Jahrhunderte verwittert ist, kann man ihn immer noch erkennen. Die erste Aufzeichnung in der das *Kokura Hibun* übertragen worden ist, ist das *Bukōden*. Eine volle Abschrift ist im Matsunobu Ichiji, *Miyamoto Musashi Zensho*, 292.

3   Wörtlich heißt das „Bücher, die hauptsächlich in *Kana* geschrieben sind", d.h. im phonetischen japanischen Silbenalphabet und nicht in den schwierigen *Kanji*, den chinesischen Schriftzeichen. Das *Kanazōshi* behandelt Essays,

Militärchroniken und Reiseberichte und wurde während der ersten acht Jahrzehnte (1600–80) der Edo-Periode gedruckt. Siehe Kimura Akira, *Kaijō Monogatari*, Nagano, 1985.

4   Siehe Fukuda Masahide, *Miyamoto Musashi kenkyūron bunshū*, 51-52.

5   Siehe Fukuda Masahide, *Miyamoto Musashi kenkyūron bunshū*, 171-172.

6   Siehe Kondō Heijō, *Shiseki Shūran*, Band 24. Tokyo, 1967.

6   Siehe Hinatsu Shigetaka, *Honchō Bugei Shōden*. Tokyo, 2003.

8   Für eine vollständige Übersetzung des *Bushū Denraiki* und des *Bukōden* und einer umfangreichen Ausarbeitung aller vier Werke, siehe De Lange, William, The Real Musashi, The *Bushū Denraiki*; und De Lange, William, The Real Musashi, The *Bukōden*. Die japanischen Originale dieser beiden Texte sind Reproduktionen von Fukuda Masahide, *Miyamoto Musashi Kenkyū Dainishū*, *Bushū Denraiki*, 344-67; und Matsunobu Ichiji, *Miyamoto Musashi Zensho*, 300-314.

9   Siehe Nagao Susumu, 18 *Seiki ni okeru kenjutsu no henshitsukatei ni kansuru kenkyū*; *Gekken Sōdan no bunseki o chūshin ni*, *Meiji Daigaku Ninbun Kagaku Kenkūsho Kiyō*, Band 45, 1999, 126. Siehe auch *Kaku Kōzō, Kyokui Ichiryū tamashii no waza ni nihonjin no minamoto o saguru*, 115-16.

10 Siehe Hirano Yōsai, *Harima Kagami*; und Fukuda Masahide, *Miyamoto Musashi kenkyūron bunshū*, 85-86.

11 Siehe Kosuge Ren, *Bisan hōkan*.

12 Siehe Akabane Tatsuo, *Musashi-Ryū „Enmei Ryū"wo Manabu*, 100-124

13 In seinem *Tōsakushi* (1851) erklärt Masaki Teruo ausdrücklich, dass das *Honchō Bugei Shōden* (1714) falsch liegt, wenn es behauptet, dass Musashi aus Harima kam. Auf diese Weise scheint Teruo gegen eine Reihe anderer Aufzeichnungen über Miyamoto Musashi vorzugehen, welche viele Jahrzehnte, wenn nicht Jahrhunderte vor dem *Tōsakushi* geschrieben wurden.

Das *Harima Kagami* (1762) zum Beispiel besagt, dass „Miyamoto Musashi aus dem Dorf Miyamoto in der Nähe von Ikaruga im Distrikt Ittō stammt." Noch wichtiger ist, dass Musashi in seinem *Gorin no Sho* behauptet, er sei ein Eingeborener aus Harima. Es kann jedoch spezifische Gründe geben, warum Musashi es vorzog, sich als ein Einheimischer aus Harima und nicht aus Mimasaka zu betrachten. Als erstes ist da sein Vater zu dem er eine schlechte Beziehung hatte, der aus Mimasaka kam, während seine geliebte Stiefmutter, Yoshiko, aus Harima kam. Bei ihr, im Dorf Hirafuku in Harima, verbrachte er die glücklichsten Jahre seiner Kindheit. Es überrascht nicht, dass es auch Harima war, wo er sich in den mittleren Jahren seines Lebens niederließ. Siehe Fujimaki Masayuki, *Tōsakushi*, 12-32. Ein weiterer Grund für Musashis vorsätzliche Falschdarstellung seiner Wurzeln könnte die Tatsache sein, dass, wie viele der anderen westlichen Provinzen, die Provinz Mimasaka im Vorfeld der Schlacht von Sekigahara (1600) der Nährboden der Tokugawa war. Tatsächlich war Ukita Hideie damals der *Daimyō*, der die Kontrolle über die Provinzen Bizen und Mimasaka inne atte, einer der Anführer des Mitsunari-Bündnisses und der erste, der seine Truppen in Stellung gebracht hatte. Er hielt eine Zeremonie für diejenigen ab, die am Hōkoku-Schrein in Fukuoka mit in die Schlacht zogen. Das war am 8. September, elf Tage bevor Ishida Mitsunari und seine Mitverschwörer beschlossen gegen Ieyasu, auf einer geheimen Konferenz in Mitsunaris Burg von Sawayama, vorzugehen.

14   Das *Mimasaka Ryakushi* ist die einzige Aufzeichnung, die den präzisen Grund erwähnt, warum Shinmen Munetsura in den Dienst der Kuroda trat, nämlich die Vernichtung des Ukita-Clans. In der Schlacht von Sekigahara wählte Ukita Hideie die Seite der westlichen Allianz unter Ishida Mitsunari. Im Kampf besiegt, floh er verkleidet in die Ibuki-Berge, von wo aus er mit Hilfe von Shimazu Yoshihiro von Satsuma in die Provinz

Ōsumi (heutige Präfektur Kagoshima) gelangte. Von seinen früheren Besitztümern beraubt (aber nicht nur, weil er während
der Schlacht unter Ukita kämpfte), trat Shinmen Munetsura
irgendwann nach 1600 in den Dienst von Kuroda Yoshitaka,
dem Jahr, in dem er als Belohnung für seine Dienste in der
Schlacht von Sekigahara, ein neues Anwesen in Chikuzen
bekam. Siehe Yabuki Masanori, *Mimasaka Ryakushi*, 143-45. Dies
wird von *Keichō shichi-nen Shoyakunin chigyōwari* bestätigt, einem
Bericht über die Verteilung des Landes unter den verschiedenen
Gefolgsleuten für das siebente Jahr von Keichō (1602), in dem
Munetsura mit einem Lehen von zweitausend *Koku* aufgeführt
wird. Im neunten Jahr von Keichō (1604) erscheint er im *Keichō*
nenchū samurai-chū jija chigyō, einer Aufzeichnung der Verteilung
des Landes unter den Gefolgsleuten und den verschiedenen
Tempeln und Schreinen des Kuroda-Clans in Chikuzen.
Bezeichnenderweise wird Munetsura im Gegensatz zu Muni
als Anfänger (*Shinzan*) aufgeführt. Im Code der Aufzeichnungen
bedeutet dies, dass Munetsura irgendwann nach 1600 in den
Dienst der Kuroda trat. Siehe Fukuda Masahide, *Miyamoto*
Musashi kenkyūron bunshū, 112-18.

15   Siehe Fukuda Masahide, *Miyamoto Musashi kenkyūron bunshū*, 25–
26.

16   Die Aufzeichnung, in der Musashis Name vorkommt, das *Ōsaka*
o-jin no Otomo, wurde unter den Besitztümern der Nachkommen
von Nakayama Shōgen entdeckt, der als einer der Ältesten im
Mizuno Lehen gedient hatte. Das *Ōsaka o-jin no Otomo* ist
übrigens nicht der einzige Appell, welcher Musashis Namen im
Zusammenhang mit der Belagerung erwähnt. Ein ähnlicher
Appell, der in den Archiven der Fukuyama-Burg aufbewahrt
wird, bestätigt, dass Musashi zu den 230 berittenen Kriegern
(zusätzlich zu 4300 Kriegern zu Fuß) unter Katsunaris
Kommando gehörte. Der Appell mit dem Titel *Ōsaka o-jin o-*
ninzu tsukeoboe gehörte ursprünglich zu den Schriftrollen der

Oba, einem Clan von Mizuno Gefolgsmännern aus Fukuyama. Heute gibt es zwei Exemplare, das eine von 1752 und das andere von 1818, welche im Kagami Yagura, dem östlichen Turm der Burg, aufbewahrt werden und sie tragen beide den Namen eines gewissen Oba Heiba. Darüber hinaus erwähnt das *Ōsaka o-jin o-ninzu tsukeoboe* nicht nur, dass Musashi unter Katsunaris berittenen Kriegern war, sondern erklärt ausdrücklich, dass er der vierte unter einer Gruppe von zehn berittenen Kriegern war, die keinem anderen als Sakushū-sama, dem Ehrennamen von Katsunaris Sohn, Katsuhige (später Katsutoshi), angehörten. Zwei Männer unter den verbleibenden neun werden als „teilnehmende *Rōnin*" markiert, wo hingegen keine solche Kennzeichnung auf Musashi angesetzt wurde. Siehe Fukuda Masahide, *Miyamoto Musashi Kenkyū Dainishū*, 189-198; und *Miyamoto Musashi kenkyūron bunshū*, 19-24. Musashis Teilnahme an der Belagerung der Burg von Osaka unter Mizuno Katsunari wird auch vom *Sōkyū sama o-degatari* gestützt. Obwohl es, anders als bei den anderen beiden Appellen, Musashis Rolle während der Belagerung der Burg von Osaka nicht darlegt, erwähnt es doch, dass während der Unterdrückung der Shimabara-Rebellion (in der Katsunari eine herausragende Rolle spielte), „ein Mann mit dem Namen Miyamoto Musashi sagte, er sei unter Herr Katsunari in die Schlacht geritten." Siehe Fukuyama-shi Kyōiku Iinkai, *Oba-ka Bun Sho*, Teil 1, Fukuyama, 1974, 178. Hätte Musashi unter den westlichen Mächten gekämpft, warum sollte er Mikinosuke, den dritten Sohn eines anderen Ieyasu-Verbündeten, Nakagawa Shimanosuke, der Katsunari als *Musha Bugyō*, Amtsrichter der Krieger, diente, und während der Belagerung der Osaka-Burg starb, adoptieren? Der Hintergrund von Mikinosuke wird übrigens nicht vom *Kōkō Zatsuroku* geliefert, sondern von einer Ahnenaufzeichnung, die 1696 erstellt und von einem gewissen Miyamoto Kohei, Leiter einer Gruppe von Ashigaru des Ikeda-Clans und ein Neffe von Miyamoto

200

Mikinosuke, den Verwaltern des Okuyama-Lehens in der Provinz Bizen, festgestellt wurde. Siehe Fukuda Masahide, *Miyamoto Musashi Kenkyū Dainishū*, 189-198; und *Miyamoto Musashi kenkyūron bunshū*, 19-24.

17 Entgegen Hōkins Behauptung in seinem *Bushū Denraiki*, Musashi sei seinem Vater in Nakatsu begegnet und in den Dienst von Kuroda Yoshitaka getreten, wird das von einigen anderen bestritten. Es gibt jedoch wenig Zweifel, dass Musashis Vater, Munisai, tatsächlich in Nakatsu zu dieser Zeit lebte, da sein Name in den lokalen Aufzeichnungen des Kuroda-Clans im Jahre 1604 erwähnt wird. Nach dem, was Hōkin schreibt, scheint Munisai die Burgstadt Takamori verlassen zu haben und sich seinem Herrn Yoshitaka in Nakatsu, dem Sitz des Kuroda-Hauptquartiers, angeschlossen zu haben. Siehe Fukuda Masahide, *Miyamoto Musashi kenkyūron bunshū*, 112-127. Es erscheint unwahrscheinlich, dass Musashi im zarten Alter von sechzehn Jahren unter den westlichen Streitkräften in der Schlacht von Sekigahara gekämpft hätte, auch wenn Musashi nicht vollständig mit seinem Vater in Konflikt geraten wäre (was sowohl dem *Bushū Denraiki* als auch dem *Numata Kaki* widerspricht), mit anderen Worten, dass er gegen die Kräfte von Kuroda Nagamasa, dem Sohn von Musashis Herrn, Kuroda Yoshitaka kämpfte. Es gibt ebenfalls keine weiteren Anhaltspunkte dafür, unter welchen Umständen er dies hätte tun können. Und wenn er tatsächlich in den Reihen von Mitsunaris Verbündeten kämpfte, warum sollte er sich später mit solcher Konsequenz und offenkundigem Vertrauen auf die Gastfreundschaft von Ogasawara Tadazane (Akashi), Nagaoka Okinaga (Kokura) und Hosokawa Tadatoshi (Kumamoto) verlassen haben, alles Anführer, die ihre Beförderungen verdient hatten, indem sie sich Ieyasus Seite angeschlossen hatten. Musashis östliche Loyalitäten werden vom *Kōkō Zatsuroku*, dem *Ōsaka o-jin no Otomo* und dem *Ōsaka o-jin o-ninzu tsukeoboe* klargestellt.

201

Musashi hatte während der Belagerung der Osaka-Burg unter den Truppen von Mizuno Katsunari, einen weiteren Anführer, der während seiner Militärlaufbahn auf Ieyasus Seite kämpfte, gedient. Siehe Fukuda Masahide, *Miyamoto Musashi Kenkyū Dainishū*, 160-162; und *Miyamoto Musashi kenkyūron bunshū*, 26-41.

18   Siehe Murakami Genzō, *Zuihitsu Sasaki Kojirō*; und Kawaguchi Sunao, *Sasaki Kōjirō*.

19   Ein Beispiel dafür ist Tachibana Minehira, alias Tanji Hōkin, der Musashis Niten-Ichi-Ryū von frühester Kindheit an praktiziert hatte und sich deshalb weigerte näher an die Burg seines Herrn zu ziehen, um in der Nähe seines Lehrers zu sein. Zweimal wanderte er von Kyushu nach Akashi um mit dem dritten Stammvater des Niten-Ichi-Ryū (Minehira sollte später der fünfte werden) zu trainieren. Außerdem weigerte er sich zu heiraten, um sein Verständnis für Musashis Erbe zu vertiefen. Schließlich und endlich verbrachte er zehn Jahre seines Lebens in einer kleinen Einsiedelei auf dem Landgut seines Bruders, und schrieb dort das *Bushū Denraiki*. Obwohl nicht in meiner Übersetzung der Arbeit enthalten, fügte Hōkin seine eigene Biographie hinzu, ebenso wie die seiner Niten-Ichi-Ryū Vorgänger. Siehe Fukuda Masahide, *Miyamoto Musashi Kenkyū Dainishū*, 360-67.

Kapitel 1

1   Musashis Geburtsort wird von verschiedenen japanischen Historikern und von verschiedenen anderen Aufzeichnungen angezweifelt. Das *Harima Kagami* behauptet, dass das Dorf Miyamoto in der Nähe von Ikaruga war, ein Verweis auf das Ikaruga Shōen, oder das Ikaruga-Herrenhaus in der Provinz Harima. Heute existiert dieses Dorf nicht mehr. Es verschwand gegen Ende

des neunzehnten Jahrhunderts von der Karte, als der Bezirk von Itō mit dem von Issai zusammengelegt wurde, um den heutigen Bezirk von Ibo zu schaffen. Der Name von Miyamoto lebt als kleines Gebiet in der Taishi-Gemeinde (im Bezirk Ibo, in der heutigen Provinz Hyōgo) weiter. Dies wird vom *Mimasaka Ryakushi* angefochten. Während es bestätigt, dass Musashi ein Mann aus dem Dorf Miyamoto war, fügt es in Klammern hinzu, dass es sich auf ein Dorf mit diesem Namen im Bezirk Yoshino bezieht, welches sich im östlichsten Teil von Mimasaka befand, entlang der nordwestlichen Grenze der Provinz Harima. Diese Beschreibung wird vom *Tōsakushi* unterstützt, das ebenfalls aus Mimasaka stammt. Während es die Tatsache ignoriert, dass sogar Ioris Denkmal für seinen Vater klar besagt, dass Musashi aus Harima stammte, besteht das *Tōsakushi* darauf, dass sowohl das *Kokura Hibun* als auch das *Honchō Bugei Shōden* in ihren Behauptungen falsch liegen, und dass Musashi in Harima geboren wurde. Siehe Fujimaki Masayuki, *Tōsakushi*.

2   Shinmen Munetsura war der Sohn von Shinmen Munesada. Nach dem Fall der Takeyama-Burg wurden die Shinmen enteignet. In den folgenden Jahrzehnten unternahmen sie mehrere Versuche ihren Besitz zurückzugewinnen, aber alle ihre Bemühungen erwiesen sich als erfolglos. Mittellos und desillusioniert verstarb Munesada 1558. Die Fürsorge für Munetsura, der noch in den Kinderschuhen steckte, wurde von seinem Onkel übernommen. Als Munetsura erwachsen wurde, schienen sich die Geschicke der Shinmen zu wenden. Weitere Schicksalsschläge folgten 1562 durch den Tod von Amago Haruhisa und 1566 mit dem Sturz ihrer Amago-Festung, der Tomida-Burg. In den achtziger und neunziger Jahren diente Munetsura unter Ukita Hideie, der 1582 seinem Vater bei Toyotomi Hideyoshis Kampagne zur Vereinigung des Landes, als auch in den beiden koreanischen Feldzügen in den neunziger Jahren, unterstüzte. Siehe Nagatanigawa Hiroshi, *Sengokudaimyō Amago no Kenkyū*.

3   Die *Jitte* ist eine traditionelle Waffe, die während der frühen
     Muromachi-Periode (1333-1568) aus China nach Japan
     eingeführt wurde. Sie besteht aus einem Eisenstab, der zwischen
     dreißig Zentimeter und einem Meter lang ist. Die Jitte ist eine
     Verteidigungswaffe, die dazu verwendet wird einen Angriff mit
     einem Schwert abzuwehren, indem sie den Abwärtsschub durch
     eine gabelartige Verlängerung stoppt.

4   Bunis Grab (das lange für Munis gehalten wurde) liegt auf dem
     Gelände des (später errichteten) Musashi-Schreins, der in die
     Jigami-Hügel oberhalb des alten Familienhauses in Miyamoto
     eingebettet ist. Das Datum auf dem verwitterten Stein lautet
     „Achtzehnter Tag des vierten Monats des achten Jahres der
     Tenshō-Ära [31. Mai 1580]."

5   Yoshikos Familie, die Bessho, war in Hirafuku ein wichtiger
     Clan. Sie waren eine Junior-Linie des Akamatsu-Clan und
     Yoshikos Vater, Bessho Shigeharu, war der Herr der Rikan-Burg.
     Als er 1578 versucht hatte Oda Nobunagas Vormarsch nach
     Westen standzuhalten, wurde er besiegt und enteignet. Sich in
     die Shinmen einzuheiraten, war also Yoshikos Rettung aus einem
     Leben voller harter Arbeit und ständiger Not. Siehe Nakanishi
     Seizō, *Miyamoto Musashi no shōgai*, 34-36; und Kaku Kōzō,
     Miyamoto Musashi zu iu Kenkyaku, 16-17.

6   Frauen in Yoshikos Zeit hatten nicht die gleichen ehelichen
     Rechte wie Männer. Scheidungsgesetze waren unterschiedlich
     für *Samurai* und Bürger (Nicht-*Samurai* konnten ihren Frauen
     einfach einen kurzen Brief überreichen), aber im Wesentlichen
     musste ein *Samurai* seine Zustimmung geben. Während Männern
     erlaubt wurde, Konkubinen zu halten, konnte eine Frau
     hingegen von ihrem eigenen Ehemann hingerichtet werden,
     wenn sie mit einem anderen Mann lebte, ohne geschieden zu
     sein. Der einzige Weg für eine Frau sich gegen den Willen ihres
     Mannes scheiden zu lassen, war die Zuflucht in einem buddhis-
     tischen Tempel. Diese Tempel hatten solchen Zulauf, dass sie

bald als *Kakekomidera* oder „Schutztempel" bekannt wurden. Siehe William E. Deal, *Handbook to Life in Medieval and Early Modern Japan*, 345-346.

7   Die *Shuriken* oder „Hand-versteckte-Klingen" waren kleine, geschärfte Klingen in Form eines Sterns, die aus kurzer Entfernung geworfen wurden. *Shuriken* kamen in einer Vielzahl von Formen, wie Stahlspitzen (*Bō-Shuriken*) oder flachen Stücken von Stahl mit einer wechselnden Anzahl von spitzen Klingen (*Hira-Shuriken*) vor. Obwohl das Werfen dieser Waffen, oder *Shuriken jutsu*, eine eigenständige Kunst wurde, war das *Shuriken* im Wesentlichen eine zusätzliche Waffe im Arsenal eines Kriegers, der einen Gegner verwunden und verunsichern sollte, bevor man zuschlagen wollte.

8   Die wandernden Krieger verwendeten das Konzept von *Musha Shugyō*, der „kriegerischen, asketischen Praxis". Es war von den Bergmönchen abgeleitet, um sich körperlich zu trainieren und den Geist zu disziplinieren (Seishin Tanren). Sie waren auch als *Shugyōsō* bekannt.

9   Der Ausgang dieser *Shiai* war oft tödlich. Die schwächeren Parteien, die solche Wettbewerbe überlebten, entschlossen sich häufig dazu sich den Überlegeneren zu unterwerfen und ihnen auf ihren Reisen zu folgen, in der Hoffnung, letztendlich ihre Lehrer nachzuahmen und vielleicht sogar zu übertreffen. Es war nicht ungewöhnlich auf einer Straße zwischen zwei Dörfern einem Schwertmeistern mit einer Gruppe von Schülern zu begegnen. Auch Kihei schien in Begleitung gereist zu sein, denn der Bote, der Bennosuke benachrichtigte, spricht von ihm als seinem Herrn. Siehe Ozawa Masao, *Miyamoto Musashi*, 6-7.

10 Ein *Karusan Hakama* war ein japanisches Kleidungsstück, das der *Calção*, der Ballonhose der portugiesischen Matrosen, nachempfunden war, die in der Mitte des 16. Jahrhunderts Kyushu erreichten. Im Gegensatz zum traditionellen *Hakama* hatte der *Karusan* Hosenbeine, die sich zum unteren Ende hin verjüngten,

so dass sie eng um die unteren Schienbeine saßen. Sie wurde von allen Klassen getragen. Besonders beliebt jedoch waren sie bei denjenigen, die viel Zeit auf der Straße verbrachten, vor allem wandernde Krieger, die eine angenehme Beinfreiheit zu schätzen wussten, weil die schmalen Enden es unmöglich machten, über das eigene Kleidungsstück zu stolpern. Siehe Bushiseikatsu kenkyūkai, *Bushiseikatsushi*, 44-49.

11 Im Jahre 1592 entsandte Hideyoshi in einem seiner unberechenbaren und immer häufiger werdenden Wutanfälle eine Invasionsstreitmacht von etwa 158.000 Mann auf die koreanische Halbinsel. Ziel war es die koreanische Joseon-Dynastie zu vernichten. Als China 1596 zu Hilfe kam, wurde die Invasion abgebrochen. Die zweite Invasion, die einem kurzen Zwischenspiel erfolgloser Verhandlungen folgte, wurde 1597 begonnen und umfasste eine Truppenstärke von ungefähr 141.000 Mann. Sie endete mit Hideyoshis Tod im Jahr 1598. Im Verlauf des Konflikts starben etwa 100.000 Japaner, mehr als 185.000 Koreaner, ungefähr 30.000 Chinesen und fast eine Million Zivilisten.

12 Es gab einen anderen Grund, warum Muni den Dienst Munetsuras verlassen hatte. Die Nachfolge von Ukita Naoie zu seinem Sohn Hideie verlief nicht reibungslos. Einige der ältesten Gefolgsleute von Naoie ärgerten sich über die Strenge, mit der sein Sohn seine Autorität begründete. Alles begann 1599, als im Ukita-Lehen ein Aufstand ausbrach und viele von Naoies engsten Gefolgsleuten den Dienst seines Sohnes verließen. Einige von ihnen traten in den Dienst von Tokugawa Ieyasu, der eine aktive Rolle bei der Lösung des Problems spielte. Es ist fast sicher, dass auch Munetsura den Dienst Hideies verließ. Es ist daher möglich, dass Munetsura in der Schlacht von Sekigahara unter einem Kommandanten der östlichen Mächte kämpfte. Das würde erklären, warum er kurz nach der Schlacht in den Dienst der Kuroda treten konnte. Da seine Besitztümer zum Ukita-Lehen gehörten, hätte er sie ohnehin verloren, egal für

welche Seite er kämpfte. Sein Lehen, als er in den Dienst der Kuroda trat, war übrigens nur eintausend *Koku* wert, ein Fünftel von dem, was er unter Hideie besessen hatte. Siehe Inoue Tomoshige, *O-togishū Miyamoto Musashi*, 43-37.

13 Hayashi Tarōemon war ein Meister der Lanze. Er kam aus Shimano und war nach Harima gezogen und trat wie Muni in seinen frühen achtziger Jahren in den Dienst der Kuroda. Innerhalb weniger Jahre war er in die Position des *Ashigaru Taishō*, des Kommandeurs eines Bataillons von Fußsoldaten, aufgestiegen, eine Position, in der er Kuroda Nagamasa in zahlreichen Schlachten dienen sollte, einschließlich der Schlacht von Sekigahara. Als Belohnung für seine tapferen Dienste in dieser Schlacht erhielt er von keinem anderen als Nagamasa selbst einen Helm. (Für eine detaillierte Darstellung der verschiedenen Quellen, die Musashis Verbleib während der Schlacht von Sekigahara betreffen, siehe die Hinweise in der Einleitung dieses Buches.)

14 Aufzeichnungen über die Verteilung des Landes (*Bungenchō*) für das Kuroda-Lehen in Nakatsu, die im siebten Jahr von Keichō [1602] erstellt wurden, zeigen, dass Shinmen Muni ein Gehalt von einhundert *Koku* erhielt und unter dem Kommando der *Ashigaru Taishō* Hayashi Tarōemon als Kumihoka eingeordnet wurde. In einem ähnlichen Bericht für das neunte Jahr von Keichō [1604] wird Muni weiter als ein *Furugo Fūdai* dargestellt, ein langjähriger erblicher Vasall, was die weit verbreitete Ansicht unter japanischen Gelehrten bekräftigt, dass Muni lange im Dienst des Kuroda-Clans gewesen sein musste bevor er nach Nakatsu kam. Siehe Fukuda Masahide, *Miyamoto Musashi kenkyūron bunshū*, 112-127.

15 Der Vorname Genshin in Musashis Vornamen ist jener, der am häufigsten missverstanden wird. Ursache für diese Verwirrung ist die Tatsache, dass Musashis posthumer Name (*Okurina*) mit den gleichen Schriftzeichen wie Harunobu geschrieben wird,

aber nach dem *On-Yomi*, dem chinesischen Stil eines Zeichens, ausgesprochen wird. In der japanischen Tradition wurden jedoch Vornamen (*Imina*) entsprechend ihrer *Kun-Yomi*, der japanischen Art des Lesens chinesischer Schriftzeichen, in diesem Fall Haru-nobu, ausgesprochen. Mit anderen Worten, wenn Musashi seinen erwachsenen Namen von seinem Vater erhalten hätte, wäre er als Harunobu ausgesprochen worden. Doch von dem Moment an, als er seinen Dharma-Namen annahm (der derselbe war wie sein *Okurina*), sollte er als Genshin gelesen werden. Interessanterweise war der Vorname von Musashi derselbe wie der von Takeda Shingen, obwohl das erste Schriftzeichen seines Vornamens mit einem anderen chinesischen Schriftzeichen geschrieben wurde. Im Gegensatz dazu wurde Musashis Dhar-ma-Name mit den gleichen Zeichen geschrieben, wie der Dhar-ma-Name des großen Kriegsfürsten, allerdings diesmal in umgekehrter Reihenfolge.

16   Die Ebenen von Musashi waren eine der malerischen Schönheiten des alten Japan. Bereits 1290 berichtete die Hofdame Gofukakusa Nijō (1258-1306) in ihrem Tagebuch, wie sehr sie die Schönheit der Ebenen beeindruckte, als sie im Herbst von einer Pilgerfahrt zum Zenkō-Tempel in Nagano zurückkehrte. „Die riesigen, hügeligen Weiten mit Pampasgräsern", schrieb sie, „werden so hoch, dass sogar ein Reiter aus dem Blickfeld verschwindet", und nach dem dritten Reisetag hatte sie jedes Gefühl der Orientierung verloren. Siehe Fukuda Hideichi, *Towazugatari*, 325-26; und Brazell, Karen, *The Confessions of Lady Nijō*, 195-96.

17   Die Schlacht von Sekigahara (21. Oktober 1600) war ein ent-scheidender Wendepunkt in der japanischen Feudalgeschichte. Mehr als zweieinhalb Jahrhunderte lang befand sich Japan in den Wirren des Bürgerkriegs. Die Zeit des Konflikts hatte 1333 begonnen, als Kaiser Godaigo (1288-1339) versuchte, die Macht, die er während Japans früher Anfänge genossen hatte,

wieder an sich zu reißen und den Thron zu besteigen. In diesem Konflikt drängten sich zwei Parteien in den Vordergrund, von denen jede ihren eigenen kaiserlichen Anwärter favorisierte, der an unterschiedlichen Höfen wohnte, einer im Muromachi-Distrikt von Kyoto und der andere südlich der Hauptstadt, unterhalb der Yoshino-Berge. Der Konflikt zwischen den nördlichen und südlichen Höfen dauerte bis 1392, als beide Parteien zu einer Einigung kamen und der Ashikaga-Clan, der Unterstützer des nördlichen Hofes, die vollständige Kontrolle übernahm. Für das nächste halbe Jahrhundert regierte die Muromachi *Bakufu* (1333-1568), bis es der internen Korruption und dem Fraktionismus zum Opfer fiel. Als der Konflikt außer Kontrolle geriet, wurde die Hauptstadt, einst die Blüte der Nation, zum Schauplatz eines Grabenkriegs von beispielloser Grausamkeit, der ein Jahrzehnt lang dauerte. In Folge des sogenannten Ōnin-Krieges (1467-77) fegte eine Welle der Anarchie, die in Bewegung gesetzt worden war, über das Land hinweg, die ganz Japan den Kriegswirren aussetzte. Die Kämpfe wurden von den Regierungsfraktionen nicht mehr im Bemühen um nationale Interessen geführt, sondern von lokalen Kriegsherren, die sich bemühten, kleinliche und kurzsichtige Interessen zu erreichen, die nur dazu dienten, ihre Position in den umliegenden und ausnahmslos feindlich zueinander gesinnten Kleinstaaten zu stärken. Der erste Schritt, um die Zeit der Streitenden Reiche (1469-1573) zu beenden, wurde von Owaris Kriegsfürsten Oda Nobunaga (1534-82), dem ersten der drei großen Reichseiniger, in Gang gesetzt. Nobunaga war der erste, der den Widerstand der mächtigen Klöster und der Ikkō-Sekte niederschlug und die Heimatprovinzen, die rund um die Hauptstadt lagen, einte, denn sie waren von großer strategischer Bedeutung. Sein Nachfolger, Toyotomi Hideyoshi (1537-98), baute auf diesem Fundament auf und erweiterte den Einfluss auf die Inseln Shikoku und Kyushu. Es war jedoch Tokugawa

Ieyasu (1543-1616), der die Früchte ihrer Arbeit erntete, als
er in der Schlacht von Sekigahara die vorwiegend westlichen
Kriegsfürsten, angeführt von Ishida Mitsunari, der sich weigerte
Ieyasus Autorität anzuerkennen, niederschlug. Siehe Futaki
Kenichi, *Sekigahara Gassen*; Kasaya Kazuhiko, *Sekigahara Gassen*;
und Bryant, Anthony, *Sekigahara 1600:The Final Struggle for Power*.

18 Einer der Daimyos, der Shinmen Munisai zum Üben einlud,
war Kinoshita Nobutoshi, der Herr der Hiji-Burg, die einige
Meilen südwärts entlang der Küste von Kitsuki lag. Zum Glück
schrieb Nobutoshi während des größten Teils im Jahre 1613 ein
Tagebuch, das *Keichō nikki*, aus dem hervorgeht, dass Munisai
im Frühjahr dieses Jahres häufig die Hiji-Burg besuchte. So
berichtet der Eintrag vom 2. Mai [19. Juni]: „Obwohl es seit
dem Morgen geregnet hatte, kam Munisai um vier Uhr." Am
nächsten Tag besserte sich das Wetter, und an diesem Abend
gingen beide Krieger hinaus und aßen zu Abend. „Das Essen
muss eine üppige Angelegenheit gewesen sein, denn zwei Tage
später wird Nobutoshi wieder vom Schwertkämpfer besucht"
und erhielt zwei Hüte als Geschenk. Siehe Shudō Yoshiki, *Keichō
nikki*, 231.

Kapitel 2

1 Die Yoshioka-Ryu ist von Yoshioka Naomoto gegründet worden,
einem Stoffhändler, der in der Kyōhachi-Schwertschule
ausgebildet wurde. Naomoto war besser unter seinem spirituellen Titel Kenpō, „Der Gerechte" bekannt. Er entwickelte
seinen eigenen Schwertstil und wurde der private Schwertlehrer des zwölften Ashikaga Shoguns, Ashikaga Yoshiharu
(1511-50). Der Erfolg des Yoshioka-Clans erreichte seinen
Höhepunkt unter Kenpōs jüngerem Bruder Naomitsu, der die
Heihōsho gründete, eine Kampfkunstschule im Kyoto-Distrikt

Imadegawa. Naomitsus Nachkommen (von denen drei Naomotos spirituellen Titel Kenpō geerbt hatten) dienten dem Hause der Ashikaga weiterhin als Schwertlehrer bis hin zum fünfzehnten Ashikaga-Shogun, Ashikaga Yoshiaki (1537-97). Im Jahr 1573 wendete sich das Schicksal des Yoshioka-Clans, als Oda Nobunaga, verärgert über die Verbindung des Shoguns mit seinem Erzfeind Takeda Shingen (1521-1573), Yoshiaki ins Exil schickte. Der Yoshioka-Clan praktizierte weiterhin seine Schwertschule, aber durch seine enge Verbindung mit dem Hause der Ashikaga erhielt er nie mehr das Ansehen, welches er unter Naomitsu erhalten hatte. Siehe Ozawa Masao, Miyamoto Musashi: *Nitō Ichi Ryū no kaisetsu*, 21-22.

2   Es gibt Unklarheiten bezüglich der genauen Namen der Yoshioka-Schwertkämpfer mit denen sich Musashi duellierte. Nach dem *Bukōden* und dem *Bushū Denraiki* duellierte sich Musashi mit drei Mitgliedern des Yoshioka-Clans mit den Namen Seijūrō, Denshichirō und Matashichirō. Das Yoshioka-Lager erwähnt jedoch zwei Männer mit den Namen Genzaemon Naotsuna und Mataichi Naoshige. Das *Koro Usawa* erwähnt nur einen gewissen Yoshioka Kanefusa. Das *Gekken Sōdan* dagegen spricht von einem gewissen Yoshioka Kenpō, einem Namen, der normalerweise mit dem Gründer der Yoshioka-Ryū, Naomoto, in Verbindung gebracht wird, aber auch von einigen seiner Nachkommen verwendet wurde. Aufgrund dieser Ungewissheit ist es sehr wahrscheinlich, dass das *Honchō Bugei Shōden* sich nicht festlegen will die Männer beim Namen zu nennen, und sie einfach mit ihrem Familiennamen bezeichnet. Die meisten Historiker stimmen unter Vorbehalt zu, dass die vollständigen Namen der Männer wahrscheinlich Yoshioka Seijūrō Naotsuna und Yoshioka Denshichirō Naoshige waren und das ihr Vater Yoshioka Naokata war, der wiederum der Sohn des Mitgründers der Schule, Yoshioka Naomitsu, war. Siehe Watatani Kiyoshi, *Nihon kengōno hyakusen*, 142.

3   Ein *Makura-Bokutō* oder Kissen-*Bokutō* ist eine Kurzversion des traditionellen Holz-Übungsschwertes, das leicht in einer kleinen Sänfte mitgeführt werden kann. Der Begriff Makura bezieht sich wahrscheinlich auf das niederlegen eines Kurzschwertes neben dem eigenen Kopfkissen für einen Angriff in der Nacht. Es bedeutet sicher nicht, dass es früher unter einem Kissen versteckt war, da japanische Kissen zu dieser Zeit aus nicht mehr als einem schmalen Holzblock mit einem dünnen Streifen von Polster entlang der Oberseite bestand.

4   Obwohl die meisten Quellen Sagarimatsu als Ort des Hinterhalts erwähnen, bleibt es eine schwer zu fassende Bezeichnung, da es viele Orte in und um Kyoto gibt, die historisch mit dem Namen verbunden sind. Das *Bushū Denraiki* beschreibt das dritte Duell zwischen Musashi und den Mitgliedern des Yoshioka-Clans in „Sagarimatsu am Stadtrand von Kyoto." Das *Bukōden* scheint mehr Licht auf den genauen Ort des Hinterhalts werfen zu können. Obwohl es, wie das *Bushū Denraiki* und das *Kokura Hibun*, in seiner ursprünglichen Form der Beschreibung des Schauplatzes folgt (am Rande der ehemaligen Hauptstadt), fügt es in Klammern hinzu, dass es „in Yabuzato, im Dorf Ichijōji" war. Das *Nitenki* nutzt keine Klammern und behauptet kühn, Musashi sei an einem „Ort namens Yabu no Sato Sagarimatsu des Ichijōji-Dorfes am Stadtrand der Hauptstadt" überfallen worden. Heute wird allgemein angenommen, dass der Showdown in der Nähe des Ichijo-Tempels stattgefunden hat, der östlich von Kyoto liegt. An der Stelle, wo Musashi seinen Feinden gegenüberstand, ist eine Bronzestatue errichtet worden. Diese Annahme ist recht wahrscheinlich, da das Gebiet um den Tempel als Sagarimatsu bekannt ist. Siehe Ozawa Masao, Miyamoto Musashi: *Nitō Ichi Ryū no kaisetsu*, 22-23.

5   Paradoxerweise mag es heute so aussehen, aber viele der Klöster waren während des japanischen Mittelalters weit mehr als religiöse Zentren. Sie waren auch Zentren politischer, sogar

militärischer Macht. In der Tat waren viele Tausende der Klöster, die die japanische Landschaft schmückten, viel mehr befestigte Burgen, als Orte der frommen Meditation. Sie hatten komplexe Verteidigungsanlagen, besetzt mit Garnisonen von kampf-erprobten *Sōhei* oder „Kriegermönchen", die gewöhnlich aus Gruppen von mehreren hundert Personen bestanden. Außerdem konnten ihre Reihen leicht mit dem Läuten einer Alarmglocke multipliziert werden. Auf dem Tempelgelände übten junge Mönche die Kampfkunst von morgens früh bis spät in die Nacht. Eine solche Praxis war kein bloßer Zeitvertreib, sondern eine Tradition, die aus der Not heraus geboren war und mit einer spirituellen Hingabe verfolgt wurde, welche ihren Ursprung nur im Stolz der Krieger auf ihre Herkunft hatte. Die bevorzugte Waffe der Kriegermönche war die *Yari* oder die *Naginata*, Waffen von bis zu mehreren Metern Länge, mit denen man sogar einen berittenen Gegner auf Abstand halten konnte. Die buddhistischen Hauptsekten waren so reich und so gut organisiert, dass Tempelkomplexe wie die in Ishiyama, jene in der Nähe von Osaka und der Berg Hiei in der Nähe von Kyoto sogar für die mächtigsten Kriegsfürsten als uneinnehmbar galten. Wenn nicht bereits durch religiöse Bedenken eingeschränkt, entschieden sich die meisten mittelalterlichen Kriegsfürsten Japans klugerweise dafür Bündnisse mit den buddhistischen Sekten zu schließen, anstatt sie zu bekämpfen. Gegen Ende des sechzehn-ten Jahrhunderts fing Oda Nobunaga, der erste von Japans drei großen Reichseinigern, an, diese Bollwerke des religiösen Widerstandes zu zerstören, damit die Macht der Sekten endgültig und unwiderruflich gebrochen wurde. Siehe Hioki Shōichi, *Nihon Sōhei Kenkyū*; und Adolphson, Mikael S., *The Teeth and Claws of the Buddha*.

6   Am Ende des 16. Jahrhunderts war Edo für einen Schwert-kämpfer die aufregendste Stadt in Japan. Erst einige Jahre zuvor hatte Tokugawa Ieyasu die *Bakufu* in Edo begründet. Ein

Jahrzehnt zuvor, als er das Gebiet von Kantō im Auftrag von Hideyoshi regierte, hatte er die Burg Edo zu seinem neuen Hauptquartier auserwählt. In der Mitte des fünfzehnten Jahrhunderts erbaut, war das Schloss zu klein geworden und seine Einrichtungen veraltet. Um der Zunahme von Personal und offiziellen Funktionen Rechnung zu tragen, startete er eine großangelegte Rekonstruktion. Ein ungeheures Team von mehr als hunderttausend Mann wurde eingesetzt, um breite Gräben zu graben, Hügel zu glätten und die riesigen Granitblöcke, aus denen die Mauern und Fundamente gebaut sind, an Ort und Stelle zu heben. Er fügte einen neuen westlichen und nördlichen Flügel hinzu und vergrößerte den Umfang des Hauptschlosses auf atemberaubende zehn Meilen. Niemand, der eines seiner achtunddreißig Tore betrat, konnte nicht unbeeindruckt bleiben von dem Reichtum und der Macht dessen, was seinerzeit als die Tokugawa *Bakufu* bekannt war. Siehe Fukai Masaumi, *Edojō*; und Hara Fumihiko, *Ushinawareta Edojō*.

7   Heutzutage gibt es nur noch Kopien des *Heidō-Kagami*, deren Existenz von einigen japanischen Historikern bestritten wird. Die an Mizuno Katsunari gerichtete Kopie besteht aus achtunddreißig Artikeln. Andere vorhandene Kopien enthalten dagegen nur achtundzwanzig oder sogar einundzwanzig Artikel. Die an Katsunari gerichtete Rolle ist mit einem „glücksverheißenden Tag" im zwölften Monat des dreizehnten Jahres von Keichō [Januar 1609] datiert. Das bedeutet, dass Musashi Katsunari schon im Alter von 25 Jahren getroffen und sich mit ihm angefreundet hatte. Dies wiederum gibt uns einen Hinweis darauf das Musashi kam, um Katsunari während der Belagerung der Osaka-Burg zu dienen. Wenn Katsunari in der Tat Musashi in Edo kennengelernt hatte und von seinen Fähigkeiten beeindruckt gewesen war, ist es leicht zu verstehen, dass er Musashi gewählt hatte, während eines so gefährlichen Feldzugs als Beschützer seines Sohnes zu dienen. Ein weiterer

komplizierter Faktor ist die Signatur am Ende des Dokuments, das „Miyamoto Musashi no Kami Fujiwara no Yoshitsugu" führt. Obwohl es bestätigt, dass der Schwertkämpfer zu diesem Zeitpunkt bereits den Namen Musashi verwendet hatte, ist es eines der wenigen Dokumente mit dem Namen Yoshitsugu. Wenn das richtig ist, ist es nicht klar, wo Musashi diesen Namen angenommen hatte, da es kein Name ist, der von einem seiner direkten Vorfahren getragen wird. Siehe Akabane Tatsuo, *Musashi „Enmei-Ryū" wo manabu*, 18-49, 202-218.

8   In den folgenden Jahren diente Katsunari weiterhin Ieyasu. Am augenscheinlichsten im Vorfeld der Schlacht von Sekigahara, als er sich in den Belagerungen der Schlösser von Gifu und Ōgaki auszeichnete. Seine Tapferkeit brachte ihm den Rang eines „Retters des fünften Ranges" ein. Siehe Hirai Takao, *Fukuyama kaiso Mizuno Katsunari*.

9   Musashis Abscheu, Yagyū Munenori unterstellt zu sein, ist angesichts des Status des Yagyū-Clans verständlich. Yagyū Tajima no Kami Munenori (1571-1646) war einer der angesehensten Schwertkämpfer zu Musashis Zeiten. Obwohl Munenori zu einem alten Kriegerhaus gehörte, war die Zukunft des Yagyū-Clans viele Jahre lang ungewiss gewesen. Im Jahr 1580 verloren sie, durch die Bemühungen von Oda Nobunaga die Heimatprovinzen zu befrieden, ihre Burg. Und nur fünf Jahre später verloren sie, während der landesweiten Landvermessung von Toyotomi Hideyoshi, ihr Land. Zu diesem Zeitpunkt hatte die interne Kriegsführung in der Region die Yagyū gezwungen sich zu verstecken. Erst unter Tokugawa Ieyasu wurden ihre Besitztümer und ihr Vermögen wiederhergestellt. Dies begann im Jahr 1594, als Ieyasu, Munenoris Vater Muneyoshi (auch Munetoshi ausgesprochen), als seinen persönlichen *Shihan* einstellte. Getragen von Ieyasus Erfolgen hatten sich die Yagyū schnell von ihrem Unglück erholt. Munenori wurde der Nachfolger seines Vaters und wurde in die Gruppe der *Hatamoto*

aufgenommen, einer kleinen Gruppe direkter Anhänger des Shōguns, die Elite des Landes. Zu der Zeit, als Musashi von der *Bakufu* angesprochen wurde, hatte das Yagyū-Lehen einen Gesamtertrag von zehntausend *Koku*, was Munenori zum ersten und einzigen Mann in der japanischen Geschichte machte, der hauptsächlich durch sein (und seines Vaters) Können mit dem Schwert den Status eines *Daimyōs* erlangte. Munenori war also in vielerlei Hinsicht Musashis Gegenteil. Wo Musashi keine Ambitionen für ein hohes Amt hatte, personifizierte Munenori es; und wo Musashi seiner persönlichen Erscheinung bis zur Vernachlässigung wenig Beachtung schenkte, scheute Munenori sich nicht davor zu zeigen was sein Amt mit sich brachte. Siehe Tokunaga Shinichirō, *Yagyū Munenori*.

Kapitel 3

1 Kojirō war nicht irgendein wandernder Schwertkämpfer. In jungen Jahren trat er in den Dienst des mächtigen Asakura-Clans, der seinen Sitz in der Ichijōdani-Burg hatte. Die Asakura waren als große Förderer der Kampfkünste bekannt, besonders jener Schwertschule in Toda, die ihren Ursprung auf den legendären Krieger-Mönch Nenami Jion aus dem 15. Jahrhundert und dessen Schwertschule in Nen zurückführte. Hauptverbreiter der Toda-Ryū in Kojirōs Tagen war der berühmte Toda Seigen, der eine große Zahl von aufstrebenden Schwertkämpfern in seinen Reihen zählen durfte, darunter sein Schützling Deshi Yamazaki Rokusaemon (der später von den Toda adoptiert wurde und den Namen Toda Shigemasa erhielt) und Kanemaki Jisai. Es war wahrscheinlich unter Jisai, dass Kojirō viele der Toda-Techniken erlernte. Nach der Zerstörung der Asakura durch Oda Nobunagas Truppen im Jahre 1573

216

begann Kojirō mit seinem *Musha-Shugyō*, bis er 1610, Anfang fünfzig, Schwertlehrer bei Hosokawa Tadaoki wurde. Das *Nitenki* behauptet er sei erst achtzehn gewesen, als er sich mit Musashi duellierte, obwohl das *Bukōden* klar sagt, dass dies das Alter war in dem er seine Gan-Ryū gegründet hatte. Siehe Kojima Hidehiro, *Sugao no kengōtachi*, 162-67.

2   Die berühmte *Mizuguruma*—oder „Wassermühlen"—Technik von Kojirō erinnert an ein Bild, bei dem der Schwertkämpfer sein Schwert in einer großen, rotierenden Weise kühn schwingt. Dies ist jedoch nicht unbedingt so. Traditionelle japanische Wassermühlen bestehen nicht nur aus einem einzigen Rad, welches das Wasser aufnimmt, sondern aus einer förderbandähnlichen Kette von Eimern, die an einer Seite auf einer Achse montiert sind, und auf der anderen Seite auf einem großen Rad, das von einem oder mehreren Lakaien angetrieben wird. Der Ablauf der Wassermühle besteht demzufolge zuerst aus einer streichenden Bewegung, bei der das Wasser zuerst vor den Eimern durch eine hölzerne Rinne hergetrieben wird, wonach es geschöpft wird, indem die Eimer einer nach dem anderen auf der Achse aufsteigen. In der *Mizuguruma*-Technik wird das Schwert ähnlich nahe am Boden entlang geschwungen und dann in einer großen kreisförmigen Bewegung, ähnlich der der aufsteigenden Wassereimer, nach oben geführt. Dies wird durch die Tatsache bestätigt, dass die meisten Berichte behaupten, Musashis *Hakama* sei im Duell abgeschnitten worden. Das Bild, das dann entsteht, ist eines, in dem Kojirō Musashi mit seinem Schwert in zwei großen Aufwärtsbewegungen trifft, zuerst nach links und dann nach rechts. Siehe Ozawa Masao, *Miyamoto Musashi*, 34-38; und Fukuda Masahide, *Miyamoto Musashi Kenkyū Dainishū*, 167.

3   Das *Migiwaki no Kamae* ist die letzte von Musashis fünf *Kamae*. *Jōdan*, *Gedan*, *Hidari no Waki* und *Migi no Waki* sind Haltungen, in denen man auf einen Angriff in einer verteidigenden Stellung

wartet, bereit zu parieren oder zu einem bestimmten Zeitpunkt anzugreifen. Sie sind detailliert im Buch des Wassers (*Mizu no Maki*), dem zweiten Kapitel von Musashis *Gorin no Sho*, aufgeschrieben. Wenn Musashi auf das *Migiwaki no Kamae* zurückgreift, pariert er den Angriff des Gegners auf der Höhe der rechten Achselhöhle und hebt dann seine Klinge schnell in die *Jōdan*-Position (über dem Kopf), um sie in einem geraden Schrägschnitt durch das Zentrum des Körpers zu führen. Diese Methode des Parierens zu beherrschen, ist essentiell, um den Weg des Langschwerts nachvollziehen zu können: „Wenn man sich in dieser Haltung an das Schwingen einer Klinge gewöhnt hat, kann man selbst schwere Klingen frei bewegen." Siehe Ozawa Masao, *Miyamoto Musashi*, 35-38; und Fukuda Masahide, *Miyamoto Musashi Kenkyū Dainishū*, 167.

Kapitel 4

1   Diese letzte Konfrontation zwischen den östlichen und westlichen Kräften stand schon längere Zeit an, denn sie war der Höhepunkt und Abschluß ungelöster Differenzen in Folge der Schlacht von Sekigahara. Im Jahre 1603 hatte Ieyasu die Kontrolle übernommen und die Edo *Bakufu* (1603-1867) gegründet, indem er sich zum *Sei-I-Tai- Shōgun* oder Barbaren-Unterwerfender-General ernannte und den *Go-Tairō*, den Rat der Fünf Regenten, abschaffte. Der Rat war 1598 von Toyotomi Hideyoshi ins Leben gerufen worden, als er von seinem Totenbett aus seinen Sohn Hideyori, der damals erst fünf Jahre alt war, als Nachfolger bestimmte. Ieyasu hielt jedoch inne, um sich mit Hideyori zu befassen, da viele Kriegsherren immer noch zu Hideyori dem letzten Erben, als ihren wahren Fürsten aufblickten. Indem Ieyasu eine große Anzahl von Burgen in den Heimatprovinzen bauen und verstärken ließ, versuchte er Hideyori und seine Ver-

bündeten in Schach zu halten. Die größte Burg in der Region blieb jedoch die Osaka-Burg und Hideyori durfte hier wohnen und seine Vasallen durften ihn besuchen. Mehrere Versuche wurden unternommen, um die Toyotomi- und Tokugawa-Clane zu versöhnen, aber mit dem sukzessiven Tod ihrer standhaftesten Vasallen wurde das Haus von Toyotomi zunehmend isoliert. In ihrer Isolation wurde Toyotomi immer unnachgiebiger und gab Ieyasu umso mehr Grund, dieses Hindernis, was zwischen ihm und der absoluten Macht stand, aus dem Weg zu räumen. Die Spannungen zwischen den beiden Parteien spitzte sich 1614 zu, als das Haus von Toyotomi den Wiederaufbau des Hōkō-Tempels mit einer Inschrift auf der Tempelglocke feierte: „Möge der Staat friedlich und wohlhabend sein; im Osten grüßt er den fahlen Mond, und im Westen verabschiedet er sich von der untergehenden Sonne." Das Haus von Ieyasu (das seine Machtbasis in den östlichen Provinzen hatte) mit dem bleichen Mond zu vergleichen, und das Haus von Toyotomi (dessen Anhänger hauptsächlich in den westlichen Provinzen wohnten) mit der Sonne, ging für Ieyasu einen Schritt zu weit. Nachdem er von seinen Spionen darüber informiert worden war, dass Hideyori ständig Truppen in der Osaka-Burg ansammelte, entsandte Ieyasu im Winter 1614 eine Streitmacht von mehr als einhundertsechzigtausend Mann und belagerte die Burg. Siehe Kasaya Kazuhiko, *Sekigahara no Gassen to Osaka no jin*.

2   Obwohl weder das *Bukōden* noch das *Bushū Denraiki* klar darlegen auf welcher Seite und unter wem Musashi in der Sommeroffensive diente, ist es heute unter den japanischen Historikern allgemein akzeptiert, dass er dies unter dem Kommando von Mizuno Katsunari (1564-1651) tat. Für eine detaillierte Darstellung der verschiedenen Quellen im Zusammenhang mit Musashis Verbindung zu Mizuno Katsunari und seiner Rolle während der Belagerung siehe Anmerkung 7. Siehe auch Fukuda Masahide, *Miyamoto Musashi kenkyūron bunshū*, 14-30.

3   Ein *Mokuroku* ist eine schriftliche Bestandsaufnahme der
     Techniken und Grundsätze einer bestimmten Schwertschule.
     Es ist in vielerlei Hinsicht das mittelalterliche Äquivalent einer
     zeitgenössischen Lehrlizenz.

4   Siehe Fukuyama-jō Hakubutsukan Tomo no Kai, *Mizuno Katsunari
     oboegaki*, 68

5   Als Belohnung für seinen Beitrag zu Ieyasus Offensive in Osaka
     wurde Katsunari zunächst mit dem Lehen von Kōriyama, ein
     Lehen von sechzigtausend *Koku* in der Provinz Yamato entlohnt.
     Angesichts des großen Beitrags von Katsunari wurde die Beför-
     derung von vielen, nicht zuletzt von Katsunari selbst, missbilligt,
     da er ein Lehen von mindestens zweihunderttausend *Koku*
     erwartet hatte. Und doch war es genau seine rücksichtslose Tap-
     ferkeit gewesen, die Ieyasu (der es sich leisten konnte, einen so
     wertvollen Verbündeten zu verlieren) ärgerte, und Katsunari
     eine höhere Beförderung kostete. Katsunaris Stolz wurde 1619
     ein wenig wiederhergestellt, als Ieyasus Sohn Hidetada ihn zum
     Herrn des Fukuyama-Lehens in der Provinz Bingo beförderte.
     Zu der Zeit war das Lehen zwar auch nur hunderttausend *Koku*
     Wert (ein weiteres Tausend wurde 1626 hinzugefügt), aber es
     kontrollierte den westlichen Teil der Inland-See und war—sowie
     Katsunaris Ernennung zum Provinzherren—von strategischer
     Bedeutung für die *Bakufu*. Um das Meer besser zu kontrollieren,
     verließ er 1622 sein Hauptquartier in Kanabe um in die neu
     errichtete Fukuyama-Burg an der Mündung des Ashida-Flusses
     zu ziehen. Siehe Hirai Takao, *Fukuyama kaiso Mizuno Katsunari*.

6   Die Tōgun-Ryū wurde von Kawasaki Kaginosuke, dem Sohn
     von Kawasaki Tokisada, gegründet, der im Dienst der berühmten
     Asakura stand. In jungen Jahren studierte Kaginosuke die Kunst
     des Schwertkampfes unter keinem Geringeren als Toda Seigen,
     der zur Verbreitung der Toda-Ryū beitrug wie kein anderer, der
     offiziellen Schwertschule des Asakura-Clans. Nach dem
     Untergang der Asakura hatte Kaginosuke das Leben eines *Rōnin*

geführt bis er von Tōgun Sōjō, dem Abt des Klosters Hiezan in der Nähe von Kyoto, aufgenommen wurde. Kaginosuke setzte sein Studium der Schwertkunst unter Sōjō fort und benannte seine Schule nach dem Hizan-Mönch.

7   Interessanterweise behauptet das *Nihon-Kendō-Shi*, das 1925 veröffentlicht wurde, dass Miyakes Vorname Gunbei ist und nicht Gundayū. Noch wichtiger ist, Miyake ist kein Gefolgsmann von Honda Tadamasa, sondern von seinem Sohn, Honda Masatomo (1599-1638), damals der *Daimyō* des benachbarten Lehens von Tatsuno, das ein paar Meilen westlich von Himeji lag. Siehe Kosuge Ren, *Bisan Hōkan*, Tokio, 1897; und Yamada Jirokichi, *Nihon Kendō Shi*, Tokio, 1960. Abgesehen von der Tatsache, dass das *Nihon Kendō Shi* etwa drei Jahrzehnte nach dem *Bisan-Hōkan* erstellt wurde, gibt es mehrere Gründe, warum es unwahrscheinlich scheint, dass sich Musashi mit einem von Masamotos Gefolgsleuten duellierte. Zum einen ist es schwer vorstellbar, dass Masamotos Gefolgsleute ein Inte-resse—oder sogar die Freiheit—gehabt hätten, Musashi heraus-zufordern, wenn er in Himeji geblieben wäre, zum anderen fiel Himeji schließlich in die Zuständigkeit seines Vaters Tadamasa. Sie hätten in Hirafuku noch weniger Autorität gehabt, wenn Musashi bei seiner Stiefmutter weitergelebt hätte. Das Lehen von Hirafuku gehörte zu dieser Zeit Ikeda Teruoki, einem der wenigen Mitglieder des Ikeda-Clans, der in Harima nach der Umverteilung der Ländereien, und nach der Absetzung Ikeda Mitsumasas vom Lehen von Tottori, sein Eigentum behalten durfte. Siehe Harimagaku Kenkyūsho, *Harima*.

8   Ogasawara Tadazane war, wie Honda Tadamasa, ein *Fūdai*, oder Vasallen-*Daimyō*, dessen Rolle es war die *Bakufu* gegen Ver-schwörungen durch einen der *Tozama*, oder Außenseiter-*Daimyō*, zu schützen, die es versäumt hatten rechtzeitig auf die Seite des Hauses Tokugawa zu wechseln. Angesichts dessen, dass ein Großteil des anfänglichen Widerstandes gegen die Tokugawa

von den westlichen Honshū-Mächten ausgegangen war, war es nicht überraschend, dass viele Gebiete westlich von Akashi und Himeji von Tozama-*Daimyō* regiert wurden. Dies wurde gemacht, um eine Pufferzone gegen diese potentiell feindlichen *Daimyō* zu haben, und damit eine erste Verteidigungslinie um die Burgen von Osaka und Edo, die Zentren der *Bakufu*-Macht, gezogen zu haben. Tokugawa Ieyasu hatte, bevor er 1616 starb, diese Aufteilung von Lehen entwickelt, damit der treue Honda und Ogasawara-Clan neue Ländereien erhielten. Um diese erste Verteidigungslinie zu stärken, wurde Tadamasa, auf Anordnung des Sohnes und Nachfolgers von Ieyasu, Hidetada, befohlen, den Bau der Akashi-Burg und ihrer Umgebung in die Hand zu nehmen. Siehe Kurobe Tooru, *Akashijō o meguru rekishi no tabi*.

9 Mikinosukes Grab kann immer noch auf dem Tempelgelände des Engyō-Tempels besichtigt werden. Sein Grab befindet sich hinter dem von Honda Tadatoki. Unmittelbar hinter Mikinosukes Grab befindet sich das von Miyata Kakubei. Als Mikinosukes Gefolgsmann war es Kanbeis Rolle—und Ehre—als sein *Kaishaku* zu dienen, die Person, deren Aufgabe es war, denjenigen der *Seppuku* beging zu enthaupten und ihn so von den schrecklichen Schmerzen zu befreien, die dieses Ritual begleiten. Links zu Mikinosukes Grab ist das von Tadatokis anderem Untergebenen, Iwahara Gyūnosuke. Siehe Kawaguchi Sunao, *Miyamoto Musashi 101 nazo*, 118.

10 Aus den Familienunterlagen des Miyamoto-Clans in Kokura, sowie einem *Munafuda* (ein Schild, das an einem traditionellen Gebäude befestigt ist, das den Spender, den Bauherrn und das Baujahr des Gebäudes angibt), das kürzlich beim Tomari-Schrein des Dorfes Yoneda aufgedeckt wurde, ist nun klar, dass Iori in Harima geboren wurde, wo er als zweiter Sohn eines gewissen Tawara Hisamitsu geboren wurde, ein *Samurai* im Dienste von Bessho Nagaharu (1558-1580), dem Herrn des Miki-Lehen. Hisamitsus Herr hatte zunächst Nobunagas Vorstoß nach Westen

unterstützt, aber aufgrund der Clanverwandtschaft seiner Frau weigerte er sich hartnäckig, sich der Herrschaft von Toyotomi Hideyoshi, damals Nobunagas Generalmajor in der Region, zu unterwerfen. Sich mit den anderen Bessho-Landherren verbündend, fing er an, Hideyoshis Streitkräfte anzugreifen und rief sogar die Hilfe der mächtigen Mōri herbei. Sein Widerstand war so heftig, dass Hideyoshis Armee sich einstweilen zurückziehen musste, was den großen General so wütend machte, dass er die Burg von Miki belagerte. Schließlich, im Januar 1580, stimmten die Mitglieder des Bessho-Clans nach einem Jahr und zehn Monaten zu, Seppuku unter der Bedingung zu begehen, dass diejenigen, die ihnen gedient hatten, verschont blieben. Tawara Hisamitsu, der auf das Leben eines *Rōnin* reduziert worden war, begann in der Nähe von Yoneda Landwirtschaft zu betreiben, wo er zwei Söhne hatte, von denen der zweite Iori war. Siehe Utsunomiya Yasunaga, *Miyamoto Shingen denshiryō shūsei*, 121-40; und Fukuda Masahide, *Miyamoto Musashi kenkyūron bunshū*, 205-13. Diese Version der Ereignisse wird weitgehend vom *Harima Kagami* bestätigt, das behauptet, dass Iori „im Dorf Yoneda geboren wurde. Sein Vater, der Jinbei hieß, war früher ein *Samurai* in der Miki-Burg des Bessho-Clans, aber nach dem Fall der Burg zog er in das Dorf Yoneda, wo er Iori zeugte." Siehe Hirano Yōsai, *Harima Kagami*, 154.

11 Aoki Jōemon stammte aus der Heimatprovinz Kawachi. Das *Heihō Senshi Denki* beschreibt, wie „als Musashi achtundzwanzig oder neunundzwanzig war, er einer der vielen Anhänger war, denen die Erlaubnis erteilt wurde, die Kunst der zwei Schwerter zu praktizieren und zu unterrichten. Es scheint, dass Tsuchiya Minasaemon, ein Bewahrer von Herrn Murakami Naitō des Murakami-Lehens in Echigo, sich einen Namen gemacht hatte, und die Kunst mit zwei Schwertern ebenfalls unterrichtete. Es ist aber nicht der Stil der Schwertkunst für den Aoki Jōemon eine Lizenz erhielt, als Musashi noch jung war. Und so wie ich gehört habe

sind sowohl ihre Methoden, als auch ihre Bedeutungen verschieden." Siehe Fukuda Masahide, *Bushū Denraiki*, 153, 278-80.

12 Obwohl Shigemoris *Yashiki* längst zerstört war, hatte ein Stein überlebt, der Musashis Lieblingssitz geworden war, während er im Garten seines Gastgebers verweilte. Der Stein wurde in die Umgebung des Bingo-Go-Kuni Schreins verlegt, der sich auf der Nordseite des Schlosses befindet, wo er den Tempel unter dem Namen Musashi Meisō Ishi (Musashis-Meditations-Stein) ziert.

13 *Uchidachi* oder „Schlagendes Langschwert" wird verwendet, um die offensive Rolle beim Üben einer Schwerttechnik zu beschreiben. Das *Uchidachi*, das normalerweise vom Lehrer ausgeführt wird, ergreift die Initiative, indem es den ersten Zug macht, wodurch es dem *Shidachi*, oder „Empfangendes Langschwert," erlaubt wird, eine bestimmte Technik anzuwenden und zu üben, indem er den gewinnenden Schlag schlägt. Was Musashi also sagt ist, dass der Gegner in seiner Schwertkunst niemals einen Schlag ausführen kann, geschweige denn einen Sieg.

14 Nach seiner Niederlage durch Musashi soll sich Gonnosuke zum Kamado-Schrein in Dazaifu zurückgezogen haben, wo er seine Tage in Meditation und der Perfektionierung seiner *Jō*-Techniken verbrachte. Daraus entwickelte sich das, was heute als Shintō-Musō-Schule des *Jōdō* bekannt ist. Siehe Okada Kazuo, Miyamoto Musashi no Subete, 174; und Ozawa Masao, Miyamoto Musashi, 49-50. Seltsamerweise behauptet das *Nitenki*, dass das Duell zwischen Musashi und Gonnosuke nicht in Akashi, sondern in Edo stattgefunden habe. Dieser Bericht ist jedoch viel kürzer und weit weniger spezifisch. Siehe Fukuhara Josen, *Miyamoto Musashi no tankyū*, 172.

Kapitel 5

1 Als dritter Sohn von Hosokawa Tadaoki war Tadatoshi verpflichtet,

Herr der Moji-Burg zu bleiben, eine kleine Figur im großen feudalen System der Geschichte. Als jedoch nach der Schlacht von Sekigahara sein ältester Bruder enterbt wurde, wurde Tadatoshi und nicht sein zweitältester Bruder, der sich später aus Unmut über Toyotomi Hideyori in die Osaka-Burg gesellte und während der Belagerung starb, gewählt, um seinem Vater zu folgen und Herr der Kokura-Burg und des Lehens in Buzen zu werden. Siehe Haruna Akira, *Hosokawa Sandai*, 303-400.

2   Kumamoto war einst das Lehen von Katō Kiyomasa, dessen unschätzbare Rolle in der Vereinigung Japans ihm einen riesigen Besitz eingebracht hatte. Als Kiyomasa 1611 starb, ging sein Nachlass an seinen dritten Sohn, Tadahiro. Im Alter von nur zehn Jahren war Tadahiro jedoch völlig unfähig, solch ein riesiges Lehen zu führen, und es dauerte nicht lange, bis er Gegenstand eines erbitterten Kampfes zwischen zwei Fraktionen von Beratern wurde, die um die Kontrolle über den jungen und beeinflussbaren *Daimyō* kämpften. Mehrere Jahre lang dauerte der Streit, bis im Jahre 1618 die *Bakufu* sich der inneren Schwierigkeiten bewusst wurde. Sie entband eine Reihe von Tadahiros Beratern von ihren Pflichten und hoffte, dass Tadahiro im Laufe der Zeit mit dem Rest zurechtkommen würde. Aber die Maßnahme brachte dem Lehen keine Stabilität, da Tadahiro alleine nicht die administrativen Qualitäten entwickelte, die sein Vater besaß. Schließlich, am 9. Juli 1632, während eines Besuchs in Edo, wurde Tadahiro seines Titels enthoben und in die nördliche Provinz Dewa verbannt. Siehe Fukuda Masahide, *Kato Kiyomasa Saishi no Kenkyū*, 87-89.

3   Besser bekannt als der Kasadera Kannon soll dieser Tempel 733 von einem Mönch namens Zenkō gegründet worden sein. Dieser soll ein Bildnis des Jūichimen Kannon, des Bodhisattva mit den elf Gesichtern, aus einem Stück Treibholz aus dem nahe gelegenen Fluss geschnitzt haben. Ein Gedenkstein auf dem Tempelfriedhof erinnert noch an Musashis Tod. Er wurde 1744

von Sōda Hōsei, einem Praktizierenden von Musashis Enmei-Ryū aus Owari, errichtet. Siehe Akabane Tatsuo, *Musashi „Enmei-Ryū" wo Manabu*, 128-29.

4   Sugawara no Michizane (845-903) war einer der großen Gelehrten und Verwalter der Heian-Zeit (794-1189), dem goldenen Zeitalter des japanischen Kaiserhofes. Er war bis zum Ende des Jahrhunderts zu hohem Rang aufgestiegen, doch im Jahre 901 war seine glänzende Karriere zu einem tragischen Ende gekommen, als er beschuldigt wurde, sich gegen den Thron verschworen zu haben. Daraufhin wurde er nach Kyushu verbannt. Der 59-jährige Michizane, der gezwungen war, seine Frau in der Hauptstadt zurückzulassen, machte die lange Reise nach Süden, wohl wissend, dass seine ruhmreichen Tage gezählt waren. Sein einziger Trost war die Gesellschaft seines Sohnes und seiner Tochter. Dies war aber nicht von langer Dauer, denn nachdem er seinen neuen und unbedeutenden Posten als lokaler Verwalter angefangen hatte, starb sein Sohn. Der empfindliche Höfling erholte sich nie von diesem Schlag. Seine Gesundheit verschlechterte sich, und im Jahre 903 starb er als gebrochener Mann. Bald fanden die Wahrsager seiner Zeit Gründe zu glauben, dass der große Gelehrte im Tod keinen Frieden gefunden hatte, denn in den folgenden Jahren wurde die Hauptstadt von einer Kette von unerklärlichen Katastrophen heimgesucht. Die ersten Vorzeichen von Michizanes Zorn zeigten sich, als die Männer, die sich zu seinem Untergang verschworen hatten, einer nach dem anderen unter mysteriösen Umständen starben. Um Michizanes Geist zu besänftigen, setzte der damalige Kaiser Daigo im Jahr 923 posthum den ehemaligen Minister wieder ein. Die Reihe der Katastrophen hörte jedoch nicht auf. 930 wurde der große Audienzsaal des Palastes vom Blitz getroffen. Er fing Feuer und eine Anzahl von Höflingen starben in den Flammen, einschließlich des Mannes, der behauptete, Michizanes Schuldbekenntnis mitgehört zu haben.

Wütende Regenstürme quälten die Hauptstadt wochenlang weiter, bis schließlich der Kaiser selbst, im Alter von fünfundvierzig Jahren, vor Angst und Schuld starb. Danach hörten die Katastrophen auf, aber die Ehrerbietungen, die an Michizane gezahlt wurden, gingen weiter. Im Jahr 905 wurde ein Altar in der Nähe seiner Grabstelle errichtet, derselbe Ort, an dem 919 die Fundamente für den Anraku-Tempel gelegt wurden. Der Tempel wurde ein Ort der Anbetung für den Geist des großen und begabten Gelehrten, dessen Namen lauteten wie Tenman-Daijizai-Tenjin, der Himmlische Oberste Gott, Himmlische Gottheit, der Gott des Lernens und der Kalligraphie. Die vertikale Schriftrolle mit Musashis Kalligrafie und ein angeblich auch von Musashi gefertigtes *Bokutō* sind noch immer im Tōkōin aufbewahrt. Siehe Akabane Tatsuo, *Musashi „Enmei-Ryū" wo Manabu*, 130.

5   Ein anderer Mann, der ein leidenschaftlicher Praktizierender von Musashis Enmei-Ryū in Owari wurde, war Hikosaka Hachibei Tadashige. Tadashige wurde 1624 geboren und war noch ein Junge, als Musashi Nagoya besuchte. Tadashige hatte ihn wohl in Aktion gesehen, denn als er zwanzig war, begann er Musashis Stil der Schwertkunst unter Yamada Moritsugi zu erlernen, einem Schüler von Aoki Jōemon, der direkt unter Musashi und seinem Vater gelernt hatte und nach Edo gegangen war, um ein *Dōjō* zu eröffnen, in dem er seine Nitō-Tetsujin-Schwertschule unterrichtete. Als Tadashiges Bruder eine Stellung in einem anderen Lehen antrat, zog Tadashige nach Owari zurück, wo er durch den Posten von Terao Naomasa in Tokugawa Yoshinaos Dienst gelangte und sein Studium unter Takemura Yōemon Yorizumi fortsetzte. Später wurde er von Musashi nach Nagoya geschickt, um seine Niten-Ichi-Ryū zu unterrichten. Siehe Akabane Tatsuo, *Musashi-„Enmei-Ryū" wo Manabu*, 106.

6   Die einzige ursprüngliche Quelle, welche diese Begegnung erwähnt, ist das *Bushū Denraiki*. Um dem Text treu zu bleiben,

spricht das *Bushū Denraiki* nur von Matsudaira Izumo no Kami. Dies hat eine Reihe von Historikern zu der Annahme verleitet, Musashi sei Gast von Matsudaira Naomasa (1601-66), dem Enkel von Tokugawa Ieyasu und dem Herrn der Matsue-Burg gewesen. Die Matsue-Burg befand sich in der ehemaligen Provinz Izumo, was zu der Annahme führte, dass der Ehrentitel „Izumo no Kami" sich auf seinen Meister Matsudaira Naomasa beziehen muss. Dies ignoriert jedoch die Tatsache, dass es Matsudaira Katsutaka (1589-1666) war, der den Titel „Izumo no Kami" trug, und nicht Naomasa, dessen Ehrentitel „Dewa no Kami" war. Katsutakas Clan war außerdem mit den Ogasawara verwandt (Tadazanes vierter Sohn wurde von Katsutakas ältestem Bruder adoptiert), und es ist sehr plausibel, dass er und Musashi in Akashi oder der Kokura-Burg aufeinander trafen. Ein weiterer deutlicher Hinweis darauf, dass das Ereignis nicht in Matsue, sondern in Matsuyama stattfand, ist die Tatsache, dass Musashi „im Haus von Herr Matsudaira Izumo no Kami" (*Matsudaira Izumo no Kami no ie ni ari*) wohnte und nicht in seiner Burg oder seinem Herrenhaus, was logischerweise der Fall gewesen wäre, wäre er der Gast von Herr Naomasa, dem Herrn der Matsue-Burg gewesen. Wenn also Musashis Gastgeber Katsutaka und nicht Naomasa gewesen wäre, hätte das Duell irgendwo in der Nähe der Matsuyama-Burg stattgefunden, wo Katsutaka lieber in einer offiziellen Unterkunft gewesen wäre, als in der Burg selbst. Siehe Fukuda Masahide, *Bushū Denraihi*, 198-99

7   Erst wenn wir Musashis eigene Erklärung der beiden Techniken, mit denen er Katsutaka entgegentrat und besiegte, gründlich lesen, können wir wirklich verstehen, was in diesem Garten vor dem Bibliotheksraum der Matsuyama-Burg vorging. Die beiden Techniken von (1) *Nebari o kakuru* (Kleben) werden beide im Buch Wasser (*Mizu no Maki*) des *Gorin no Sho* beschrieben. „Wenn der Gegner deinen Angriff mit einem *Tachi* pariert", schreibt Musashi, „halte dein Schwert fest gegen seines, so als

228

ob sie zusammenkleben. Der Begriff Kleben soll die Absicht vermitteln, die Schwerter zusammenzuhalten und dass man nicht mit zu viel Kraft hineingehen sollte. Wenn man das Schwert eines Gegners auf diese Weise pariert, spielt es keine Rolle, wie sanft es gemacht wird." Musashi weist darauf hin, dass „Kleben" nicht „sich mit dem Gegner verstricken" verwechselt werden darf. „Das Kleben ist stark, aber sich zu verheddern ist schwach. Es ist notwendig, zwischen den beiden zu unterscheiden." (2) *Sekka no Atari* hingegen ist eine Technik, bei der man „das gegnerische Schwert schlägt, in dem Moment, in dem das eigene Schwert und das des Gegners dabei sind sich zu berühren, ohne das eigene Schwert auch nur im Entferntesten anzuheben. Bei dieser Technik ist es wichtig, schnell zuzuschlagen, während man drei Punkte beachtet: einen stabilen Stand, eine gelassene Haltung und einen festen Griff." Siehe. Kamiko Tadashi, *Gorin no Sho*, 104, 112-113.

8   Umanosuke Shigesada war ein Bediensteter von Mōri Nagatsugu (1610-1698). Umanosuke hatte die Takenouchi-Ryū studiert, eine der ältesten japanischen *Jūjutsu*-Schulen. Umanosuke gründete seine eigene Schule namens Takagi-Ryū, welche auf dem aufbaute, was er gelernt hatte und aus den Erfahrungen die er aus Nagatsus Dienst erlangt hatte. Siehe Fukuda Masahide, *Bushū Denraiki*, 228-30.

9   Matabei Yoshitsugu (1590-1671) stammte aus der Provinz Iga. Schon in jungen Jahren lernte er die Kampfkunst und den Umgang mit der *Yari*. Er lernte unter keinem Geringerem als Hōzōin Kaku-zenbō In 'ei (1521-1607), dem berühmten Abt des Kōfuku-Tempels und Begründer der Hōzōin-Speerkampfschule. Yoshitsugu war in den Dienst von Ogasawara Tadazane getreten, während dieser noch Herr der Akashi-Burg in Harima war. Wie Musashi war auch er seinem Herrn nach Kyushu gefolgt, und hatte während der Shimabara-Rebellion und an der Belagerung der Hara-Burg teilgenommen. Siehe Fukuda Masahide, *Bushū Denraiki*, 282-84.

10   *Chūdan* oder die mittlere Position ist die erste von Musashis fünf *Kamae*, defensiven Haltungen, die detailliert in dem Buch des Wassers (*Mizu no maki*) dargelegt sind, dem zweiten Kapitel vom *Gorin no Sho*. Im *Chūdan no Kamae*, erklärt Musashi, „zeigt die Spitze des *Tachis* auf das Gesicht des Gegners. Wenn der Feind zuschlägt, lenke sein Langschwert nach rechts ab und halte den Druck." Es scheint genau das zu sein, was Musashi mit Yoshitsugus *Yari* machte, was dazu führte, dass er dessen rechtes Bein traf. Siehe Kamiko Tadashi, *Gorin no Sho*, 90-91.

11   Das *Bushū Denraiki* ist eine der wenigen Aufzeichnungen, die Musashis Beziehung zu Frauen erwähnt, und die einzige, die die Geburt eines Kindes erwähnt. Es gibt jedoch gute Gründe, warum so wenige diese tragische Episode erwähnen. Ein Grund wird zugegebenermaßen von Hōkin selbst genannt, als er behauptet, dass Musashi dieses zutiefst schmerzhafte Ereignis nie wieder erwähnt hat. Siehe Fukuda Masahide, *Bushū Denraiki*, 255-57.

Ein anderer Grund für die Zurückhaltung der Chronisten könnte in der Art der Liaison liegen, aus der das Kind hervorging. Hōkin beschreibt die Frau als eine *Omoimono*, ein Wort, das entweder eine Geliebte oder eine Prostituierte bedeuten kann. Es gibt jedoch starke Gründe zu vermuten, dass die Frau, die das Objekt von Musashis Zuneigung war, zu der letzteren Gruppe gehörte. In der Tat mag sie eine Bewohnerin des Vergnügungsviertel Yoshiwara in Edo gewesen sein, ein Ort, den Musashi besucht haben könnte, als er Herrn Tadazane bei einem Besuch in die Hauptstadt begleitet hatte. Während es in Musashis Tagen ganz normal war, dass Männer die Vergnügungsviertel von Edo und dergleichen besuchten, so war doch jedes Kind, dass das Produkt einer solchen Beziehung war, eine Schande. Es ist nun Musashis Verdienst, dass er das Kind zutiefst liebte. Es ist aber auch verständlich, dass wenn Musashis andere frühen Biographen sich der Verbindung und ihres Ergebnisses überhaupt bewusst waren, es scheuten diesen Teil seines Lebens zu Papier zu bringen. Schließlich waren sie alle seine Nachkommen und ihr Hauptziel war es, die Tugenden des Meisters zu preisen, anstatt seine Schwächen, wie menschlich sie auch immer waren, bloßzustellen. Es ist daher nicht verwunderlich, dass das *Dōbō Goen* von Shoji Kasutomi die einzige andere Quelle ist, die eine solche Liaison erwähnt. Er schrieb seine Arbeit 1720, sieben Jahre bevor Hōkin seine eigene vollenden konnte. Katsutomi kann weder Kenntnis des *Bushū Denraiki* gehabt haben, noch ist es angesichts der geographischen Kluft wahrscheinlich, dass Hōkin das *Dōbō Goen* gelesen hatte. Wir können nicht einmal sicher sein, ob Kumoi die Mutter des unglücklichen Kindes oder nur eine von Musashis Geliebten war. Siehe Kaku Kōzō, *Miyamoto Musashi zu iu Kenkyaku*, 181-183.

12 Ogasawara Nagatsugu (1615-1666) war der älteste Sohn von Tadazanes Bruder, Ogasawara Tadanaga (1594-1615). Tadanaga war wiederum der älteste Sohn von Ogasawara Hidemasa (1569-1615). Sowohl Hidemasa als auch Tadanaga waren während der heftigen Kämpfe in Tennōji während der Sommerkampagne gegen die Osaka-Burg gefallen. Angesichts dessen, dass Tadanaga der älteste Sohn von Hidemasa war, wäre Nagatsugu normalerweise seinem (verstorbenen) Vater als Clanführer gefolgt. Doch als Nagatsunu Wochen nach dem Tod seines Vaters geboren wurde, hatte Nagatsugus Onkel Tadazane die Führung bereits übernommen, der der zweite Sohn von Hidemasa war.

13 Die Shimabara-Rebellion, benannt nach der Halbinsel, auf der sie stattfand, war der letzte ernsthafte militärische Konflikt, der die zentral auferlegte Ordnung der Edo *Bakufu* störte. Hauptquelle der Rebellion war das raue Regime des lokalen *Daimyō*, Matsukura Katsuie (1598-1638), der die ohnehin stark verarmte Bevölkerung, von denen viele einfach verhungerten, mit hohen Steuern belastete. Siehe Shimura Kunihiro, *Shimabara Gassenki*.

14 Musashis Brief an Arima Naozumi ist in Matsunobu Ichiji, *Miyamoto Musashi Zensho*, 286 wiedergegeben.

15 Es ist nicht klar, unter welchem Leiden Musashi litt. Doch bei den Symptomen war es höchstwahrscheinlich Dysphagie, welche die Speiseröhre befällt und durch Krebs verursacht werden kann. Dies würde erklären, warum Musashi nicht in der Lage war, auf Iwama Rokubei Masanari zu reagieren (siehe Kapitel 6). Dies wird auch durch das *Bushū Denraiki* unterstützt, welches besagt, dass Musashi mit Krebs an der Speiseröhre (ekkaku) erkrankt war, bevor er die Zeit fand, eine Kopie seines *Gorin no Sho* zu schreiben.

16 *Shimono* und *Torikago* sind beide Bestandteile des so genannten *Hoshu-Jutsu*, ein Kompendium von Techniken des Festhaltens, Fixierens und Bindens, um Schuldige zu verhaften oder sich mit denen zu befassen, die während Belagerungskriegen lebend gefangen wurden. Als solche trugen sie dazu bei, das Fundament der modernen Kampfkunst des *Jūjutsu* zu formen. Siehe Hottashi Giken, *Karate Jutsu, Jūjutsu, Hoshu Jutsu*.

17 *Jōdan no Kamae* ist die zweite von Musashis fünf *Kamae*, defensiven Haltungen, die ausführlich in dem Buch des Wassers (*Mizu no Maki*), dem zweiten Kapitel des *Gorin no Sho*, dargelegt sind. „Im *Jōdan no Kamae*", erklärt Musashi, „hält man das *Tachi* über den Kopf und schlägt den Gegner in dem Moment, in dem er zuschlagen will." Der *Ryūsui no Uchi* oder der „fließende Wasserschlag" wird im Buch des Wassers beschrieben. „Wenn sich der Gegner schnell zurückzieht, schnell ausweicht und schnell dein *Tachi* pariert, mach dich physisch und mental groß, zieh dein Schwert hinter den Körper zurück und schlag einen großen und starken Schlag, aber so langsam, als ob er stehen bleiben würde, wie man es in der Strömung eines Flusses beobachten kann, der dazu tendiert, langsamer—aber mit viel mehr Kraft— zu fließen, wenn er tiefere Bereiche erreicht." Siehe Kamiko Tadashi, *Gorin no Sho*, 102.

18 Yagyū Munenori war der Sohn von Yagyū Muneyoshi, einst Herr der Yagyū-Burg, im nordöstlichen Teil der Yamato-Provinz. Muneyoshi war einer der größten Schwertkämpfer des sechzehnten Jahrhunderts und wurde 1594 Tokugawa Ieyasus Schwertlehrer, nachdem er seine Burg und Territorien in Toyotomi Hideyoshis Länderreform verloren hatte. Sowohl Vater als auch Sohn waren berühmte Meister der Yagyū Shinkage Schwertschule, eine Mischung aus ihren eigenen Yagyū-Traditionen und der Shinkage-Schule, die von dem großen Kamiizumi Nobutsuna entwickelt wurde, der in den späten 1560er Jahren in der Yagyū-Burg wohnte. Siehe Tokunaga Shinichirō, *Yagyū Munenori*.

Kapitel 6

1 Sakazaki Naizen war ein Nachfahre der Okada, eines Clans, der entfernt mit dem Autor des *Bukōden* verwandt war. Die Okada stammten aus der Provinz Owari, wo sie Oda Nobunagas Vater Oda Nobuhide (1510-1551) gedient hatten. Sie hatten einer Reihe von Herren gedient, bis sie wahrscheinlich irgendwann nach der Wende des 17. Jahrhunderts in den Dienst der Hosokawa kamen. Es dauerte nicht lange bis Naizen von Sakazaki Kiyosaemon adoptiert wurde, der inzwischen als Juniorvorsitzender der Pagen mit einem Stipendium von knapp zweitausend *Koku* aufgestiegen war. Zu der Zeit, als Musashi seinen Brief schrieb, war Naizen seinem Adoptivvater als Juniorvorstand der Pagen mit einem Stipendium von eintausend *Koku* nachgefolgt.

2 Rokubei Masanari war der älteste Sohn von Takeda Yoshinobu, einem Nachkommen des großen Takeda Shingen (1521-73), der durch seine epischen Schlachten in Kawanakajima mit seinem Erzrivalen Uesugi Kenshin berühmt wurde. Um die Wende des 16. Jahrhunderts trat Masanari in den Dienst von

Ogasawara Hidemasa (1569-1615), dem Vater von Musashis gegenwärtigem Gastgeber, Tadazane. 1609 jedoch war er in den Dienst von Tadatoshis Vater getreten, wo er durch Hidemasas zweite Tochter, Hosokawa Chiyohime (1597-1649), in den Hosokawa-Clan einheiratete, eine wichtige und sensible Aufgabe, welche nur Gefolgsmännern zu Teil wurde, welche das absolute Vertrauen ihres Herren genossen.

3   Musashis Brief an Sakazaki Naizen wird in Toyoda Masanagas *Bukōden* vollständig zitiert. Siehe De Lange, William, Der echte Musashi: Das *Bukōden*, 32-33. Der Brief ist auch in Tominaga Kengo, *Shijitsu Miyamoto Musashi*, 109 wiedergegeben; und in Nakanishi Seizō, *Miyamoto Musashi no shōgai*, 209-210.

4   Es ist nicht klar, warum der Ort auch die Chiba-Burg genannt wurde, da die Burg ebenfalls unter dem ehemaligen Namen Kumamoto-Burg bekannt war, wenn auch mit unterschiedlichen Kanji geschrieben. Heute ist das Gebiet immer noch als Chiba-Burgviertel bekannt, obwohl es heute außerhalb der Burg liegt. Siehe Nishigaya Yasuhiro, *Kumamotojō*, 26-29.

5   Da das Edikt rückwirkend in Kraft trat (Es wurde am 27. August unterzeichnet, veröffentlicht am 28. August, aber seit dem 21. August wirksam.), ist es klar, dass Hosokawa Tadatoshi sehr daran interessiert war, dass Musashi sein Stipendium vom ersten Tag an erhalten sollte, und nicht erst ab dem Tag, an dem das Edikt erlassen wurde. Daher erscheint es fast sicher, dass Musashi am 21. August 1640 in Kumamoto ankam. Offensichtlich wollte Tadatoshi vorher festlegen, dass Musashi bis zu seinem Tod in Kumamoto bleiben sollte, da der Erlass diktiert, dass Musashi sein Stipendium auf ewig erhalten würde. Siehe Inoue Tomoshige, *O-togishū Miyamoto Musashi*, 154-65.

6   Yoriyuki war tatsächlich der sechste Sohn von Hosokawa Tadaoki. Seine Mutter war eine von Tadaokis Konkubinen und die älteste Tochter von Naoshita Shichinosuke, einer von Tadaokis Gefolgsleuten. Yoriyuki wurde von Nagaoka Okinaga adoptiert.

7 Ein Banner (*Hatasashi* oder *Sashimono*) ist hier das japanische Äquivalent des europäischen mittelalterlichen heraldischen Banners. Mittelalterliche japanische Fahnen waren schmal und vertikal. Sie identifizierten den Anführer und die Soldaten mit ihrem Familienwappen (*Kamon*) oder dem Kampfslogan des Clans für den sie kämpften. Ein *Sashimono* konnte von Fußsoldaten (*Ashigaru*) getragen werden, die einen Bambusstock am Rücken trugen, an dem die Fahne befestigt war. Sie konnten auch von berittenen Kriegern getragen werden. In diesem Fall wurde die Bambusstange an einem speziellen Halter am Sattel befestigt.

8 Das Shinchō-Viertel, wo Musashi residierte, lag südlich von Kumamoto, nicht weit von der alten Chiba-Burg entfernt.

9 Aus heutiger Sicht erscheint es schockierend, dass diese Episode ein typisches Beispiel für die harte mittelalterliche japanische Tradition des *Burei-Uchi*, die Tötung von jemandem aus Gründen der Unverschämtheit, ist. Zusammen mit der Sitte von *Teki-Uchi*, dem Töten von jemandem aus Rachegründen und *Mega-taki-Uchi*, dem Töten einer untreuen Frau und ihres Geliebten, war *Burei-Uchi* ein Standardrepertoire, dass von einem *Samurai* erwartet wurde, wenn es darum ging seinen eigenen Ruf und den seines Herrn zu erhalten. Zu Musashis Zeiten wurden diese verschiedenen Formen schwerer Repressalien von der *Bakufu* als legitimer Weg akzeptiert seine Ehre wiederherzustellen; ein Wert, der höher geschätzt wurde als jeder andere im mittelalterlichen Japan. Gegen Ende der Tokugawa-Ära wurde diese Sitte jedoch als übermäßig hart angesehen und konnte nicht mehr willkürlich durchgesetzt werden. Siehe Eiko Ikegami, *The Taming of the Samurai*, 244-245.

10 Die unnachgiebige Heftigkeit mit der Aoki Jōemon von Musashi zurechtgewiesen wird, mag zum Teil der Voreingenommenheit des Verfassers des *Bushū Denraiki* selbst zuzuschreiben sein. Jōemons Nitō-Tetsujin-Ryū repräsentierte schließlich eine ganz andere Linie von Musashis Schwertschule als die, die Tanji Hōkin

zu bewahren versuchte. Jōemon hatte sich in Edo nieder-
gelassen, wo er eine Schule namens Nitō-Tetsujin-Ryū gründete.
Es ist in dieser Hinsicht interessant zu sehen, was Niwa
Nobuhide, der Autor des *Heihō Senshi Denki*, in dieser Angelegen-
heit zu sagen hat. In seiner Arbeit beschreibt Nobuhide: „Als
Musashi achtundzwanzig oder neunundzwanzig Jahre alt war,
gab es unter den vielen Anhängern, denen die Erlaubnis erteilt
wurde seine Kunst des Schwertkampfes zu unterrichten, einen
Mann mit dem Namen Aoki Jōemon. Es scheint, dass Tsuchiya
Minasaemon, ein Untergebener von Herr Murakami Naitō von
Echigo, sich einen Namen gemacht hatte, indem er die Kunst
des Kämpfens mit zwei Schwertern lehrte. Es heißt, dass es die
Art des Kämpfens ist, für die Aoki Jōemon eine Lizenz erhalten
hatte, als Musashi noch jung war. Und ich habe gehört, dass
seine Methoden und Ansätze unterschiedlich sind." Als der
Gründer seiner eigenen Linie von Musashis Erbe war es für
Nobuhide nur natürlich jedem Gegner gegenüber kritisch zu
sein, doch seine Kritik an Aoki Jōemon ist ausgewogener als die
von Hōkin, wenn auch Details fehlen. Siehe Fukuda Masahide,
Bushū Denraiki, 153, 278-80.

11 *Katsu* und *Totsu* sind Lautmalereien, die aus dem Sanskrit
stammen und von Praktizierenden des Zen-Buddhismus nach
Japan gebracht wurden. Sie verwendeten die Begriffe um Geis-
teszustände darzustellen, die in Sprache nicht ausgedrückt
werden können. In den Kampfkünsten werden die Worte
benutzt, um eine Kadenz herbeizurufen, ähnlich wie die
Wirkung von Ausruf und Echo in den Bergen. Bei der *Katsu-
Totsu*-Technik, welche im Buch des Wassers beschrieben ist,
erklärt Musashi, dass sowohl *Katsu*, als auch *Totsu* verwendet
werden, wenn man einen Feind angegriffen hat und nicht wei-
terkommt oder wenn ein Feind einen Schlag erwidern will. In
diesem Fall hebe dein Schwert als würdest du ihn von unten
erstechen wollen, aber du schlägst stattdessen mit einem Hieb

von oben. „Der Begriff *Katsu-Totsu* beschreibt die schnelle, Kadenz-ähnliche Abfolge, in der die beiden Schläge ausgeführt werden. *Katsu* wenn man sein Schwert zum Schlagen erhebt, *Totsu* wenn man zuschlägt. „

12   Shimizu Hōki (1573-1649) war nicht irgendein Schwertkämpfer. Er war ein berühmter Krieger von der Insel Kyushu. Er hatte sich seinen Ruhm während der zweiten koreanischen Offensive erarbeitet, als er unter dem großen Katō Kiyomasa kämpfte. 1602 trat er in den Dienst von Hosokawa Tadaoki mit einer Besoldung von zweitausend *Koku* ein. Als Musashi nach Higo kam, war Hōki mit einem Gehalt von fast fünftausend *Koku* in die hohe Stellung des Oberschreibers aufgestiegen. Es scheint, dass Hōki ein eifriger Schüler der Yagyū-Shinkage-Ryū war, was für Musashis Brüskierung verantwortlich gewesen sein könnte.

13   Gentei Wanao (1618-73) war der zweite Abt des Taishō-Tempels. Der Tempel wurde 1637 als Hosokawa-Familientempel in Kumamoto erbaut.

14   Musashis Gedicht über die Liebe wird in Kaku Kōzō, *Miyamoto Musashi zu iu Kenkyaku*, 181 zitiert.

Kapitel 7

1   Heute besteht die bekannteste Version dieser Abhandlung aus fünfunddreißig Artikeln unter dem Titel *Heihō Sanjūgo Kajō*. Um die Sache noch verwirrender zu machen, gibt es auch eine Version mit 42 Artikeln (*Heihō Shijūni Kajō*). Es ist nicht klar, ob Artikel von Musashis Anhängern gelöscht oder hinzugefügt wurden. Tatsache bleibt, dass das *Bukōden* klar dokumentiert, dass Musashi eine Abhandlung schrieb, die aus neununddreißig Artikeln bestand. Das *Nitenki* dagegen bezieht sich auf fünfunddreißig Artikel, aber dies könnte einfach daran liegen, dass der Autor nur mit einer Version vertraut war, die diese Zahl

umfasste. Da es keine Beweise gibt, welche das Gegenteil belegen, müssen wir davon ausgehen, dass das *Bukōden* richtig ist, besonders weil es erwähnt, dass Musashi am 6. Juni 1645, während er auf dem Totenbett lag, „Die neununddreißig Artikel" seinem Schüler Terao Motomenosuke Nobuyuki überreichte. Der vollständige Text des *Heihō Sanjūgo Kajō* ist in Matsunobu Ichiji, *Miyamoto Musashi Zensho*, 278-85 wiedergegeben.

2   Dies ist der Text der achten Vorschrift des *Heihō Sanjūgo Kajō* mit dem Titel *Kokoromochi no Koto* („Über den Geisteszustand des Einen"). Siehe Matsunobu Ichiji, *Miyamoto Musashi Zensho*, 279-80.

3   Musashis Brief an Herrn Hosokawa Mitsunao ist nicht datiert oder unterzeichnet und wird daher von einigen Gelehrten ignoriert. Das Dokument scheint jedoch recht sicher aus dieser Zeit zu stammen. Es ist von Musashis Hand geschrieben und kann angesichts seines Inhalts nur mit ihm in Verbindung gebracht werden. Leider wird in dem Brief kein Adressat genannt. In der Anfangszeile des Briefes bleibt ein Raum offen, bei dem man erwarten würde den Namen der Person zu lesen, die Musashi gebeten hatte seine Ideen schriftlich festzuhalten. Diese absichtliche Unterlassung wurde im Japanischen als *Ketsuji* oder „fehlendes Schriftzeichen" bezeichnet und diente als Zeichen der Achtung vor Kaisern oder Hochadligen. Das könnte bedeuten, dass der Brief, wenn er tatsächlich von Musashi geschrieben wurde, nur an Hosokawa Mitsunao den *Daimyō* des Kumamoto-Lehens gerichtet sein konnte. Siehe Inoue Tomoshige, *O-togishū Miyamoto Musashi*, 168-69.

4   Die Höhle auf dem Iwato-Berg, die Musashi besuchte, um sein Hauptwerk zu schreiben, ist heute als Reigandō oder Reigan-Höhle bekannt. Die Reigan-Höhle war bereits zu Musashis Zeiten ein Wallfahrtsort, denn die Höhle befindet sich auf dem Gelände des Unganzen-ji, einem Tempel der Sōtō-Sekte. Der Tempel soll während der nördlichen und südlichen Hofzeit

(1334-1392) von dem chinesischen Mönch Dong Ling Yong Yu (Tōryō Eiyo) errichtet worden sein, der Japan auf Einladung der Ashikaga *Bakufu* (1306-1352) besuchte. Der Name Reigan besteht aus den zwei Schriftzeichen von Rei (Geist) und Gan, jenes erste Schriftzeichen von Ganryūjima, der Insel, auf der Musashi sein berühmtes Duell mit Sasaki Kojirō kämpfte. Siehe Nakanishi Seizō, *Miyamoto Musashi no shōgai*, 258-59.

5   Musashis Brief an Terao Naomasa ist vollständig wiedergegeben bei, Akabane Tatsuo *Musashi-Ryū „Enmei-Ryū"wo Manabu*, 105-106

6   Die japanische *Gorintō* (Stūpa) oder „Fünf-Ringe-Turm"geht auf das indische *Pâli* zurück, ein heiliger Begräbnisberg, der eine Reliquie von Buddha oder einen Heiligen enthält. Während der Heian-Zeit (794-1185) in Japan eingeführt, geriet die Entwicklung der japanischen Stupa bald unter den Einfluss einheimischer Sekten, insbesondere der von Kūkai (774-835) und Kakuban (1095-1143) geförderten „geheimen Lehren" (*Mikkyō*) der buddhistischen Shingon-Schule. Der *Gorintō* besteht aus fünf unterschiedlich geformten Steinsegmenten, die jeweils übereinander angeordnet sind und jeweils eine symbolische Bedeutung haben: Der quadratische Grundstein an der Basis stellt die vier Elemente dar, die halbkugelförmige Kuppel stellt die Erlangung der Weisheit dar, die konische Spitze repräsentiert den Übergang zur Erleuchtung, die Mondsichel stellt den Empfang der Lehren des Himmels dar und die kreisförmige Scheibe an der Spitze repräsentiert die Vollkommenheit durch die Verschmelzung von Weisheit und Prinzipien und damit die Heiligkeit. Auf einer anderen symbolischen Ebene repräsentieren die fünf Segmente die verschiedenen Stadien im spirituellen Fortschritt eines Schülers: den Willen zur Perfektion auf der quadratischen Basis; der Gleichmut in der halbkugelförmigen Kuppel; das Streben nach der Wahrheit in der konischen Spitze; die Entwicklung von Bewusstsein und Intuition in der Mondsichel und schließlich die Perfektion in der Kreisscheibe.

Bezeichnenderweise repräsentieren hier die fünf Segmente auch die fünf Elemente Erde, Wasser, Feuer, Wind und Raum. Die fünfstöckige Architektur findet sich auch in *Gojūtō*, den fünfstöckigen Türmen buddhistischer Tempel, wie dem Hōryū-Ji und dem Kōfuku-Ji wieder. Auch heute noch wird sie immer noch für die japanischen und chinesischen Steinlaternen, Denkmäler und Grabstätten verwendet.

7   Sawamura Daigakunosuke Yoshishige (1560-1650) war ein lang-jähriger Hosokawa-Gefolgsmann, der 1582 dem Clan beigetreten war. Er war vierundzwanzig Jahre älter als Musashi, als er ihn am Sterbebett besuchte. Yoshishige, der aus Wakasa stammte, hatte eine Militärlaufbahn hinter sich, die mindestens so beeindruckend war, wie die seines Freundes. Zurzeit von Musashis Geburt hatte er bereits mehrere Schlachten geschlagen und enthauptete einen feindlichen General; eine Leistung, für die er eine Belohnung von Toyotomi Hideyoshi persönlich erhielt. Er war auch der Adoptivvater von Sawamura Usaemon Tomoyoshi (1605-1665), Musashis älterer Schüler, der auf dem Bankett unter den Kirschbäumen anwesend war.

8   Musashis Brief an Nagaoka Yoriyuki wird zitiert im Tominaga Kengo, *Shijitsu Miyamoto Musashi*, 131.

9   Musashis Dokkōdō sollte im Licht der Gepflogenheiten seiner Zeit gesehen werden, in welcher Clanführer eine Liste von Ver-fügungen für die Nachwelt hinterließen, die sogenannten *Kakun*, die von Generation zu Generation weitergegeben wurden. Einige der bekanntesten Zeilen in diese Richtung stammen aus der Hand von Hōjō Shigetoki (1198-1261), der seinem Sohn Nagatoki, der gerade in das wichtige Amt des Shogun-Vertreters in Kyoto berufen worden war, eine lange Liste von Anweisungen überließ. Er ermahnte ihn, „höflich zu sein und allen die gleiche Behandlung zu teil werden zu lassen, damit man das Beste aus dem Schlimmsten herausholt." Ein etwas anderer Ansatz wurde von dem pragmatischen Asakura Takakage (1493-1548) gewählt,

der seinen Nachfolgern riet, „Vergebt Land oder Posten an Leute ohne Fähigkeiten deshalb, weil sie den Asakura seit Generationen gedient haben."Am bekanntesten unter all diesen Schriften sind Tokugawa Ieyasus „Lehren über das Verhalten im Leben", in denen er seine Untertanen daran erinnert: „Das Leben eines Mannes ist, wie eine lange Reise mit einer schweren Last", so dass einer „sich nicht beeilen muss", denn „Geduld ist die Grundlage des ewigen Friedens." Zwei Versionen von Musashis letztem Werk existieren noch, eine besteht aus neunzehn, die andere aus einundzwanzig Anweisungen. Beide tragen den Titel *Dokkōdō* oder „Der Weg, dem man alleine folgen muss." Obwohl beide Versionen Musashis Unterschrift tragen, ist es fast sicher, dass eine der Beiden von einem Anhänger entworfen wurde. Obwohl es keine schlüssigen Beweise dafür gibt, welche der beiden echt sein könnte, wird weithin angenommen, Musashi habe einundzwanzig Verfügungen geschrieben und daher gehe auch ich davon aus, dass die längere Version vermutlich von ihm ist. Siehe Matsunobu Ichiji, *Miyamoto Musashi Zensho*, 290; und Fukuda Masahide, *Miyamoto Musashi kenkyūron bunshū*, 196.

10 Entgegen der weit verbreiteten Ansicht wurde Musashis Beerdigung nicht von Akiyama Gentei Wanao, sondern von Ōshō Genkō Wanao (1588-1653) geleitet. Dies wird durch die Korrespondenz zwischen Musashis Sohn Iori und seinem Gegenüber in Higo, Nagaoka Kenmotsu, nach Musashis Tod bestätigt (siehe Anmerkung unten). Der Grund für dieses Missverständnis ist, dass das *Bukōden* behauptet, dass Musashis Sarg „auf das Pferdeland von Maesugi gebracht wurde, wo Akiyama Wanao die letzten Riten ausübte." Da Ōshō Genkō der damalige Abt des Taishō-Tempels war, wäre die hauptsächliche Zeremonie von ihm geleitet worden. Siehe Inoue Tomoshige, *O-togishū Miyamoto Musashi*, 1184-85.

11 Nagaoka Okinaga blieb für den Rest seines Lebens im Dienst der Hosokawa. Nach dem Tod von Hosokawa Tadaoki im Jahre

1646 erbte Okinaga die Yatsushiro-Burg. Er blieb Herr der Yatsushiro-Burg und diente schließlich vier aufeinanderfolgenden Hosokawa-Führern. Nach seinem Tod am 24. Juli 1661 erbte sein Sohn Yoriyuki die Yatsushiro-Burg und diente den Hosokawa, wie sein Vater bis zu seinem Tod im Jahr 1666. Sowohl Okinaga als auch Yoriyuki überlebten ihren Herrn Mitsunao, der 1650 mit nur einunddreißig Jahren starb. Sie dienten weiterhin Mitsunaos Sohn Tsunatoshi der bis 1712 Daimyo des Kumamoto-Lehens blieb. Siehe Inoue Tomoshige, *O-togishū Miyamoto Musashi*, 256.

12 Heutzutage ist das Dorf Oe und der Bezirk Akita von Kumamotos Vororten verschluckt, während der Bezirk Akita infolge von Bodenreformen während der Meiji-Ära abgeschafft wurde. Zu Musashis Zeiten befand sich das Dorf Oe jedoch am östlichen Ufer des Flusses Shira, ungefähr eine Meile nordöstlich von der Kumamoto-Burg. Mit einem anderen Anfangsbuchstaben geschrieben, heißt dieser Teil von Kumamoto jetzt Ōe.

13 Kenmotsu (1586-1658) wurde als Komeda Yoshichirō geboren und war der älteste Sohn von Komeda Koremasa, einem Gefolgsmann von Hosokawa Tadaoki. Im Jahr 1607 verließ Kenmotsu nach einem Streit mit einem älteren Gefolgsmann den Dienst der Hosokawa und schloss sich daraufhin den Reihen der Truppen Toyotomi Hideyoris, während der Belagerung der Osaka-Burg, an. 1623 kehrte er nach Kumamoto in Tadatoshis Dienste mit einer Besoldung von zweitausend *Koku* zurück, worauf er den Namen Nagaoka Kenmotsu erhielt. In den folgenden Jahren stieg Kenmotsu stetig auf, bis er 1634 mit insgesamt zehntausend *Koku* die Position eines Senior-Gefolgsmannes erreicht hatte.

14 Vier Tage nach Ioris Brief vom 21. Juni gab Kenmotsu bekannt, dass er ihn erhalten habe und schrieb zurück: „Wie Sie erwähnten hatte Herr Mitsunao Terao Motomenosuke ernannt, sich um Musashi zu kümmern, aber am Ende ist er leider ver-

storben. Sie sagten verschiedene freundliche Dinge über unsere Pflege für Musashi während seiner Krankheit und über die Trauerfeier nach seinem Tod. Ich möchte Ihnen für Ihren werten Brief bedanken und ich werde Ihnen sicherlich bald wieder schreiben." Ioris nächster und letzter Brief an Kenmotsu war auf den 22. Juli 1645 datiert. Darin bestätigt er den Empfang von Kenmotsus Antwort und wiederholt: „Meine aufrichtige Dankbarkeit geht an Herr Mitsunao, der Terao Motomenosuke ausgewählt hat sich um Miyamoto Musashi während seiner Krankheit zu kümmern, sowie die Beerdigung und Gedenkfeier im Taishō-Tempel von Ōshō Genkō Wanao in Folge seines Todes durchgeführt zu haben, bis hin zu Ihren Anweisungen bezüglich seines Grabes. Aus diesem Grund habe ich durch das Büro von Iwama Rokubei [Masanari] in Edo meine Dankbarkeit in einem Brief an Herrn Mitsunao zum Ausdruck gebracht. Ich hoffe Sie entschuldigen, dass ich das so offen ausspreche, aber bitte fühlen Sie sich frei, alles zu tun, was in dieser Hinsicht erforderlich ist. Um mich nicht auf schriftliche Zeichen der Wertschätzung zu beschränken, sende ich Ihnen außerdem eine Schachtel mit Walnüssen, sowie eine Schachtel mit zweihundert Thunfischen." Kenmotsus Antwort vom 27. Juli 1645 lautet: „Ich habe den Brief, den Sie dem Boten anvertrauten, gelesen. Ich habe Herrn Mitsunao die liebenswürdigen Worte, die Sie zur Ernennung von Terao Motomenosuke während der Krankheit des Meisters Musashi geschrieben hatten, sowie über die verschiedenen Vorkehrungen, die er nach Musashis Tod getroffen hatte, gerne übermittelt. Ich möchte Ihnen auch für die Schachtel mit Walnüssen und die Schachtel mit Thunfisch danken, die Sie uns über eine so weite Strecke geschickt haben." Siehe Inoue Tomoshige, *O-togishū Miyamoto Musashi*, 171-80.

15   Noch immer wird es Musashizuka oder Musashi-Grabhügel genannt und befindet sich noch heute in Yuge, in der Gemeinde Ryūta in Kumamotos Kita (Norden). Es befindet sich auf dem

schönen Gelände des Musashizuka-Parks und ist weithin als Grabstätte von Musashi bekannt. Laut dem *Heihō Senshi Denki* wurden Musashis Überreste jedoch von seinem Grab in Higo geborgen und „auf Verlangen von Ogasawara Tadazane, nach Kokura gebracht, der es für angemessener hielt, dass Musashi in Kokura begraben würde, in der Nähe seiner Nachkommen." Wenn Musashis sterbliche Überreste tatsächlich nach Kokura gebracht wurden, ist es wahrscheinlich, dass dies von seinem Sohn Iori getan wurde, als er 1654, am neunten Todestag seines Vaters, ein Denkmal auf dem Kamm von Temukeyama errichtete, ein kleiner Hügel am Rande von Akazaka. Es könnte zu diesem Zeitpunkt gewesen sein, dass Iori Musashis Grabstein von Kumamoto in das damals noch abgelegene Dorf Yuge verlegt hatte, das sich am gegenüberliegenden Ufer des Flusses Shira von Oe befindet, etwa fünf Meilen flussaufwärts. Yuge lag an der Ōzu-Kaidō, der alten Landstraße, die Kumamoto mit dem Rest Japans verband.

Das *Kokura Hibun*

1   Merkwürdigerweise scheint Wanao zu behaupten, dass beide Schwertkämpfer gleichzeitig auf der Insel Funashima ankamen. Sowohl das *Bukōden*, als auch das *Bushū Denraiki* behaupten, dass die Männer zu unterschiedlichen Zeiten angekommen sind, obwohl sie sich nicht darüber einig sind, wer zuerst vor Ort gewesen ist.

2   Bemerkenswert ist auch, dass Wanao über die Aktivitäten seines Helden zur Zeit der Schlacht von Sekigahara und der Belagerung der Osaka-Burg, vierzehn Jahre später, nichts zu sagen hat. Vielleicht liegt das an seinem begrenzten Wissen über Musashis frühen Lebensjahre, weshalb der Abt somit beschließt über diesen Lebensabschnitt zu schweigen.

BIBLIOGRAPHIE

Werke in English

Adolphson, Mikael S. *The Gates of Power*. Honolulu, 2000.

——. *The Teeth and Claws of the Buddha*. Honolulu, 2007.

Bryant, Anthony. *Sekigahara 1600: The Final Struggle for Power*. Oxford, 1995.

Carroll, John. *Lightning in the Void*. New York, 2006.

Cleary, Thomas. *Code of the Samurai*. Tokyo, 1999.

De Lange, William. *Famous Japanese Swordsmen*, Vols. 1–3. Warren, 2008.

——. *The Real Musashi: Origins of a Legend, A Miscellany*. Warren, 2016.

——. *The Real Musashi: Origins of a Legend, The Bukōden*. Warren, 2011.

——. *The Real Musashi: Origins of a Legend, The Bushudenraiki*. Warren, 2010.

Dening, Walter. *Japan in Days of Yore*. London, 1976.

Friday, Karl F. *Hired Swords*. 1992.

——. *Legacies of the Sword*. 1997.

Hiroaki Satō. *Legends of the Samurai*. New York, 1995.

Jansen, Marius. *Warrior Rule in Japan*. Cambridge, 2008.

Kaufman, Stephen F. *Musashi's Book of Five Rings*. New York, 2004.

Miyamoto Musashi. *The Book of Five Rings*. Translated by Bradford J. Brown. Toronto, 1982.

Miyamoto Musashi. *The Book of Five Rings*. Translated by William Scott Wilson. Tokyo. 2002.

Miyamoto Musashi. *The Book of Five Rings*. Translated by D.E. Tarver. Lincoln, 2002.

Miyamoto Musashi. *The Book of Five Rings*. Translated by Thomas Cleary. Boston, 2000.

Turnbull, S.R. *The Samurai*. New York, 1977.

Sansom, George. *A History of Japan*. Vols 1–3. Tokyo, 1963.

Sato Hiroaki. *Legends of the Samurai*. New York, 1995.

—. *The Sword and the Mind*. New York, 1985.

Sōhō Takuan, *The Unfettered Mind*. Translated by William Scott Wilson. Tokyo, 1986.

Stone, Justin F. *Bushido*. New York, 2001.

Sugawara Makoto. *Lives of Master Swordsmen*. Tokyo, 1982.

Tokitsu Kenji. *Miyamoto Musashi; His Life and Writings*. Boston, 2005.

Turnbull. S.R. *The Samurai*. New York, 1977.

—. *War in Japan 1467–1615*. Oxford, 2002.

—. *Warriors of Medieval Japan*. New York, 2005.

—. *Warriors of Japan*. Honolulu, 1994.

Varley, Paul. *Warriors of Japan*. Honolulu, 1994.

Wilson, William Scott. *Ideals of the Samurai*. Burbank, 1982.

—. *The Lone Samurai*. Tokyo, 2004.

Yamamoto Tsunetomo. *Hagakure*. Translated by William Scott Wilson. Tokyo. 1979.

Yoshikawa Eiji. *Musashi*. Tokyo, 1995.

Werke in Japanisch

Abe Takeshi. *Sengoku jinmei jiten*. Tokyo, 1990.

Akabane Tatsuo. *Musashi „Enmei-ryū" wo Manabu*. Tokyo, 2010

—. *Musashi to Yagyū Shinkage-ryū*. Tokyo, 2012

Aramaki Nitōsai. *Nitōryū no nairaikata*. Tokyo, 1994.

Dōmon Fuyuji. *Miyamoto Musashi no jinseikun*. Tokyo, 1993.

—. *Miyamoto Musashi*. Tokyo, 2002.

—. *Musashi heihō kakumei no ikikata*. Tokyo, 2002.

—. *Musashi no michi*. Tokyo, 2003.

Domoto Akihiko. *Kendō kojutsu-shi*. Tokyo, 1988.

Ezaki Junpei. *Nihon kengō retsuden*. Tokyo, 1970.

—. *Yagyū Munenori*. Tokyo, 1971.

Fujimaki Masayuki and Masaki Teruō. *Tōsakushi*. Tokyo, 1973.

Fukuda Akira. *Chūsei katarimono bungei*. Tokyo, 1981.

Fukuda Hideichi. *Towazugatari*, Tokyo, 1978.

Fukuda Masahide. *Miyamoto Musashi Kenkyū Dainishū*. Tokyo, 2005.

—. *Miyamoto Musashi kenkyūron bunshū*. Tokyo, 2003.

—. *Katō Kiyomasa 'saishi' no kenkyū*. Tokyo, 2012.

Fukuhara Josen. *Miyamoto Iori no gisho*. Okayama, 1984.

—. *Miyamoto Musashi seitanchi no kakushō*. Tokyo, 1969.

—. *Miyamoto Musashi shashinshū*. Tokyo, 1970.

—. *Miyamoto Musashi no kenkyū*, Tokyo, 1973.

—. *Miyamoto Musashi no tankyū*. Okayama, 1978.

—. *Miyamoto Musashi tanjōchi no kakushō*, Tokyo, 1969.

—. *Ōhara no shiseki to densetsu, Miyamoto*, Tokyo, 1970.

Funabashi Takeshi. *Nagoya no Miyamoto Musashi*. Tokyo, 2004

Futaki Kenichi. *Gassen no butaiura*. Tokyo, 1976.

—. *Sekigahara gassen*. Tokyo, 1982.

Hagiwara Hiroo. *Miyamoto Musashi kensei no himitsu*. Tokyo, 1084

Harada Mukashi. *Shinsetsu Miyamoto Musashi*. Tokyo, 1984.

Harimagaku Kenkyūsho. *Harima*. Tokyo, 2013.

Haruna Akirai. *Hosokawa sandai*. Tokyo, 2010.

Hasegawa Shin. *Nihon adauchi isō*. Tokyo, 1974.

Hayashiya Tatsusaburō. *Chūsei geinoshi no kenkyū*. Tokyo, 1960.

Hinatsu Shigetaka. *Honchō bugei shoden*. Tokyo, 2003.

Hioki Shōichi. *Nihon sōhei kenkyū*. Tokyo, 1972.

Hirai Takao. *Fukuyama kaiso Mizuno Katsunari*. Tokyo, 1992.

Hirotani Yūtarō. *Nihon kendō shiryō*. Tokyo, 1943.

Ichikawa Kakuji. *Miyamoto Musashi: Niten Ichi-ryū no ken to Gorin no Sho*. Tokyo, 1985.

—. *Miyamoto Musashi: Niten Ichi-ryū no sekai*. Tokyo, 1984.

Imai Masayuki. *Niten Ichi-ryū seihō*. Tokyo, 1987.

Imamura Yoshio. *Shiryō Yagyū Shinkageryū*. Vols. 1–2. Tokyo, 1995.

—. *Yamato Yagyū ichizoku*. Tokyo, 1974.

Imano Nobuo. *Edo no tabi*. Tokyo, 1986.

Inoue Tomoshige. *O-togishū Miyamoto Musashi*. Tokyo, 2003

Ishioka Hisao. *Hyōhōsha no seikatsu*. Tokyo, 1988.

Kaionji Chōgorō. *Bushō retsuden*. Vols. 1–6. Tokyo, 1964.

Kaku Kōzō. *Miyamoto Musashi jiten*. Tokyo, 2001.

—. *Miyamoto Musashi daijiten*. Tokyo, 2003.

—. *Nazo no kensei Miyamoto Musashi*. Tokyo, 1995.

Kamiko Tadashi. *Gorin no Sho*. Tokyo, 1997.

Kasaya Kazuhiko. *Sekigahara gassen*. Tokyo, 2008

—. *Sekigahara gassen to Ōsaka no jin*. Tokyo, 2007.

Katsube Mitake. *Bushidō*. Tokyo, 1971.

Kawaguchi Sunao. *Miyamoto Musashi 101 nazo*. Tokyo, 2002.

—. *Sasaki Kōjirō*. Tokyo, 2002.

Kawamura Akira. *Miyamoto Musashi*. Tokyo, 1998.

Kaku Kōzō. *Kyokui Ichiryū*. Tokyo, 2009.

Kitagawa Hiroshi. *Gunkimono no keifu*. Kyoto, 1985.

Kitajima Matsumoto. *Edo jidai*. Tokyo, 1958.

Kogure Masao. *Nitō-ryū no kensei Miyamoto Musashi*. tokyo, 1983

Kojima Hidehiro. *Kengō densetsu*. Tokyo, 1997.

—. *Miyamoto Musashi no shinjitsu*. Tokyo, 2002.

—. *Sugao no kengōtachi*. Tokyo, 1998.

Kondo Heijo. *Shiseki shūran*. volume 24. Tokyo, 1967.

Kosuge Ren. *Bisan Hōkan*. Tokyo, 1897.

Kubo Michio. *Miyamoto Musashi*. Tokyo, 1998.

Kumei Sao. *Fuhai no kyokui Gorin no Sho wo yomu*. Tokyo, 1998.

Kurobe Tooru. *Akashijō wo meguru rekishi no tabi*. Tokyo, 2000

Kuroda Yoshitaka. *Akashi han ryakushi*. Tokyo, 1981.

—. *Shiwa Akashi-jō*. Tokyo, 1975.

Kuwata Tadachika. *Chosaku-shū*. Vols. 1–10. Tokyo, 1980.

—. *Miyamoto Musashi nyūmon*. Tokyo, 1974.

——. *Nihon no kengō*. Vols. 1–5. Tokyo, 1984.

Maeda Hideki. *Gorin no Sho no tetsugaku*. Tokyo, 2003.

——. *Ken to shisō*. Tokyto, 2009.

Maki Hidehiko. *Kengō zenshi*. Tokyo, 2003.

Matsumura Hiroshi. *Rekishi monogatari*. Tokyo, 1979.

Matsunaga Yoshihiro. *Ningen Miyamoto Musashi*. Tokyo, 1984

Maruoka Muneo. *Miyamoto Musashi meihin shūsei*. Tokyo, 1984.

Matsunobu Ichiji. *Miyamoto Musashi Zensho*. Tokyo, 2003.

Miki Seiichirō. *Teppo to sono jisai*. Tokyo, 1981.

Miyamoto Kenji, *Geijutsuka Musashi*. Tokyo, 2003

Mishima Yukio. *Hagakure nyūmon*. Tokyo, 1967.

Mitsuse Ryū. *Shin Miyamoto Musashi*. Tokyo, 1981.

Mizuno Yasuo. *Sengoku daimyō Asakurashi to Ichijōdani*. Tokyo, 2002.

Morimoto Shigeru. *Miyamoto Musashi wo aruku*. Tokyo, 2002.

Muneta Hiroshi. *Miyamoto Musashi: sono jitsuzō to kyozō*. Tokyo, 1976.

Murakami Genzō. *Zuihitsu Sasaki Kojirō*. Tokyo, 1952.

Nagatanigawa Hiroshi. *Sengokudaimyō Amago no Kenkyū*. Tokyo, 2005.

Nagazumi Yasuaki. *Gunki monogatari no sekai*. Tokyo, 1978.

Nakajima Michiko. *Yagyū Sekishūsai Muneyoshi*. Tokyo, 2003.

Nakamura Akira. *Shinkage-ryū Kamiizumi Nobutsuna*. Tokyo, 2004.

Nakamura Kichiji. *Buke no rekishi*. Tokyo, 1967.

Nakanishi Seizō. *Miyamoto Musashi no saigo*. Tokyo, 1987.

——. *Miyamoto Musashi no shōgai*. Tokyo, 1975.

Nakayama Hakudō. *Kendō kōwa*. Tokyo, 1937.

Nakazato Kaizan. *Nihon bujutsu shinmyō ki*. Tokyo, 1985.

Nanjō Norio. *Nihon no meijō, kojō jiten*. Tokyo, 1999.

Naoki Sukeyama. *Nihon kengō retsuden*. Tokyo, 1983.

Naramoto Tatsuya. *Bushidō no keifu*. Tokyo, 1973.

——. *Gorin no Sho nyūmon*. Tokyo, 1984.

——. *Musashi to Gorin no Sho*. Tokyo, 1981.

Nawata Kazuo. *Musashi*. Tokyo, 2002.

Nishigaya Yasuhiro. *Kumamotojō*. Tokyo, 2009.

——. *Sengoku daimyō jōkaku jiten*. Tokyo, 1999.

Nitobe Inazo. *Bushidō*. Tokyo, 1938.

Okada Kazuo. *Miyamoto Musashi no subete*. Tokyo, 1983.

Okubō Hikozaemon. *Mikawa Monogatari*. Tokyo, 1980.

Ōmori Nobumasa. *Bujutsu densho no kenkyū*. Tokyo, 1991.

Omori Sōgen. *Sho to Zen*. Tokyo, 1973.

—. *Zen no kōsō*. Tokyo, 1979.

Ōtsubo Sashikata. *Shin Miyamoto Musashi-kō*. Tokyo

Owada Tetsuo. *Sengoku bushō*. Tokyo, 1981.

—. *Toyotomi Hideyoshi*. Tokyo, 1985.

Ozaki Hatsuki. *Miyamoto Musashi*. Tokyo, 1984

Ozawa Chikamitsu. *Ken shin itchi*. Tokyo, 1978.

Saitō Shigeyoshi. *Ganryūshima*. Tokyo, 1930.

Sakai Tadakutsu. *Sekigahara kassen shimatsu ki*. Tokyo, 1991.

Sakuchi Kan. *Kensei Musashi-den*. Tokyo, 1946.

Sasamori Junzo. *Ittō-ryū goku-i*. Tokyo, 1986.

Satome Mitsugu. *Jitsuroku Miyamoto Musashi*. Tokyo, 1989.

Shiba Ryōtarō. *Miyamoto Musashi*, Tokyo, 1999.

—. *Nihon kenkyaku den*. Tokyo, 1982.

—. *Sekigahara*. 1992.

—. *Shinsetsu Miyamoto Musashi*. Tokyo, 1983.

Shimura Kunihiro. *Shimabara gassenki*. Tokyo, 1989.

Shinbo Satoru. *Miyamoto Musashi: heihō to geijutsu*. Tokyo, 2002.

Shirotsuka Tomokazu. *Miyamoto Musashi no tabi*. Tokyo, 1984

Shudō Yoshiki. *Keichō nikki*. Tokyo, 1980.

So Dōshin. *Shorinji kenpō*. Tokyo, 1963.

Sugai Yasuo. *Issatsu de yomu kengō Miyamoto Musashi*. Tokyo, 2002.

Sugimoto Keizaburō. *Gunki monogatari no sekai*. Tokyo, 1985.

Sukeyama Naoki. *Nihon kengō retsuden*. Tokyo, 1983.

Takahashi tomio. *Bushidō no rekishi*. Vols. 1–3. Tokyo, 1986.

Takano Samirō. *Kendō*. Tokyo, 1915.

Takata Yasushi. *Miyamoto Musashi no jitsuzō*. Tokyo, 1993.

Takayanagi Kaneyoshi. *Edo no kakyū bushi*. Tokyo, 1980.

Takeda Shigeju. *Gorin no Sho no jutsuri tankyū*. Tokyo, 2011.

Tanabe Seiko. *Miyamoto Musashi wo kudoku hō*. Tokyō, 1985.

Tanaka Fumon. *Miyamoto Musashi to kengōtachi no kenpō*. Tokyo, 2011.

Tanizawa Eiichi. *Gorin no Sho no yomikata*. Tokyo, 1982.

Terada Toru. *Dō no shisō*. Tokyo, 1978.

Terayama Tanchū. *Miyamoto Musashi no ken to bi*. Tokyo, 2002.

Tobe Shinichirō. *Kōsho Miyamoto Musashi*. Tokyo, 1984.

Tokunaga Shiichirō. *Yagyū Munenori*. Tokyo, 1978.

Tokutomi Sōho. *Kinsei Nihon kokumin-shi*. Tokyo 1982.

Tominaga Kengō. *Shijitsu Miyamoto Musashi*. Tokyo, 1969.

——. *Nihon kassen zenshū*. Vols. 1–6. Tokyo, 1990.

Tsuge Hisayoshi. *Jissen Gorin no Sho*. Tokyo, 1994.

——. *Miyamoto Musashi nijūban shōbu*. Tokyo, 2002.

——. *Miyamoto Musashi no tatakai: saisho no kettō no maki*. Tokyo, 1997.

Tsumoto Yō. *Musashi to Gorin no Sho*. Tokyo, 2002.

Uozumi Takashi. *Miyamoto Musashi: heihō no michi o ikiru*. Tokyo, 2008

——. *Miyamoto Musashi: nihonjin no michi*. Tokyo, 2002

——. *Sengoku bushi no kokoroe*. Tokyo, 2001

Utsunomiya Yasunaga. *Miyamoto Genshin deshiryō shūsei*. Tokyo, 2005.

——. *Miyamoto Musashi: hyakumon hyakutō*. Tokyo, 2007.

——. *Miyamoto Musashi: rengoku no chikai*. Tokyo, 2003.

——. *Miyamoto Musashi to shinshiryō*. Tokyo, 2002.

Watatani Kiyoshi. *Nihon kengō no hyakusen*. Tokyo, 1971.

——. *Bugei Ryuha Daijiten*. Tokyo, 2003.

Watanabe Ichirō. *Budō no meichō*. Tokyo, 1979.

——. *Gorin no Sho*. Tokyo, 1991.

Watanabe Makoto. *Miyamoto Musashi: ken to hito*. Tokyo, 2002.

Yabuki Masanori. *Mimasaka Ryakushi*. Tokyo, 1881.

——. *Shintei sakuinshi*. Tokyo, 1975.

Yabushita Hideki. *Miyamoto Musashi densetsu*. Tokyo, 2001.

Yamada Jirokichi. *Nihon kendō-shi*. Tokyo, 1960.

Yamamoto Hirobumi. *Akōjiken to yonjūrokushi*. Tokyo, 2013.

Yamane Yukie. *Tottori-han kendōshi*. Tokyo, 1982.

Yamato Tarō. *Fukuyama monogatari*. Tokyo, 2006.

Yamazaki Masakazu. *Muromachi ki*. Tokyo, 1974.

Yasuda Motohisa. *Bushi sekai no jōmaku*. Tokyo, 1973.

Yasuda Takashi. *Kata no Nihon bunka*. Tokyo, 1984.

Yokoi Kiyoshi. *Chūsei wo ikita hitobito*. Kyoto, 1981.

Yokoyama Masakatsu. *Amagoshi ichimon no ruutsu*. Tokyo1985.

Yonenaga Kunio. *Miyamoto Musashi: tsugi no itte*. Tokyo, 2002.

Yoshida Seiken. *Nitō-ryū o kataru*. Tokyo, 1941.

—. *Shinden Miyamoto Musashi*. Tokyo, 1942.

Yoshida Yutaka. *Budō hiden sho*. Tokyo, 1973.

—. *Zōhyō monogatari*. Tokyo, 1980.

Yoshikawa Eiji. *Miyamoto Musashi*. tokyo, 1935.

—. *Zuihitsu Miyamoto Musashi*. Tokyo, 2013

INDEX

TOYO PRess: Explore Dream Discover

Umschlaggestaltung: Chōkei Studios. Druck und Bindung: IngramSpark. Gesetzt in Perpetua.

www.ingramcontent.com/pod-product-compliance
Lightning Source LLC
Chambersburg PA
CBHW020437130626
46549CB00001B/189